JÜRGEN ENKEMANN
KREUZBERG

JÜRGEN ENKEMANN

KREUZBERG
DAS ANDERE BERLIN

vbb verlag für berlin-brandenburg

Mit der Crowd auf
Startnext finanziert

Besonderer Dank gebührt Janne Bender und der
SKDZ Schule für Kunst und Design Zürich für
ihre Großzügigkeit.

1. Auflage 2020
© Verlag für Berlin-Brandenburg, Inh. André Förster
Binzstraße 19, D-13189 Berlin
www.verlagberlinbrandenburg.de

Lektorat: Dr. Dino Heicker, Berlin
Umschlaggestaltung, Satz und Gestaltung: Ralph Gabriel, Berlin
Umschlagabbildung: Detail des Wandbildes *Löhne rauf – Mieten runter*
des Kollektivs Pirqas al Sur, Buenos Aires/Berlin, in der Skalitzer Straße/
Kottbusser Tor, 2012, Foto: Oz Ordu, 2019
Druck und Bindung: Beltz Grafische Betriebe GmbH, Bad Langensalza

ISBN 978-3-947215-57-7

INHALT

EINLEITUNG

Öffentliche Wahrnehmungen Kreuzbergs

Kreuzberg bildet in der öffentlichen Wahrnehmung seit vielen Jahrzehnten eine mythenumwobene Besonderheit als Stadtteil, ist gewissermaßen das andere Berlin mit dem Blick auf ein dort über eine lange Zeit hinweg stark konzentriertes alternatives Milieu im räumlichen Zusammensein mit einem besonders großen türkischstämmigen Bevölkerungsteil. In Verbindung mit widerständigen Aktivitäten ist vom gallischen Dorf in der Metropole die Rede gewesen oder gar, so etwa während der Zeit des Häuserkampfes in den 1980er-Jahren, von der Freien Republik Kreuzberg.

Bereits vor mehreren Jahrzehnten verbreitete sich auch das Schlagwort vom Mythos Kreuzberg, der dann in Titel von Buchpublikationen, darunter auch wissenschaftlichen, einging. Der Soziologe Rolf Lindner schrieb zum Beispiel im Jahrzehnt nach dem Mauerfall in seinem Vorwort zu Barbara Langs Buch *Mythos Kreuzberg*: „Seit den 60er Jahren, seit der Mauerbau aus Kreuzberg 36 eine Enklave gemacht hatte, war dieser Bezirk so etwas wie Land's End, ein Territorium, wo sich die letzten Eingeborenen, die sog. ‚Icke'-Berliner, und die erste Welle der türkischen Arbeitsmigranten mit den bedürfnislosen, aber trinkfesten Kynikern trafen, die sich dieses Sanierungsgebiet mit dem geringen Mietzins als Exil auserwählt hatten. In jenen Jahren wurde Kreuzberg zum Refugium der Nicht- bzw. der Noch-Nicht-Angepaßten. […] Rund 30 Jahre lang war Kreuzberg so etwas wie ein ‚Aussteiger-Mekka'.“[1] Die Mythoszuschreibung verstand sich insbesondere in der Zeit nach dem Mauerfall vor allem als Nachruf. Ein Mythos hat seine Verfallszeit, und die schien für Kreuzberg jetzt nicht mehr aufzuhalten zu sein. Die besondere Mauerlage des Bezirks, mit der die Entfaltung des alternativen Milieus oftmals in hohem Grade begründet wurde, bestand nicht mehr, und es gab Anzeichen dafür, dass für die Szene jetzt eher andere, ehemals zu Ost-Berlin gehörende Stadtteile angesagt waren, das Scheunenviertel, die Hackeschen Höfe, die Auguststraße, Prenzlauer Berg oder etwa die Gegend um den Boxhagener Platz. Solche Untergangsprophezeiungen haben sich nicht bestätigt, sofern Alternativität zugleich als Widerständigkeit, als von politischen Visionen begleitet verstanden wird.

Auch der Utopiebegriff ist noch in jüngerer Zeit mit Kreuzberg assoziiert worden, so zum Beispiel stadtweit wahrnehmbar auf dem Titelblatt des Magazins *Zitty*. Die 14-tägig erscheinende Berliner Programmzeitschrift wies Ende November 2014 mit Schlagzeilen wie „Die Akte Kreuzberg“ und „Wie Berlins Utopia zerbricht“ auf den Themenschwerpunkt des Heftes hin. Es ging also ebenfalls, so deutete sich mit solchen Formulierungen bereits auf dem Umschlag an, um einen Schwanengesang. In dem entsprechenden Artikel werden in der Tat schwerwiegende und anscheinend nicht mehr zu lösende Probleme vorgestellt, nachdem der Bericht zunächst noch einmal ein Utopia in starker Idealisierung aufleben lässt. Es heißt dort in der Anfangspassage etwa: „Kreuzberg ist die Protesthochburg Deutschlands. Seit Jahrzehnten versuchen hier Lebenskünstler, Anarchisten und Aktivisten, alternative Visionen aller Art umzusetzen […].“ Und: „Kreuzberg ist ein Stadtteil, in dem besonders viel gehofft wird, in dem kleine Utopien gelebt und die ganz großen gedacht werden.“[2] Danach geht es in dem Artikel in einer ausführlichen Schilderung jedoch um Mietsteigerungen, Drogenhandel, Auseinandersetzungen um Flüchtlinge, eine leere Bezirkskasse, fehlende Mittel vor allem für Schulen, Zuzug von Superreichen und entsprechende Veränderungen in der Zusammensetzung der Kreuzberger Bevölkerung. Angeblich führt all dies jetzt zum Untergang der Insel Utopia in dem gesamtstädtischen Ozean.

In anderen Berliner Medien wurden in jüngerer Zeit solche Untergangsszenarien eher als bloße Möglichkeit angedeutet und sie verbanden sich mit entgegengesetzten Ausblicken zu einer ambivalenten Perspektive, die alles noch offen lässt. Ein Fortbestehen des alternativen Milieus in Kreuzberg wurde insbesondere in Phasen von spektakulären Widerstandsaktionen in Aussicht gestellt, so etwa in Reportagen über die Ablehnung des dann im weniger widerständigen Prenzlauer Berg eingerichteten BMW-Guggenheim-Lab durch Kreuzberger Stadtteilinitiativen, über verschiedene Blockaden von Zwangsräumungen in der Konfrontation mit großen Polizeiaufgeboten und über die Unterstützung von afrikanischen und anderen Geflüchteten auf dem Oranienplatz. In dem als bürgerlich-liberal geltenden *Tagesspiegel* wurden etwa in einer solchen Situation im Mai 2012 die verschiedenen Kreuzberg prägenden Gruppierungen der Vergangenheit wie „Hausbesetzer, Genossenschaftler, Reformer des eigenen Lebens, Künstler und Punker" angeführt, um dann fortzufahren: „Davon ist einiges geblieben, was weiterwirkt und Kreuzberg vital, anders, erfinderisch und mythenträchtig erscheinen lässt."[3] Die *Tageszeitung* (taz) war in ihrer Ausdrucksweise noch enthusiastischer nach der solidarischen Verhinderung der Zwangsräumung einer türkischen Familie in der Lausitzer Straße und vor der erwarteten Wiederholungsaktion. Ein Artikel in ihrer Berliner Wochenendausgabe vom 8./9. Dezember 2012 war mit der Schlagzeile überschrieben: „Mieter nehmen's in die Hand", und der Untertitel lautete: „Die Gentrifizierung bringt Kreuzberg nicht um seine Identität. Im Gegenteil: Der Mythos des Stadtteils lebt auf."[4]

In beiden Fällen trat jedoch auch eine gegensätzliche, die Kreuzberger Tradition bedrohende Vision hervor. In dem erwähnten *Tagesspiegel*-Artikel, der mit „Wer regiert Kreuzberg?" überschrieben war, lautete der Untertitel: „Zwischen Touristen, Linken und Investoren – im Szenebezirk wirken ganz unterschiedliche Kräfte. Alteingesessene spüren: Der Ansturm frisst den Mythos." In der *taz* äußerte sich die Ambivalenz in Form von zwei explizit konträren Meinungsartikeln auf der gleichen Seite. Der eine ausgesprochen optimistische, aus dem oben zitiert wurde, war mit „Pro" überschrieben. Der unter dem Stichwort „Contra" stehende Artikel war dagegen mit der Schlagzeile „Die Schickeria setzt sich durch" versehen und mit einer kleiner gedruckten Titelzeile: „Kreuzberg kämpft gegen die Aufwertung – vergeblich. Die berühmte Kreuzberger Mischung gibt es bald nicht mehr."[5] Dabei wird immer impliziert, dass es nach solchen durchgreifenden Veränderungen der Bevölkerungszusammensetzung auch kein alternatives Milieu und keine Kreuzberger Widerständigkeit mehr geben wird. In den vergangenen Jahren haben, auch wiederum solchen Schwanengesängen zum Trotz, Protestaktionen gegen die Verdrängung von Kleingewerbe im Wrangelkiez – umbenannt in Bizim Kiez (mit dem türkischen Wort „bizim" für „unser") – eine besonders starke Beachtung gefunden.

Das in den Medien vermittelte Bild von Kreuzberg und die oft effektvollen Bedeutungszuweisungen aus ideologischen und kommerziellen Gründen werden an späteren Stellen, so im Zusammenhang mit den 1.-Mai-Ritualen, detaillierter aufzugreifen sein. Widerständigkeit gegen ungerechte Verhältnisse und emanzipatorische Zukunftsperspektiven werden dabei oft überdeckt zugunsten der Präsentation von Exotik, Chaos und Krawall. Umso wichtiger scheint es zu sein, nach historisch belegbaren Realitätsbezügen der öffentlichen Vermittlung von Kreuzberg als einem anderen

Berlin zu fragen. Zugleich sind auch die erwähnten Abgesänge zu überprüfen und ernst zu nehmen. Dem Buch liegt insgesamt die Auffassung zugrunde, dass die öffentliche Wahrnehmung der Kreuzberger Besonderheit und gerade der renitenten Elemente, auch jenseits der erwähnten mythenträchtigen Idealisierungen, reale Grundlagen hatte und weiterhin hat, wenngleich ihre Zukunft offen ist.

Die verschiedenen Gruppen und Strömungen bilden, rückblickend betrachtet, in ihrer Absetzung vom Mainstream keineswegs eine Einheit, gehören nicht kontinuierlichen Entwicklungsprozessen an, sind aber immer wieder auch durch wechselseitige Einflüsse bestimmt gewesen. Diese Besonderheit soll in den folgenden Kapiteln des Buches bis zu ihren historischen Ursprüngen verfolgt werden. Dabei ist sowohl nach den lokalen wie auch den allgemeineren sozioökonomischen Entstehungsbedingungen zu fragen, und es sind Erklärungen zu finden für das erstaunlich langfristige Überleben einer Kreuzberger Alternativität und Protestkultur. Generell ist in diesem Zusammenhang jedoch vorauszuschicken, dass sich die Kreuzberger Eigentümlichkeit in besonderer Weise sperrt gegen einfache kausale Ableitungen beobachtbarer Phänomene aus bekannten sozialstrukturellen Gegebenheiten. Ein recht besonderer Entwicklungsprozess und ein Zusammenkommen von vielen bedingenden Faktoren, die zum Teil nicht von vornherein etwas miteinander zu tun hatten, sind in der Erklärung zu berücksichtigen.

So ergab sich, um diese Feststellung zu konkretisieren, die Protestkultur nicht zwangsläufig aus der krassen sozialen Benachteiligung. Kreuzberg war unter den West-Berliner Bezirken zwar eindeutig der am schlechtesten gestellte, hatte die höchste Arbeitslosenrate und die niedrigsten Einkommen, dies war aber nicht unbedingt die Voraussetzung für widerständige Reaktionen, zumal auch die Überalterung innerhalb West-Berlins hier eine Zeitlang am stärksten war, da jüngere Teile der Stammbevölkerung abwanderten, um woanders bessere Lebenschancen zu haben. Wichtig für die Entwicklung einer für Kreuzberg spezifischen Kultur wurde in dieser Situation unter anderem ein gegenläufiger Migrationsstrom, der sich zum einen aus einer türkischen und begrenzt weiteren nicht deutschen Zuwanderung, zum anderen aber aus Gruppen von künstlerisch Tätigen sowie Studierenden und anderen jungen Leuten zusammensetzte. Attraktiv waren für sie niedrige Wohnungsmieten wie ganz besonders auch größere leere Räume, die für Wohngemeinschaften, Studios, Ateliers und diverse alternative Projekte nutzbar waren. Der Grund für den Leerstand war, dass es eine starke Abwanderung von Gewerbe und Industrie aus dem Bezirk gegeben hatte. Dies war zum Teil auch in anderen Bezirken der Fall, insbesondere in solchen mit größeren städtischen Bereichen an der Ost-Berliner Mauer wie Wedding und Neukölln. Dass Kreuzberg für eine Zuwanderung vielfach den Vorrang erhielt, hing offenbar mit atmosphärischen Momenten zusammen; der Bezirk war im Vergleich inzwischen der interessantere mit seinen Kneipengalerien, Off-Theatern und dergleichen, daher gab es eine starke Sogwirkung. Die entstehende alternative Kultur hatte in Kreuzberg überwiegend eine oppositionelle politische Ausrichtung, womit auch für eine Widerstandskultur der Nährboden bereitet war. Der ergab sich zugleich aber auch von einer ganz anderen Seite her, hatte mit den in den 1960er-Jahren verabschiedeten Stadtsanierungsplänen zu tun und schloss in diesem Falle wiederum die verbliebene Stammbevölkerung im östlichen Teil des Bezirks ein. Der Stadtteil sollte verschwinden und durch Neubauten in Form von sterilen Betonklötzen ersetzt werden. Es kam allmählich zur Organisierung einer Betroffenenopposition als Vorstufe der Hausbesetzerbewegung, die dann von einer jüngeren Generation initiiert wurde.

Thematische Konzentration auf Kreuzberg als das besondere Berlin

Als eine Art Antithese zu den einführenden Hinweisen auf Kreuzbergs Besonderheit soll wenigstens hier in der Einleitung nicht unterschlagen werden, dass dieser Stadtteil in gewissen Graden auch ein normaler ist, dass die rund 150 000 Personen zählende Bevölkerung nicht ausschließlich und noch nicht einmal überwiegend aus einem alternativen Milieu besteht, dass er viele Probleme, Konflikte und Entwicklungstendenzen auch mit anderen Teilen Berlins und der bundesrepublikanischen Gesellschaft gemein hat. Davon ist in Schilderungen, die den Mythos Kreuzberg im Blick haben, fast nie die Rede, und diese Einschränkung muss auch für das vorliegende Buch konzediert werden, da es in seiner historischen Darstellung auf einen bestimmten Entwicklungsstrang fokussiert ist.

Andere auf den Stadtteil bezogene Publikationen gehen anders vor, und es sind in der Vergangenheit verschiedene Kreuzberggeschichten veröffentlicht worden, die in ihrer Vorgehensweise denen über Schöneberg, Tempelhof, Köpenick und anderen ähneln. Sie liefern jeweils interessantes Material zu dem gesamten Verwaltungsbezirk, etwa zu seinen Bildungsstätten, seinem Gewerbe, seinen denkmalgeschützten Bauten, zu herausragenden Persönlichkeiten und Ereignissen seiner Vergangenheit, seinen Friedhöfen, seinen idyllischen Winkeln. Soweit es um Kreuzberg ging, wurden die Künstlerszene, das alternative Milieu oder die Hausbesetzerbewegung in ihnen in der Regel zwar nicht ausgespart, aber doch nur relativ knapp in einzelnen Kapiteln berücksichtigt. Historisch holen diese Publikationen zum Teil recht weit aus; die 2009 erschienene sehr lesenswerte *Kleine Kreuzberggeschichte* von Martin Düspohl etwa beginnt mit dem Neuzuzug von Hugenotten in das heutige Stadtgebiet von Kreuzberg vor mehr als 200 Jahren. Den eigenen Verwaltungsbezirk hat es indessen erst ab 1920 gegeben, und er blieb bis in die Zeit um 1960 relativ unauffällig, sieht man von den besonderen Profilen zweier Bürgermeister ab.

In diesem Buch wird eine frühere historische Periode, angefangen von der Errichtung des 1821 eingeweihten Kreuzbergdenkmals, dem Namensgeber des Bezirks, konkret als Vorgeschichte einbezogen, aber es geht dann um jenen auratischen Ort, der seit den frühen 1960er-Jahren zunächst mit einer Künstlerszene mitten im Arbeiterbezirk seine Besonderheit entwickelte. Die Amtsperioden der erwähnten Bürgermeister, es handelte sich um die von den Nationalsozialisten verfolgten, stark links orientierten Sozialdemokraten Carl Herz und Willy Kressmann, werden etwas stärker beleuchtet, da sich aus ihnen bestimmte Impulse für die spätere politische Atmosphäre in Kreuzberg ergaben.

Die Phase der Künstlerkneipen in den 1960er-Jahren, die mit dem Bohèmebegriff in Verbindung gebracht wurde, wird als eine Art Vorspiel für die alternative Entwicklung in den folgenden Jahrzehnten betrachtet, als eine noch unreflektierte künstlerisch und als Lebensstil geäußerte Vorwegnahme späterer Widerstände gegen kulturelle Zwänge der fordistischen Konsumgesellschaft wie auch gegen die geplante Stadtsanierung auf Kosten der Kreuzberger Mischung.

Auch der besonders große Bevölkerungsanteil an ausländischen und insbesondere türkischen Arbeitsmigranten, die in einem der folgenden Kapitel im Mittelpunkt stehen, bestimmte die öffentliche Wahrnehmung von Kreuzberg als einem anderen Berlin, wenngleich zunächst nicht in Verbindung mit der alternativen Bewegung. Die türkischen Migranten, die im Lauf der 1960er- und 1970er-Jahre als Angeworbene nach Berlin kamen und zum überwiegenden Teil in die billigen Kreuzberger Altbauwohnungen zogen, entwickelten besonders in dem Stadtteil SO 36 um das Kottbusser Tor herum eine eigene Infrastruktur mit türkischen Geschäften und zahlreichen speziellen Institutionen wie Moscheen, eigenen Reisebüros, Vereinszentren und Sportstätten.

Zwischen der zur gleichen Zeit verstärkt in den Stadtteil ziehenden linken Alternativszene und dem türkischen Bevölkerungsteil gab es nur begrenzt Kontakte, dennoch waren sie nicht ohne Bedeutung für die kulturelle Entwicklung in Kreuzberg. Besonders wichtig wurde die Beachtung von künstlerisch tätigen türkischen Intellektuellen, die in ihrem Heimatland in Konflikt mit der Regierung geraten waren. Sie konnten in Kreuzberg von der türkischen Diaspora her ein belebendes Element für kapitalismuskritische Initiativen darstellen. Auf einige von ihnen gehen die Ausführungen im Folgenden näher ein, so auf die bildenden Künstler Hanefi Yeter und dem ursprünglich aus Aserbaidschan stammenden Akbar Behkalam sowie auf den Schriftsteller Aras Ören mit seinem 1973 im linken Rotbuch Verlag erschienenen, weithin bekannt gewordenen Gedichtband *Was will Niyazi in der Naunynstraße*, der den Stadtteil um das Kottbusser Tor herum als Ort der lokalen Identifizierung für türkische Migrantinnen und Migranten nacherleben lässt. In jüngster Zeit ist der türkischstämmige Bevölkerungsteil im Kreuzberger Stadtteil 36 im Rahmen mietenpolitischer Initiativen besonders stark an Widerstandsaktionen beteiligt gewesen, etwa im erwähnten Bizim Kiez und mit der am Kottbusser Tor als Gecekondu errichteten Protesthütte.

Die frühen 1970er-Jahre waren die Zeitspanne, in der es innerhalb West-Berlins zu einer Schwerpunktverlagerung der politischen Rebellion nach Kreuzberg kam und in der der Bezirk zum Zentrum für basisdemokratisch organisierte linke Aktivitäten mit einem starken Rückgriff auf anarchistische Traditionen wurde. Von Anfang an daran beteiligt war die Politrockgruppe Ton Steine Scherben. Sie gab mit Liedern wie *Macht kaputt was euch kaputt macht* und *Keine Macht für Niemand* oder dem auf Kreuzberg bezogenen *Rauch-Haus-Song* Anstöße für eine radikale Protestkultur und eine auf Kreuzberg konzentrierte kollektive Identität.

Die folgenden Jahre waren nicht nur in Kreuzberg (dort aber besonders konzentriert) eine Zeit des Aufschwungs von Initiativen und Projekten, für die sich nach verschiedenen anderen Begriffszuordnungen mit Präfixen wie Sub- oder Gegen- die Gesamtbezeichnung alternativ durchsetzte. Sie verstanden sich als Alternativen zu systemkonformen, profitorientierten und mit Konkurrenzdruck arbeitenden Einrichtungen und konzentrierten sich eher auf Veränderungen hier und jetzt und in Teilbereichen als auf die kämpferische Gesamtkonfrontation mit den Machtinstanzen der bestehenden Gesellschaftsordnung.

Das umfangreichste Kapitel befasst sich mit der Hausbesetzerbewegung, da sich in ihr die verschiedenen konstitutiven Elemente einer Kreuzberger Protestkultur in besonderer Weise konzentrierten. Der Häuserkampf, der in Kreuzberg seinen Anfang nahm und dann auch auf andere Bezirke übersprang, erreichte seinen Zenit im Sommer 1981. Kreuzberg wurde zum Zentrum eines bereits in den 1970er-Jahren entfachten Konflikts zwischen sehr verschiedenen Auffassungen von Stadterneuerung und zugleich für eine Weile zum Labor für die Erprobung neuer Lebensformen und der Gemeinschaftsbildung in selbstorganisierten Freiräumen.

Nach dem allmählichen, unter anderem durch die Staatsmacht mittels Räumungen bewirkten Zerfall beziehungsweise der Institutionalisierung der Bewegung hatten bestimmte aus ihr hervorgehende Widerstandskräfte weiterhin Bestand, und es waren zumindest Teilerfolge zu verzeichnen wie die Fortexistenz von zunächst durch Besetzungen entstandenen alternativen Zentren und die Mitwirkung von Betroffenen am Erhalt des zuvor von einer Kahlschlagsanierung bedrohten Stadtteils SO 36.

Auch die Autonomen, für die der Häuserkampf eine Phase der Selbstfindung und Stabilisierung gewesen war, überlebten den Zerfall der Gesamtbewegung. Als aktiv

Beteiligte an weiteren Ereignissen, die den Bezirk in die Schlagzeilen der Presse geraten ließen, traten sie später im Zusammenhang mit dem berühmt gewordenen Kreuzberger 1. Mai verschiedene Male besonders hervor.

In jüngerer Zeit sind es vor allem zwei Themenkomplexe gewesen, die Kreuzbergs Besonderheit hinsichtlich eines dort bestehenden starken Widerstandspotenzials ins öffentliche Rampenlicht rückten, zum einen der Widerstand gegen Verdrängungen aus bestimmten Häusern sowie aus dem Kiez und zum anderen die Unterstützung von asylsuchenden Flüchtlingen gegen ihre Abschiebung. Der mietenpolitische Kampf, der im Kontext einer Online-Vernetzung unter Namen wie Stadt von unten, Stadtvernetzt, Bündnis gegen Zwangsräumungen, Wem gehört Kreuzberg und Kiezbündnis am Kreuzberg eine überbezirkliche gesamtberliner Dimension hat, für direkte Zusammenkünfte aber sehr stark auf Kreuzberg oder einzelne seiner Kieze fixiert ist und dafür lange bestehende alternative Zentren nutzt, ist nach einigen Einbrüchen in letzter Zeit wieder deutlich intensiver geworden, wie im Schlussteil des Buches zu berichten sein wird. Im Westen des Bezirks sind die gegenwärtig noch andauernden Aktivitäten verschiedener Initiativen auf dem ehemaligen Kasernengelände beziehungsweise dem sogenannten Dragonerareal hinter dem Finanzamt am Mehringdamm neu in den Blick geraten. Die Frage nach der Wirksamkeit muss dabei noch offenbleiben.

Kein Risiko dürfte mit der Prognose verknüpft sein, dass die Kreuzberger Widerständigkeit gegen islamophobe, xenophobe und rechtspopulistische Strömungen, die anderenorts zugenommen haben, entsprechend ihrer Tradition über viele Jahrzehnte hinweg auf absehbare Zeit stabil bleiben wird. Konkret bestätigt wurde dies

zum Beispiel, als es im öffentlichen Raum mehrmals Vorstöße rechtsorientierter Kreise gab, um mit eigenen Veranstaltungen die Kreuzberger Widerstandsfront zu durchbrechen, was total misslang.

In solchen Situationen waren sich die staatliche Seite, etwa vertreten durch den ehemaligen Bürgermeister Franz Schulz, seine Nachfolgerin Monika Herrmann oder den parlamentarischen Direktkandidaten des Wahlkreises, Hans-Christian Ströbele, und die oft vehement antistaatliche Seite der verschiedenen linksalternativen Gruppen durchaus einig und gehörten mit Redebeiträgen und Transparenten der gleichen blockierenden Menge an. Damit rückt eine antagonistische Konstellation in den Blick, die durchaus typisch ist für die Kreuzberger Widerstandsgeschichte und die in den folgenden Kapiteln öfter anzusprechen sein wird. Eine zusätzliche Komponente erhält dieses flexible Verhältnis oft dadurch, dass die Repräsentanten der Bezirksverwaltung mit zumeist linksalternativem biografischen Hintergrund einerseits Konflikte mit dem linken, nicht in Parteien und staatliche Verwaltung eingebundenen Protestmilieu auszutragen haben und sich andererseits selbst wieder in einer Frontstellung gegen übergeordnete staatliche Instanzen wie der Justiz, dem Senat oder gar der Bundesregierung befinden. Solche Probleme ergaben sich im Zusammenhang mit Verhandlungen um asylsuchende Flüchtlinge unter der Verantwortung von Bürgermeisterin Monika Herrmann ebenso wie zur Zeit von Ton Steine Scherben, als mit dem linken, der SPD angehörenden Jugendstadtrat Erwin Beck um das Georg-von-Rauch-Haus gerungen wurde, das heißt in der gegenwärtigen wie auch schon in einer sehr frühen Phase der Geschichte Kreuzberger Widerständigkeiten.

ZUR VORGESCHICHTE DES BEZIRKS

Ursprung der Namensgebung als Paradoxie der Kreuzberger Geschichte

Bereits die historischen Ursprünge der Namensgebung lassen sich als Beispiel für sehr viel Ungewöhnliches und Paradoxes in der Geschichte Kreuzbergs anführen. Die Benennung des im Jahr 1920 neu gegründeten Verwaltungsbezirks geht letztlich auf ein Emblem zurück, das im scharfen Kontrast zu dem späteren Ruf Kreuzbergs als ein Ort antiautoritärer Einstellungen sowie nicht zuletzt auch einer ausgeprägten Abneigung gegen militaristische und nationalistische Töne steht. Das Kreuz als krönende Spitze des Nationaldenkmals auf der damals

ANSICHT VON BERLIN
VOM KREUZBERGE AUS GESEHEN

Titelstich aus *Berlin und seine Umgebungen im neunzehnten Jahrhundert* von S. H. Spiker, Berlin 1833

noch Tempelhofer Berg genannten Erhebung vor Berlin war ein Abbild des sogenannten Eisernen Kreuzes, eines von Karl Friedrich Schinkel im Auftrag des preußischen Königs gestalteten Kriegsordens. Er wurde im März 1813 unmittelbar vor dem Beginn der antinapoleonischen Kriege von Friedrich Wilhelm III. „als Auszeichnung des Verdienstes Unserer Unterthanen um das Vaterland" gestiftet.[1] Eigentlich war der Orden „nur für diesen Krieg" vorgesehen, wie es in dem königlichen Appell ausdrücklich heißt, doch er wurde in späteren Kriegszeiten in der gleichen Form und unter dem gleichen Namen mehrmals wieder herangezogen, so im Deutsch-Französischen Krieg 1870/71, im Ersten Weltkrieg und im September 1939 unmittelbar vor dem Ausbruch des Zweiten Weltkriegs.

Als im Jahr 1821 das ebenfalls von Schinkel entworfene Nationaldenkmal eingeweiht wurde, erhielt die gesamte Erhebung, auf der es stand, den Namen Kreuzberg, abgeleitet von eben diesem Eisernen Kreuz auf der Spitze des Monuments. In einem Magazin der Königlichen Eisengießerei vom gleichen Jahr heißt es dazu: „Am 30. März 1821, dem Jahrestag der in der Geschichte ewig denkwürdigen Schlacht vor Paris [...] erfolgte die Einweihung des Siegesdenkmals auf dem Templower Berge, der an diesem Tage den Namen Kreuzberg erhielt."[2] Dass die herausragende Bedeutung des Kreuzes als Bestandteil des Monuments damals sehr viel stärker im öffentlichen Bewusstsein verankert war als in späteren Epochen, in denen es von Besuchern eher nebenbei auf der Denkmalspitze wahrgenommen wurde, zeigt sich an der Tendenz zur proportionalen Vergrößerung auf zeitgenössischen Darstellungen. Zugleich ist die Assoziation mit dem Kreuz auf einem Kirchturm unverkennbar und deutet damit auf eine religiöse Komponente des zu jener Zeit mächtig aufwallenden Nationalismus hin.

Zwischen dem Kreuzberg und der Stadt Berlin, die bis in die 1860er-Jahre hinein von einer Zollmauer

Johann Matthäus Mauch nach Karl Friedrich Schinkel: *Das Krieges-Denkmal in gegossenem Eisen auf dem Kreutzberg bei Berlin*, Kupferstich aus Karl Friedrich Schinkels *Sammlung architectonischer Entwürfe*, H. 3, Bl. 22, Berlin 1823

umgeben war, erstreckten sich zu diesem Zeitpunkt noch die Wiesen und Felder der Tempelhofer Bauern. Andere, weiter östlich gelegene Gebiete des späteren Stadtbezirks mit dem Namen Kreuzberg waren bereits sehr viel früher besiedelt worden. Im Umfeld der Köpenicker Vorstadt, der späteren Luisenstadt, hatte sich nach 1700 das Wohngebiet von zugewanderten Hugenotten, zu jener Zeit politische Flüchtlinge, mit ihren stark beachteten großen Gärten ausgebreitet. In dem vom Kreuzberg Museum unter Leitung von Martin Düspohl herausgegebenen Buch *Kleine Kreuzberggeschichte* werden diese Hugenotten in einer Kapitelüberschrift als die „ersten Kreuzberger" bezeichnet,[3] was zweifellos nicht ohne einen humorvollen Unterton so formuliert wurde und lediglich als geografischer Bezug verstanden werden kann, denn, wie erwähnt, sollte es noch über ein Jahrhundert dauern, bis der Name Kreuzberg im Berliner Umfeld eingeführt wurde und danach brauchte es genau ein weiteres Jahrhundert, bis ein Verwaltungsbezirk so hieß. Zu den wenigen verbliebenen Spuren aus dieser frühen Zeit der Hugenottenansiedlung gehört immerhin der Name der Oranienstraße, der heute recht belebten zentralen Achse jenes Kreuzberger Viertels, das in der zweiten Hälfte des 20. Jahrhunderts besonders stark von einer anderen Migrationswelle, der aus der Türkei, geprägt wurde.

Um die Mitte des 19. Jahrhunderts erfuhr das Gebiet unmittelbar südlich von Berlin einen bedeutsamen Entwicklungsschub durch den Bau des 1850 fertiggestellten Landwehrkanals. Für den Kanal, der als ein wichtiger Transportweg für die Versorgung und den künftigen Ausbau der Stadt vorgesehen war, wurde ein zuvor bereits existierender Wassergraben genutzt, wobei der Verlauf streckenweise verändert wurde. Die dichte Bebauung der Gegend außerhalb des Halleschen Tores nahm an den Ufern des neuen Kanals jetzt ihren Anfang, allerdings zunächst mit Fabrikanlagen und verschiedenen Gebäuden, die rein gewerblichen Zwecken dienten. Sie verschwanden in der zweiten Hälfte des Jahrhunderts dann überwiegend wieder, um durch Mietshäuser ersetzt zu werden.

Von der Eingemeindung bis zur Entstehung von Mietskasernen-Vierteln

Im Jahr 1861 trat Berlin in eine neue Epoche ein, als die Stadt im Zuge der beginnenden Industrialisierung über die alte Zollmauer hinausdrängte und per Verwaltungsakt um die Vorstädte erweitert wurde – nicht nur im späteren Kreuzberger Bereich mit der Tempelhofer Vorstadt sowie der Köpenicker Vorstadt, sondern auch auf der nördlichen Seite im Umfeld des heutigen Moabit und im Wedding. Viele andere spätere Stadtteile blieben noch außen vor und wurden erst im Jahr 1920 ein Teil des neuen Groß-Berlin.

Bis um die Mitte der 1860er-Jahre blieb die Mauer um die Stadt mit ihren Toren noch vollständig erhalten. Es gab eine klare Trennungslinie zwischen dem städtischen Drinnen und dem ländlichen Draußen. Die Zoll- oder Akzisemauer (die nicht verwechselt werden darf mit der mittelalterlichen Stadtmauer der Doppelstadt Berlin und Cölln, von der in der Littenstraße noch ein kleiner Rest erhalten ist) war in den 1730er- und 1740er-Jahren errichtet worden, um den Schmuggel von Waren in die absolutistisch regierte preußische Hauptstadt zu verhindern und dass Soldaten aus der Stadt desertierten. Die Entwicklung Berlins als eine wichtige Industriestadt und damit verbunden ein enormer Bevölkerungszuwachs ließen die Einengung im 19. Jahrhundert dann zunehmend als überholt erscheinen.

Die Erweiterung der Stadt machte Planungen für den Gesamtraum immer dringlicher. Hauptverantwortlich dafür war in Berlin das Königliche Polizeipräsidium.

Luftaufnahme vom Kreuzberg, im Vordergrund das Denkmal und dahinter die Häuser des Großbeerenviertels, 1935

Bei ihm trat 1859 der eigentlich eher auf Kanalisation und Entwässerung spezialisierte James Hobrecht seinen Dienst an und übernahm die Leitung für die Ausarbeitung eines umfassenden Bebauungsplans. Von Einfluss waren dabei die vorausgegangenen Planungen des königlichen Generalgartendirektors Peter Joseph Lenné. Sein Konzept *Projektierte Schmuck- und Grenzzüge von Berlin mit nächster Umgebung* enthielt bereits den Vorschlag einer Gürtelstraße um die Stadt.

Die Ausarbeitung und teilweise Realisierung dieses Gürtels beziehungsweise dann des Generalszug (be-

nannt nach den preußischen Generälen), der dem späteren Bezirk Kreuzberg etwa die breite Achse Gneisenaustraße-Yorckstraße beschert hat und ursprünglich ohne den heutigen Yorckknick in gerader Linie bis hin zur Bülowstraße und darüber hinaus fortlaufen sollte, war in dem 1862 vom Berliner Magistrat verabschiedeten Bebauungsplan, später allgemein Hobrecht-Plan genannt, von zentraler Bedeutung.

Diese Vorrangstellung wurde später als einseitig und unzulänglich kritisiert, weil das Projekt kaum mit einem Infrastrukturprogramm für staatliche und städtische Einrichtungen verbunden war. Es wurde zwar ein System breiter Straßen und Plätze entwickelt, die Art der Nutzung und Regelung im Einzelfall wurde jedoch baupolizeilichen Behörden und dem spekulativen Bau- und Wohnungsmarkt überlassen. So entstand eine extreme Verdichtung der Wohngebiete, und die Mietskasernen-Entwicklung mit überbelegten Häusern und dunklen Hinterhöfen begann.

Einer der schärfsten Kritiker des Hobrecht-Plans wurde später Werner Hegemann mit seinem berühmten Buch *Das steinerne Berlin*, in dem er Hobrecht einen wesentlichen Teil der Schuld dafür zuspricht, dass Berlin zur „größten Mietkasernenstadt der Welt" geworden war.[4] In jüngerer Zeit hat es Diskussionen zu Hobrecht gegeben, die ihn tendenziell rehabilitieren und vor allem auf seine begrenzten Einwirkungsmöglichkeiten hinweisen.[5]

In ihrer sozialen Zusammensetzung erfuhren die einzelnen Wohngebiete des späteren Bezirks Kreuzberg unterschiedliche Entwicklungen. In den östlichen Teilen zum Kottbusser und zum Schlesischen Tor hin war der Anteil einer gering verdienenden Arbeiterbevölkerung wesentlich höher als etwa in der westlichen Tempelhofer Vorstadt in der Nähe des Kreuzbergs. Das Viertel zwischen der Belle-Alliance-Straße (heute Mehringdamm) und Katzbachstraße, dessen zentrale Achse, die Großbeerenstraße, auf den Kreuzberg zulief, galt als besonders gehobene Wohngegend, in die gut situierte Beamte mit ihren Familien einzogen sowie, bedingt durch die Nähe verschiedener militärischer Einrichtungen wie etwa der Dragonerkaserne an der Belle-Alliance-Straße, besonders zahlreich höhere Offiziere. Doch solche Familien zogen in der Regel nur in die Vorderhausetagen, die Hinterhauswohnungen mit ihren sehr viel kleineren Räumen und engeren Treppenhäusern und mit dem Blick auf die oft dunklen schmalen Innenhöfe wurden von ärmeren Schichten bewohnt, so

dass selbst in diesem Viertel eine sozial gemischte Bevölkerung existierte. Außerdem gab es auch hier mitten in den Wohnkomplexen große Gewerbebetriebe wie etwa die Sarotti-Höfe und die Berthold Druckerei in der Belle-Alliance-Straße oder eine Kleiderfabrik in der Möckernstraße. James Hobrecht selbst hat in verschiedenen Erläuterungen zu seinem Bebauungsplan und anderen publizierten Äußerungen die aus seiner Sicht positiven Auswirkungen eines Beieinanderwohnens verschiedener Gesellschaftsschichten betont. In seiner Schrift *Über öffentliche Gesundheitspflege* von 1868 heißt es: „Nicht ‚Abschließung', sondern ‚Durchdringung' scheint mir aus sittlichen Gründen und daher aus staatlichen Rücksichten das Gebotene zu sein. [...] In der Miethskaserne gehen die Kinder aus den Kellerwohnungen in die Freischule über denselben Hausflur wie diejenigen des Raths oder Kaufmanns auf dem Wege nach dem Gymnasium. Schusters Wilhelm aus der Mansarde und die alte bettlägrige Frau Schulz im Hinterhause, deren Tochter durch Nähen oder Putzarbeiten den nothdürftigen Lebensunterhalt besorgt, werden in dem I. Stockwerk bekannte Persönlichkeiten. Hier ist ein Teller Suppe zur Stärkung bei Krankheit, da ein Kleidungsstück, dort die wirkliche Hülfe zur Erlangung freien Unterrichts oder dergleichen."[6] Solche Sichtweisen stießen erst in einer sehr viel späteren Zeit wieder auf ein neues Interesse. Als nach dem radikalen Abriss von Altbauten von den 1960er- bis zu den frühen 1980er-Jahren und nach der Zeit des Häuserkampfes die Behutsame Stadterneuerung einsetzte, wurden auch die Chancen erkannt, die das Erbe der Miethäuser gerade in Kreuzberg zur Verhinderung einer scharfen sozialen Segregation bot.[7] Der Begriff der Kreuzberger Mischung wurde zu dieser Zeit in stadtplanerischen Diskussionen häufig thematisiert und 1984 auch in einer Buchpublikation mit eben diesem Titel theoretisch reflektiert.[8]

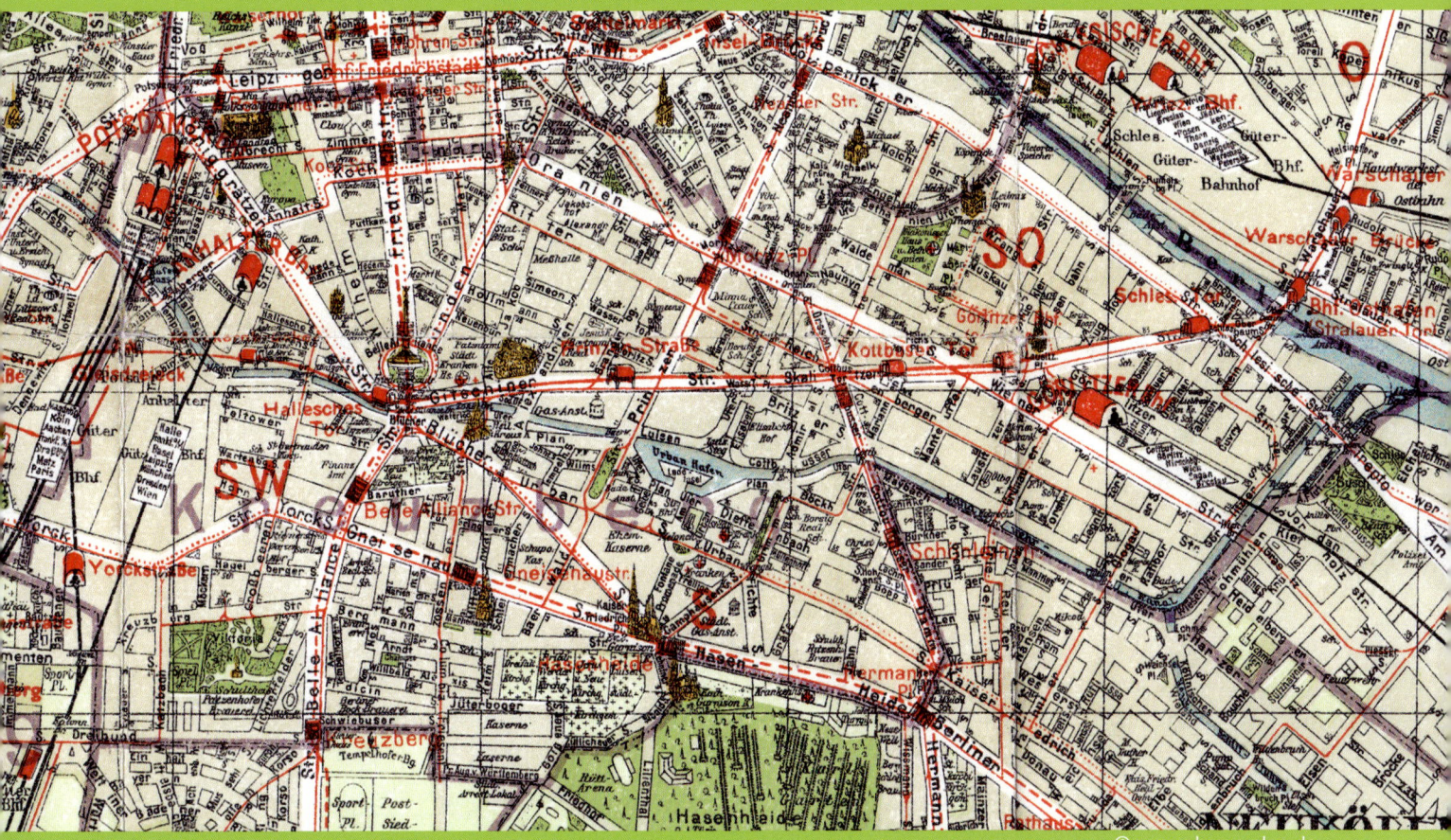

Der Bezirk Kreuzberg im Pharus-Plan von 1927

FRÜHE IMPULSE FÜR EINE KREUZBERGSPEZIFISCHE WIDERSTÄNDIGKEIT

Eine Bezirksverwaltung mit radikaldemokratischer Ausrichtung

Mögen von einer Bezirksverwaltung in der Regel kaum konstruktive Einflüsse auf betont außerinstitutionelle, dem Mainstream abgewandte Strömungen zu erwarten sein, so erscheint es im Falle Kreuzbergs dennoch geboten, auf langfristige, wenn auch zwischen 1933 und 1945 unterbrochene und allenfalls im Untergrund weiterlebende Traditionen mit kapitalismuskritischer und radikaldemokratischer Ausrichtung zu verweisen. Die späteren kreuzbergspezifischen Entwicklungen wurden durch eine vorgefundene Atmosphäre begünstigt, die sich nicht nur aus billigen Mieten für Wohngemeinschaften, Kneipen und Ateliers ergab, sondern auch bestimmte politische Komponenten enthielt.

Als der Bezirk Kreuzberg 1920 im Rahmen der administrativen Schaffung von Groß-Berlin als einer von 20 Verwaltungsbezirken gegründet wurde, konnte von irgendeinem Ansatz lokaler Identität in dem aus mehreren Stadtteilen zusammengewürfelten Bezirk noch nicht die Rede sein. Es gab noch nicht einmal in Teilen von ihm traditionelle lokale Orientierungen, wie sie anderenorts in Berlin etwa mit den zentralen Dorfstraßen, deren Name bis heute in der Regel das Wort „Alt" am Anfang trägt – Alt-Tempelhof, Alt-Moabit, Alt-Tegel, Alt-Treptow – gegeben waren. Als gewisse räumliche Konzentrationspunkte wurden in dem neu entstandenen Bezirk allenfalls die Bahnhöfe – vor allem um den großen Anhalter Bahnhof herum – oder einige runde Plätze an den früheren Stadttoren öffentlich wahrgenommen. Insbesondere am Halleschen Tor hatte sich der Name für ein Umfeld eingebürgert, und es hatte bereits eine Stadtteilzeitschrift mit dem Titel *Hallescher Thor Bote* gegeben, ohne dass sich das speziell angesprochene Umfeld jedoch bis zu weiter entfernt liegenden anderen Stellen des Verwaltungsbezirks wie etwa um den Kottbusser Damm oder um das Schlesische Tor erstreckte. Der Name dieses begrenzten Territoriums wurde somit herangezogen, um die gesamte administrative Konstruktion bezeichnen zu können, und für eine Weile hieß der Bezirk dann Hallesches Tor. In der unmittelbaren Folgezeit ging indessen manchen Verantwortlichen auf, dass diese Namensgebung aus den Amtszimmern heraus vielleicht etwas zu hastig erfolgt war, und man entschloss sich zu einer vermeintlich besonders würdevollen Wiedergutmachung. Als im Frühjahr 1921 das 100-jährige Bestehen des kriegerischen Nationaldenkmals auf dem Kreuzberg gefeiert wurde, war das von einigem Pathos begleitete Ereignis ein willkommener Anlass, dem bisherigen Bezirk Hallesches Tor einen anderen Namen zu geben, den bis heute gültigen.

Für die Entstehung einer bezirksbezogenen lokalen Identität konnten Bürgermeister und Verwaltung im Lauf der 1920er-Jahre in dem noch identitätslosen Kreuzberg wichtige erste Anstöße geben, waren sie doch die einzigen Institutionen, die den zusammengebastelten Bezirk als Gesamtheit repräsentierten und gerade hier mit einer großen Zahl von neu entstehenden sozialen Einrichtungen speziell für diese Einwohnerschaft konkret in Erscheinung traten. Carl Herz, der nach einer kommunalpolitischen Tätigkeit in Hamburg-Altona sowie anschließend in Berlin-Spandau dann im Jahr 1926 in Kreuzberg das Amt des Bürgermeisters antrat, von Sozialdemokraten und Kommunisten gewählt, sah gerade in dem von lokalen Eigenheiten noch nicht geprägten jungen Bezirk besondere Chancen für einen

Kranzniederlegung an der Carl-Herz-Stele durch Frieder Böhne (VVN-BdA) anlässlich achtzig Jahre gewaltsamer Vertreibung von Carl Herz aus dem Kreuzberger Rathaus, Frühjahr 2013

Bezirksbürgermeisterin Monika Herrmann bei der Eröffnung einer Ausstellung zur Erinnerung an Carl Herz im Kreuzberger Rathaus, März 2018

sozialpolitischen Neuanfang, während es in Spandau aufgrund eingefahrener Strukturen größere Hindernisse für ihn gegeben hatte. Er war dort zudem, eine geraume Weile vor Beginn der Nazidiktatur, als Jude verunglimpft worden. In einer im Jahr 2006 erschienenen Carl-Herz-Biografie heißt es zu seinem Wechsel von dem einen Bezirk zum anderen: „Was ihm in Spandau verwehrt geblieben war, gelang in Kreuzberg: Er konnte in einer Umgebung, die ihn weitgehend akzeptierte und unterstützte, Akzente setzen."[1] Herz, der in den Jahren des Ersten Weltkriegs zu der von den Sozialdemokraten abgespaltenen Unabhängigen Sozialdemokratischen Partei Deutschlands (USPD) gestoßen war, setzte seine Schwerpunkte im sozialen und gesundheitlichen Bereich und engagierte sich seit Langem sowohl als aktiver Kommunalpolitiker wie in vielen Publikationen für eine Entbürokratisierung und Enthierarchisierung von Verwaltungen. Gerade auch gegen seine eigene Partei richtete sich diese Kritik. Über sein Kreuzberger Konzept, zu dem die Neugründung von über 100

Wohlfahrts- und Jugendkommissionen gehörte, heißt es in der gleichen Biografie: „Fürsorger wurden angewiesen, sich nicht nur um ihr Spezialgebiet zu kümmern, sondern in allen Bereichen vor Ort tätig zu sein, um nicht in bürokratisches Spezialistentum zu verfallen. Die neue Organisation des Wohlfahrtswesens trug deutlich die Handschrift des Bezirksbürgermeisters. Herz hatte das soziale System in Kreuzberg dezentralisiert und versuchte es zu entbürokratisieren."[2]

Im März 1933 wurde der Amtszeit des sozial und basisdemokratisch engagierten Bürgermeisters ein abruptes Ende gesetzt. Ein SA-Trupp drang in sein Büro im Rathaus ein, zerrte ihn nach draußen auf die Yorckstraße, um ihn einer johlenden Menge – einer bestellten, wie er den Eindruck hatte – zu präsentieren, ihn einer schlechten Amtsführung zu bezichtigen und ihn dann mit Stößen in einer Art Spottparade durch die Yorckstraße, die Belle-Alliance-Straße (heute Mehringdamm) und die Bergmannstraße zur Marheineke-Markthalle zu treiben. Ein Polizist nahm ihn in einem offenbar solidarisch gemeinten Akt in Schutzhaft und entließ ihn später. Er emigrierte dann und lebte schließlich in Israel, wo er 1951 starb. Heute erinnert sowohl der Name einer Straße am Landwehrkanal, das Carl-Herz-Ufer, an ihn wie auch eine Skulptur auf einer Stele vor dem in den 1950er-Jahren neu erbauten Rathausgebäude in der Yorckstraße. Es hat dort in jüngerer Zeit mehrmals öffentliche Ehrungen für ihn gegeben.

Widerstandsaktivitäten in Kreuzberg nach 1933

Nach 1933 fiel die Verwaltung zwangsläufig aus als in gewissen Graden subversive Institution, aber spätestens für diesen Zeitpunkt ist im Rahmen des hier verfolgten Themas die Aufmerksamkeit darauf zu lenken, dass Kreuzberg auch unterhalb der administrativen Ebene eine lange, bis in die Zeit zwischen den zwei Weltkriegen zurückreichende Widerstandsgeschichte aufzuweisen hat. Es wäre sicherlich verfehlt, sie als eine kontinuierliche, geschlossene Tradition bis in spätere Zeiten hinein zu begreifen, und es ist im Blick zu behalten, dass eine für Kreuzberg als typisch erachtete Resistenz gegen Autoritäten und Machtstrukturen im Lauf der Zeit unterschiedliche Anlässe hatte und zum Teil von sehr verschiedenen Gruppen getragen wurde. Dennoch gibt es Anzeichen dafür, dass bestimmte resistente Handlungen und Einstellungen insbesondere während der Nazidiktatur später atmosphärisch weiterwirkten und Einfluss ausübten, und sie gingen dann auch in eine besondere Erinnerungskultur ein wie etwa in das antifaschistische Gedenktafelprogramm.

In einer Dokumentation über den Widerstand im Bezirk von 1933 bis 1945, zusammengetragen und kommentiert von Hans-Rainer Sandvoß, heißt es über den damaligen Kreuzberger Stadtteil SO 36 und damit über „jene Gegend um den Görlitzer Bahnhof, die ein sehr dichtes Arbeitermilieu repräsentierte": „Gerade in diesem Stadtviertel ging es am Ende der Weimarer Republik bei bewaffneten Auseinandersetzungen zwischen NSDAP- und KPD-Anhängern sehr gewalttätig zu. Nach 1933 wurde SO 36 – trotz unbestreitbarer Anpassungstendenzen auch dort – zu einem Zentrum der Berliner Arbeiteropposition."[3]

Auch im Südwestteil des Bezirks gab es Gegenden, wenn auch kleinere und teilweise von anderen politischen Umfeldern eingegrenzte, die bereits in den 1920er-Jahren als hochgradig rot gegolten hatten und eine Weile nach der Machtübergabe noch nicht gleich jede Widerständigkeit aufgaben. Besonders berühmt dafür war die Nostitzstraße sowie auch die an ihrem südlichen Ende quer zu ihr verlaufende Baruther Straße. Die Nostitzstraße war kurz vor der Hitlerzeit sogar der Handlungsort eines politischen Gegenwartsromans mit dem Titel *Kämpfende Jugend* gewesen.[4] Ein wichtiges Zentrum zur Herstellung von Flugblättern war das sogenannte KPD-Verkehrslokal in der Nostitzstraße 16.

In den Erinnerungen des Journalisten Gustave Stern, der in den 1920er- und 1930er-Jahren in Kreuzberg wohnte, ist zu lesen, dass die Naunynstraße „den Spitznamen *Klein Moskau*" hatte, und an Wahltagen „hängten die Leute Fahnen zum Fenster heraus, die Naunynstraße war dann ein einziges rotes Fahnenmeer. Noch bei den Wahlen im März 1933 hingen dort die roten Fahnen, wenn es nun auch schon viele Hakenkreuzfahnen dazwischen gab."[5] Der Hinweis auf die – zu diesem Zeitpunkt noch freiwillig – herausgehängten Hakenkreuzfahnen zeigt, dass auch in den Kreuzberger Arbeitervierteln das Bekenntnis zum Nationalsozialismus kein Tabu mehr war. Bei der genannten Wahl Anfang März 1933 konnten

SPD und KPD in dem Bezirk zusammen mit 49,9 Prozent (KPD 27,0 Prozent, SPD 22,9 Prozent) zwar noch eine deutliche Mehrheit vor den rechten Parteien mit 42,9 Prozent (NSDAP 32,8 Prozent, Deutschnationale Volkspartei 10,1 Prozent) erringen, aber der Anteil von etwa einem Drittel aller Stimmen für die Nazipartei war auch hier kein geringer mehr. Dennoch gab es nach dem sogenannten Ermächtigungsgesetz und der Zerschlagung von KPD und SPD im Lauf des Jahres 1933 und zum Teil auch noch 1934 eine Vielzahl von oppositionellen Aktivitäten im Bezirk. Gruppen aus beiden Parteien sowie auch ihren Nebenorganisationen wie Rote Hilfe, Arbeitersportvereinen und dergleichen mehr kamen zu privat verabredeten Treffen zusammen, um die Herstellung und Verbreitung von Flugschriften zu organisieren und um Angehörige von Verfolgten zu versorgen. Einen solchen Widerstand gab es auch in anderen Bezirken wie besonders etwa im sprichwörtlich roten Wedding mit einem dichten Arbeitermilieu und einer starken Nazigegnerschaft, aber die aktive Opposition in Kreuzberg mit einer Anbindung nicht nur an die beiden großen Parteien SPD und KPD, sondern auch an eine Anzahl weiterer Gruppierungen und auch einer beträchtlichen intellektuellen Unterstützung bei der Entwicklung von Strategien und der Ausformulierung von Appellen und Gegenpositionen erschien den Nazis als besondere Herausforderung.

Von den nicht direkt an die beiden großen Parteien gebundenen linken Widerstandsorganisationen und -gruppen verdienen vor allem zwei in einer Geschichte der Kreuzberger Widerständigkeit besondere Beachtung, da sie auch in einer späteren Zeit noch Nachwirkungen im Bezirk hatten. Die eine war die Sozialistische Arbeiterpartei Deutschlands (SAPD), zu deren Mitgliedern der 1933 zur Emigration gezwungene spätere Kreuzberger Bürgermeister Willy Kressmann gehörte. Die Gründung der Partei war 1931 als Reaktion darauf erfolgt, dass zahlreiche SPD-Mitglieder aus der Partei ausgeschlossen wurden, weil sie in der Phase der Brüningschen Notver-

ordnungsmaßnahmen öffentlich gegen deren Kompromisspolitik protestiert hatten. Sie lehnten den aus ihrer Sicht opportunistischen Reformismus der SPD ebenso ab wie die hierarchischen Strukturen und den gegen die SPD gerichteten Sozialfaschismus-Vorwurf der KPD. Eine theoretische Orientierung bot ihnen der zu dieser neuen Partei gehörende marxistische Philosoph Fritz Sternberg, ein enger und einflussreicher Bekannter von Bertolt Brecht. In Berlin war die SAPD auch stark in Neukölln und Prenzlauer Berg verankert, aber in Kreuzberg wohnte ihr erster politischer Leiter, Günther Hopfe, und ebenso auch ihr letzter, zu dem Zeitpunkt bereits illegaler Vorsitzender Michael Franz Huber. Obgleich die Mitgliederzahl im Vergleich zur SPD relativ gering blieb, war der Anteil dieser Organisation an Widerstandsaktionen im Untergrund erstaunlich hoch.

Eine andere besonders effektive Widerstandsorganisation bis ungefähr 1936, die keinen formalen Parteistatus hatte, nannte sich Rote Kämpfer.[6] Zu ihren Mitgliedern gehörte Erwin Beck, der nach dem Krieg als Kreuzberger Kommunalpolitiker besonders bekannt wurde. Der Ursprungskreis dieser Gruppe war eine von Paul Levi, einem ehemaligen engen Weggefährten von Rosa Luxemburg, geleitete Schulungsorganisation mit dem Namen Sozialwissenschaftliche Vereinigung gewesen. Die politische Ausrichtung wird von Hans-Rainer Sandvoß wie folgt zusammengefasst: „Die Roten Kämpfer waren Anhänger der direkten Aktion von unten und mißtrauten jeder Form von Obrigkeit. Aus der Sicht dieser Gruppe waren SPD und Gewerkschaften längst verbürgerlicht", während die offizielle KPD als „zu dogmatisch und autoritär" abgelehnt wurde.[7]

Eine solche Charakterisierung dürfte manche Entsprechungen mit der Grundorientierung von Strömungen und Gruppen in Kreuzberg aufweisen, die in späteren Kapiteln dieser Publikation im Mittelpunkt stehen werden. Obgleich sich direkt wirksame Traditionslinien über die verschiedenen Epochen und gesellschaftlichen Umbrüche hinweg in größerem Ausmaß schwer bele-

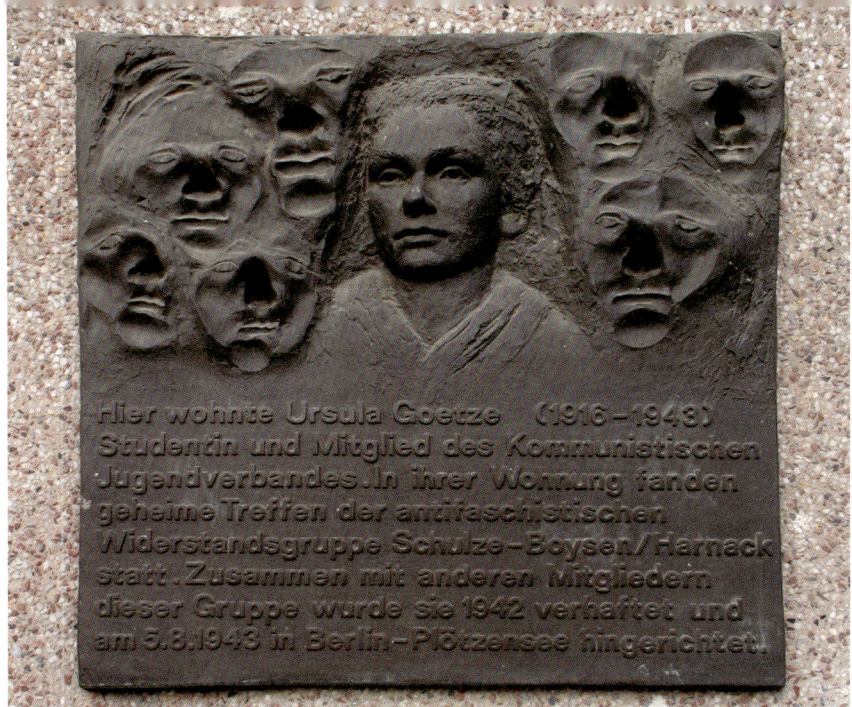

Gedenktafel für Ursula Goetze
am Haus Hornstraße 3, 2019

Die auf der Tafel sichtbare Inschrift:

Hier wohnte Ursula Goetze (1916–1943) Studentin und Mitglied des Kommunistischen Jugendverbandes. In ihrer Wohnung fanden geheime Treffen der antifaschistischen Widerstandsgruppe Schulze-Boysen/Harnack statt. Zusammen mit anderen Mitgliedern dieser Gruppe wurde sie 1942 verhaftet und am 5.8.1943 in Berlin-Plötzensee hingerichtet.

gen lassen, gab es durchaus Impulse, die von einzelnen Personen ausgingen und die in Verbindung mit anderen Anstößen manchmal vielleicht nicht ohne jeden Einfluss blieben. Als eine derartige Einzelperson ist der bereits erwähnte Erwin Beck insbesondere wegen seines langfristigen Kreuzbergbezugs in den Blick zu rücken.

Beck wohnte, als er zu den Roten Kämpfern stieß, in der Kreuzberger Alexandrinenstraße und war zuvor auch Bezirksleiter der Sozialistischen Arbeiterjugend gewesen. In späteren Rückblicken hat er von den besonderen Vorsichtsmaßnahmen berichtet, die für die Roten Kämpfer im Untergrund galten. Sie blieben dann auch vergleichsweise lange unentdeckt, aber im Jahr 1936 begannen die Verhaftungen. Erwin Beck erhielt wegen „Vorbereitung zum Hochverrat" eine Zuchthausstrafe von über zwei Jahren und wurde danach unter Polizeiaufsicht gestellt. Im Jahr 1942 wurde er in das berüchtigte Strafbataillon 999 eingezogen. Nach seiner Heimkehr aus britischer Kriegsgefangenschaft war er Leiter des Kreuzberger Jugendamtes und von 1955 bis 1975 Bezirksstadtrat für

Jugend in Kreuzberg. In der SPD war Beck ein unbequemer Genosse. In der Zeit der Studentenbewegung ab 1966/67 solidarisierte er sich, ganz im Unterschied zur offiziellen Parteilinie, mit dem Sozialistischen Deutschen Studentenbund (SDS) und erregte in den Medien Aufsehen, als er an den von der SPD tabuisierten, da die Bündnisnation USA attackierenden Demonstrationen gegen den Vietnamkrieg teilnahm. In den 1970er-Jahren protestierte er öffentlich gegen die Berufsverbote, die von der SPD auf Regierungsebene unterstützt worden waren, und setzte sich in Kreuzberg für alternative Projekte ein. In diesem Fall bietet es sich sicherlich an, von einer langen widerständigen, wenn auch auf einen besonderen Einzelfall begrenzten Protesttradition in Kreuzberg zu sprechen.

Auch nach 1936, als der Widerstand in Kreuzberg weitgehend gebrochen zu sein schien, gab es dort noch mutige Aktivitäten. Die von Ursula Goetze, damals wohnhaft in der Kreuzberger Hornstraße 3 gegenüber dem Lokal Yorckschlößchen, sei hier als Beispiel herausgehoben. Sie war vor dem Machtantritt der Nazis als

Schülerin eines Gymnasiums dem Kommunistischen Jugendverband beigetreten und wurde im Januar 1933 wegen antifaschistischer Aktivitäten zum ersten Mal verhaftet. Im weiteren Verlauf der 1930er-Jahre nahm sie Kontakt zu Widerstandsgruppen auf und gehörte von 1938/39 an zum Kern des Widerstandskreises um den Arzt John Rittmeister. In der Wohnung der Eltern in der Hornstraße, die sie wegen deren Abwesenheit meistens für sich alleine zur Verfügung hatte, ermöglichte sie Treffen sowohl von Widerstandsgruppen wie auch von französischen Fremdarbeitern, die im Untergrund Informationen austauschten. Im Mai 1942 beteiligte sie sich an einer großen Plakataktion gegen Krieg und Hunger im angeblichen Naziparadies. Danach wurde sie verhaftet und im August 1943 in Plötzensee hingerichtet. Dass

eine ihr gewidmete Gedenktafel Ende der 1980er-Jahre am Haus in der Hornstraße angebracht werden konnte, wurde möglich gemacht durch das Kreuzberger antifaschistische Gedenktafelprogramm. In einer Verlautbarung des Kunstamtes Kreuzberg heißt es dazu: „Fünfzig Jahre nach der Machtübernahme der Nazis regte die AL-Fraktion 1983 in der Kreuzberger Bezirksverordnetenversammlung an, Widerstandskämpfer an den Orten ihres Wirkens mit Gedenktafeln zu ehren und fand damit die Zustimmung aller Fraktionen. Als weitere Besonderheit der Kreuzberger Programme wurde von Anfang an die Idee verwirklicht, die Tafeln durch bildende Künstler jeweils individuell gestalten zu lassen, um das persönliche Handeln jeder geehrten Person zur Geltung zu bringen.“[8]

Veranstaltung zur Erinnerung an Ursula Goetze vor dem Haus Hornstraße 3 am 5. August 2013, genau siebzig Jahre nach dem Tag ihrer Hinrichtung durch das NS-Regime; Redner ist Hans Coppi, dessen Mutter zur selben Zeit im Zuchthaus Plötzensee hingerichtet wurde

Der Krieg hinterließ ein Kreuzberg, das zum Teil nicht mehr bewohnt werden konnte. Eine flächendeckende Vernichtung durch Bombenabwürfe und zuletzt durch Straßenkämpfe erfuhr vor allem das Gebiet nördlich des Landwehrkanals von der westlichen Bezirksgrenze bis hin zu dem im östlichen Bereich liegenden Oranienplatz. Andere Teile, überwiegend Wohngebiete mit einer gewerblichen Durchmischung, hatte es nur hier und da oder gar nicht getroffen, aber manche Gebäude, und dies ganz besonders in SO 36, waren in einem zum Teil einsturzgefährdeten Zustand.

In einer Ausgabe des *Spiegel* vom Sommer 1955 heißt es über Kreuzberg: „Der Berliner Bezirk Kreuzberg mit seinen über 200 000 Einwohnern – etwa soviel wie Kassel, Krefeld oder Karlsruhe – hat im Krieg 42 Prozent seiner Wohnungen und Gebäude verloren. Er ist ein Arbeiter- und Kleinbürgerbezirk. In Kreuzberg liegt auch das alte Berliner Zeitungsviertel, heute eine Wüstenei, und der Anhalter Bahnhof, in dessen tote Ruine heute nur noch Ratten etwas Leben bringen. In den Hinterhöfen der Kreuzberger Mietskasernen kämpfen kleine und mittlere Betriebe der Konfektion und der Elektrobranche, Kunsttischlereien und Lederwaren-Hersteller um ihre Existenz.“[9] Dieser Artikel über Kreuzberg ist nicht irgendeiner in der *Spiegel*-Ausgabe, sondern es handelt sich um die Titelgeschichte, deren Thema die jüngsten aufsehenerregenden Alleingänge des Kreuzberger Bürgermeisters Willy Kressmann sind sowie dann auch dessen gesamte Lebensgeschichte, so unter anderen seine Stationen in verschiedenen Ländern während der Emigration, sein Kampf als Bürgermeister gegen Vereine mit Mafia-Methoden in Kreuzberg und sein Einsatz für arbeitslose Jugendliche.

In späteren biografischen Skizzen und Berichten über Kressmann wird stets erwähnt, dass er es bisher als einziger Berliner Bezirksbürgermeister geschafft hat, auf der Titelseite des *Spiegel* abgebildet zu werden. Seine medienwirksamen Alleingänge hatten ihm zu großer Bekanntheit verholfen. Dies bedeutete auch für Kreuz-

berg als Bezirk eine verstärkte Beachtung. Auf jeden Fall waren Kressmanns eigenwillige Aktionen, die ihn immer wieder in Konflikte mit der Parteispitze der SPD brachten, in Kreuzberg populär, wie sich unter anderen in den Wahlergebnissen ausdrückte. Darauf wird auch in dem *Spiegel*-Artikel hingewiesen: „Im Gegensatz zu den anderen Berliner Bezirken konnte die Sozialdemokratie hier einen echten Stimmenzuwachs auch bei der letzten Wahl verbuchen. Da beginnt nun das Dilemma der Berliner SPD-Führung: Wirft sie den ungestümen Genossen

Willy Kressmann, Kreuzberger Bürgermeister von 1949 bis 1962, erhielt im Jahre 1958 die Ehrenbürgerschaft der texanischen Stadt San Antonio und wurde danach auch Texas-Willy genannt

hinaus, wird sie mit Sicherheit Anhänger und Stimmen verlieren. Und so hat die SPD dem Willy Kressmann bisher Narrenfreiheit gewährt, wenn ihn seine Briefe an die Ostkollegen jetzt auch fast das Amt gekostet hätten."[10]

Die letzte Bemerkung weist auf die aufsehenerregende Initiative hin, die der unmittelbare Anlass für den *Spiegel*-Artikel war. Sie erfolgte im Rahmen von Kressmanns langjährigem Engagement für eine Entschärfung der Konfrontationen des Kalten Krieges und für eine Kontaktaufnahme mit Ost-Berliner Instanzen. Als er damit nicht weiterkam und gerade auch in seinem eigenen SPD-Umfeld behindert wurde, ergriff er im Anschluss an eine Massenveranstaltung vor dem Schöneberger Rathaus mit Freiheitsglockengeläute und antikommunistischen Reden selbst die Initiative. Als Kreuzberger Bürgermeister lud er die Kollegen der an den Bezirk jenseits der trennenden Mauer grenzenden Ostbezirke Treptow, Friedrichshain und Mitte zu einem Gespräch über gemeinsam zu regelnde praktische Angelegenheiten ein. Er informierte zwar die Presse über die Aktion, die dann in Schlagzeilen darüber berichtete, nicht aber den Senat oder seine eigene Parteizentrale. Wegen angeblicher Kompetenzüberschreitungen in einer hochpolitischen Angelegenheit wurde er scharf gerügt, und die Einladung musste storniert werden. Sein Bekanntheitsgrad war dadurch noch erheblich gestiegen; selbst in der US-amerikanischen Presse wurde über ihn berichtet.

Indirekt hatte Kressmann sich mit seiner Initiative auch gegen die starke Einschränkung der Befugnisse von Bezirkspolitikern gegenüber dem übergeordneten Apparat des Senats aufgelehnt. Er war, ähnlich wie sein früherer Vorgänger Carl Herz, ein Befürworter von stärker dezentralisierten und enthierarchisierten Verwaltungsstrukturen sowie auch für eine größere Beteiligung der Bevölkerung an kommunalen Entscheidungen. So ließ er beispielsweise in Kreuzberg eine Volksabstimmung über verlängerte Ladenschlusszeiten durchführen.

Kann er mit einer solchen Position, sehr allgemein verstanden, sicherlich als Vorläufer von späteren Initiati-

ven mit basisdemokratischen und bürokratiefeindlichen Orientierungen in Kreuzberg gelten, so steht sein Verhältnis zur Stadtentwicklung keineswegs im Einklang mit jenen Bewegungen, die sich ein bis zwei Jahrzehnte nach seiner Amtszeit, der übrigens sein verbitterter Austritt aus der SPD folgte, gegen die Abrisspolitik auflehnten und die Kreuzberger Mischung zu erhalten versuchten. Kressmann teilte mit vielen durchaus progressiv eingestellten Zeitgenossen die Sicht von einer modernen Stadtplanung, die in der Mietskasernenvergangenheit mit ihren negativen Begleiterscheinungen lediglich ein finsteres und möglichst weitgehend zu ersetzendes Relikt der Vergangenheit sahen. Zu den vorgesehenen Erneuerungsmaßnahmen gehörten unter anderem Abrisse im Stadtinneren und das Entstehen von Trabantenstädten, die in Grüngürtel eingebettet waren. Vorbildhaft für ein neues Planen und Bauen in den 1950er- und 1960er-Jahren waren die Konzepte, die in dem 1919 von Walter Gropius gegründeten und später zeitweise von Mies van der Rohe geleiteten Bauhaus entwickelt worden waren. Dass Willy Kressmann ein Befürworter solcher Planungskonzepte war, mag schon aufgrund seiner persönlichen Entwicklung nicht verwundern, denn in den Jahren, in denen er als junger Mensch politisch engagiert war, galt das Bauhaus-Projekt nicht nur als aufregend avantgardistisch, sondern auch als links und internationalistisch und wurde daher konsequenterweise von den Nazis unterdrückt. In seiner Funktion als Kreuzberger Bürgermeister war Kressmann indessen nicht nur ein Sympathisant der Bauhaus-Visionen, sondern er wirkte, soweit es ihm im Bezirk möglich war, tatkräftig an deren Realisierung mit. Wenn heute in historischen Rückblicken vom damals bereits umstrittenen Abriss der großen – zwar kriegsbeschädigten, aber durchaus nicht total zerstörten – Halle des Anhalter Bahnhofs aus dem späten 19. Jahrhundert die Rede ist, dann wird dabei immer auch der Name von Bürgermeister Kressmann erwähnt, der sich besonders vehement für deren Beseitigung ein-

Willy Kressmann auf einem großen Wahlplakat vor dem Neubau des Kreuzberger Rathauses, 1958

gesetzt hatte. Später gelangte man auch innerhalb der Linken zu anderen Ansichten, und Dieter Hoffmann-Axthelm, Stadtplanungsexperte und Mitherausgeber der Zeitschrift *Ästhetik und Kommunikation*, schrieb 1984 im Rahmen der Vorbereitung der Ausstellung *Mythos Berlin*, die auf dem ehemaligen Bahnhofsgelände stattfand: „Der Abriß der Bahnhofshalle wird als einer der großen Selbstverstümmelungsakte dieser Stadt im Gedächtnis bleiben. Damit steht der Anhalter Bahnhof in einer Reihe mit den anderen großen abgerissenen Bauten Berlins, dem Berliner Stadtschloss und der Bauakademie."[11] Auch Kressmanns Lobrede auf das damals erbaute Kreuzberger Neue Zentrum am Kottbusser Tor, das mehrere Altbauten verdrängt hatte und später als abscheulicher Betonfremdkörper an diesem Ort bewertet wurde, muss in diesem Zusammenhang erwähnt werden. Es sollte eine Weile dauern, bis auch die negativen Konsequenzen einer solchen Stadtplanung wahrgenommen wurden – die Anonymisierung in den neuen Betonhochhäusern, der Wegfall von direkt sichtbarer Geschichte und der Verlust einer Kiezzugehörigkeit nach dem Umzug in die Satellitenstadt, auch wenn es dort Annehmlichkeiten gab, die in den heruntergekommenen Altbauten (noch) gefehlt hatten.

DIE KUNST- UND BOHÈMEORIENTIERTE KREUZBERGER SUBKULTUR AB 1959/60

Die Galerie zinke (1959) als Urzelle der Kreuzberger Künstlerszene

Wurden in den vorangehenden Kapiteln Hinweise auf allgemeinere und noch nicht zwingende Vorstufen für das Entstehen einer vom Establishment divergierenden Gegenwelt in Kreuzberg gegeben, so geht es im Folgenden um die Geschichte einer speziellen Strömung, die mit der Eröffnung der Galerie zinke ihren Anfang nahm. Generell kann hier angemerkt werden, dass den Angehörigen der neuen Kreuzberger Bohèmeszene jener Jahre im Rückblick eine besondere Intuition für die bedrohlichen Komponenten der Stadtplanung zugeschrieben werden kann, wenn sie, anders als Bürgermeister Willy Kressmann, auf die Visionen der schönen neuen und insbesondere auch autogerechten Stadt nicht begeistert reagierten und sich ausgerechnet von maroden Miethauskomplexen mit engen Hinterhöfen im dicht bebauten Kreuzberg anlocken ließen. Ihre Zuneigung zu Kreuzberg wäre somit, retrospektiv bewertet, nicht so sehr eine Flucht vor der Gegenwart und eine nostalgische Sympathie für das Überholte gewesen, sondern eher ein noch unreflektiertes Entdecken von zukunftsträchtigen Alternativen; sie wurden so auf eine noch nicht argumentative Weise zu Vorläufern von Initiativen und Strömungen, die sich später offen gegen die Kahlschlagsanierung wandten.

Um aber Willy Kressmann nicht gänzlich auf der anderen Seite dieser beginnenden Divergenz anzusiedeln, sei im Zusammenhang mit alternativen Kreuzberger Entwicklungen angemerkt, dass ihm das neue, im Folgenden eingehender zu schildernde Künstlerprojekt zinke im dicht bebauten Miethausgebiet von SO 36 durchaus gefiel. Er betonte dies, als er bei der Eröffnung der Galerie im April 1959 erschien, und er stellte sich später schüt-

zend hinter die Einrichtung, als sie beim Verfassungsschutz als ein zu überwachendes „Kommunistennest" verunglimpft worden war. In einer Erinnerung in einem Buch über die zinke wird berichtet: „Es war die Zeit des Kalten Krieges. Die damaligen Bewohner Kreuzbergs nahmen noch nicht mit Allah wohlgefälligem Fatalismus hin, was sich vor ihren Augen und Ohren abspielte. Da hagelte es denn Anzeigen, dass hier ein Kommunistennest sei, nur weil eben auch einige Schriftsteller aus dem Osten ihre Texte lasen. Zum Glück hatten unsere Zinker bei Willy Kressmann, dem Kreuzberger Bürgermeister, einen Stein im Brett. Der hielt seine Hand über dem Unternehmen."[1]

Logo der Galerie zinke mit den Nachnamen von Günter Anlauf, Günter Bruno Fuchs und Robert Wolfgang Schnell, 1959

Robert Wolfgang Schnell und Günter Bruno Fuchs vor der Galerie zinke, 1961

In den Absichtserklärungen zur Gründung der zinke hieß es, dass sie an einem Ort angesiedelt wurde, der Einrichtungen solcher Art bisher nicht kannte. Günter Bruno Fuchs, der Hauptinitiator der Galerie, stellt in einem Schreiben an den Senator für Volksbildung dazu fest: „zinke – die Galerie im Hinterhof – Berlin SO 36, Oranienstraße 27, wurde im April 1959 auf Initiative des Schriftstellers und Grafikers Günter Bruno Fuchs gegründet. Mitbegründer waren der Bildhauer Günter Anlauf (Berlin) und der Maler und Schriftsteller Robert Wolfgang Schnell (Berlin). Die Galerie wurde bewusst im Kreuzberger Bezirk eröffnet und sollte als

Versuch gelten, einen Platz für künstlerische Äusserungen in einem Berliner Viertel zu schaffen, in dem solche Gründungen bisher gänzlich fehlten. Während ihres nunmehr dreijährigen Bestehens konnte die Galerie – neben ihren Ausstellungen, Dichterlesungen und Leseabenden – bei vielen Kreuzberger Bewohnern, nicht zuletzt bei den Kindern der Nachbarschaft, ein durchaus erwähnenswertes Interesse für die dort begonnene Arbeit erzielen. Die Galerie zinke möchte mit ihren Veranstaltungen keine besondere, d. h. einseitige Kunstrichtung proklamieren. Sie versucht aber, ihrem Namen gerecht zu werden (Zinke = Landstreicherzeichen), indem sie in Werken der bildenden Kunst und der Dichtung dem Vagantischen und Fabulierenden nachspürt."[2]

Als dieser Brief im Jahr 1962 verfasst wurde, war die Galerie aufgrund von Verschuldung bereits an ihr Ende gelangt, auch wenn zunächst noch an eine Wiedereröffnung gedacht wurde. Mit dem Schreiben war versucht worden, eine finanzielle Zuwendung zu erhalten, aber die blieb aus. Nach der erwähnten Verleumdung als Kommunistennest war eine öffentliche Förderung wohl auch in besonders weite Ferne gerückt.

In dem Ausstellungskatalog von 1979, in dem das oben zitierte Dokument wiedergegeben ist, wurden im Eingangstext von Robert Wolfgang Schnell die Kreuzberger Verankerung des zwei Jahre zuvor verstorbenen Günter Bruno Fuchs sowie seine damit verbundene Intention für die Galerie noch einmal besonders betont: „Günter Bruno Fuchs war geborener Kreuzberger und blieb es, obwohl er nach dem Zweiten Weltkrieg nicht mehr in Kreuzberg wohnte. Aber dort waren seine Straßen, seine Plätze, seine Menschen, und er überzeugte die Mitgründer Anlauf und Schnell 1959, daß hier die Stelle wäre, Kunst aus den ästhetischen Zirkeln herauszuholen und sozial fruchtbar zu machen."[3]

Die beabsichtigte nachbarschaftliche Kontaktaufnahme zum Arbeitermilieu in diesem Teil von Kreuzberg war indessen bei Weitem nicht so erfolgreich verlaufen, wie in dem Schreiben an den Senat – in einer Bitte um Förderung vielleicht aus nachvollziehbaren Gründen – mitgeteilt wird. Das Interesse an Kunst und Literatur, und dazu noch an einer recht besonderen, war in der Umgebung kaum zu wecken gewesen. Stattdessen kamen Interessierte aus anderen Bezirken zu den Veranstaltungen angereist, und darunter eben auch, solange die Grenze noch nicht geschlossen wurde, solche aus dem Berliner Osten. Sehr regelmäßig kam der mit Günter Bruno Fuchs eng befreundete Schriftsteller Johannes Bobrowski von drüben herüber, aber der Kreis der gelegentlich Hereinschauenden war sehr viel größer; genannt wurden nachträglich als bekanntere Ostbesucher und zum Teil Lesende etwa Anna Seghers und Günter Kunert.

Zum literarischen Programm hatte schon in einer frühen Phase auch Günter Grass beigetragen. Die erste Bilderausstellung mit dem Titel *Berlin von hinten* bestritt Sigurd Kuschnerus, der in der Folgezeit zum Kern der zinke-Gruppe gehörte. Mit „von hinten" war gemeint, dass hier ein anderes Bild der Stadt vermittelt werden sollte als das international präsentierte mit den bekannten Gebäuden und dem bürgerlichen Leben in den Zentren. Bei aller Vielfalt trat mit der zinke ein literarischer und bildkünstlerischer Stil in den Vordergrund, der besonders von Günter Bruno Fuchs selbst geprägt wurde. Da geht es in den lyrischen Gedichten wie in Grafik und Malerei – Kreuzberger Malerpoeten nannten sich einige von den Akteuren – in halb realistischen und mit Vorliebe traumhaften Darstellungen um die einfachen Menschen in der alltäglichen städtischen Lebenswelt, oft um Außenseiter und Ausgegrenzte, auch um die Kinder mit ihren Hoffnungen und Wünschen sowie um Tiere in der naturfernen Stadtlandschaft.

Die Bilder und Dichtungen hatten die Tendenz, sich nicht nur gegen die etablierte bürgerliche Sphäre generell

Der engere Kreis der Beteiligten an den zinke-Aktivitäten: Günter Hepe, Hajo Malek, Kurt Mühlenhaupt, Sigurd Kuschnerus, Jörg Henle, Peter Straub, Robert Wolfgang Schnell, Günter Bruno Fuchs (v.l.n.r.), 1961

zinke die Galerie im Hinterhof
Berlin SO 36 Oranienstr. 27
Günter Anlauf, Plastiken
Sigurd Kuschnerus, Bilder
1.10. – 30.10.1959 täglich außer montags
17–20 Uhr sonntags 11–18 Uhr

Plakat einer zinke-Ausstellung mit Werken von Günter
Anlauf und Sigurd Kuschnerus, 1959

abzusetzen, sondern als künstlerische Hervorbringen zugleich gegen die dominierenden Kunstrichtungen, auch wenn diese sich mit ihrer immer radikaleren Abstraktheit und individuellen stilistischen Freiheit – in der freien westlichen Welt in einer Stilkonfrontation mit dem sozialistischen Realismus – als besonders avantgardistisch und zukunftsträchtig begriffen.

Wie direkt der Zwiespalt auch von der anderen modernen Seite angegangen wurde, mag daran sichtbar werden, dass der Geschäftsführer einer etablierten Künstlervereinigung, selbst ein Maler der Moderne, im

Auftrag des Verfassungsschutzes die Rücknahme der Spendenzusage eines privaten Sponsors für eine von der zinke geplante Malschule für Kinder durchsetzte, da es sich um ein „kommunistisches Unternehmen" handele. „So kam", schreibt der zinke-Mitbegründer Robert Wolfgang Schnell, „verhindert von der damaligen Geschäftsführung des Berufsverbandes Bildender Künstler in Berlin, die Malschule der ‚zinke' nie zustande", und er fügt hinzu: „Noch heute ist mir eine große Abneigung gegen Künstler geblieben, die im Offiziellen und Repräsentativen so eifrig sind. Diese Abneigung hatte Günter Bruno Fuchs längst vor mir, wenn auch aus ganz anderen Motiven. Seine Natur widersprach dem. Das gehört auch zur ‚zinke' – Ironie und Abstand gegen ‚Oben'."[4] Hier sei an das erinnert, was sehr allgemein und unspezifisch über eine basisdemokratische bürokratiefeindliche Kreuzberger Traditionslinie von Carl Herz und Erwin Beck bis hin zu späteren alternativen Initiativen in den 1970er- und 1980er-Jahren und darüber hinaus angemerkt wurde. Die Kreuzberger Künstlerszene der 1960er-Jahre ist zumindest in ihrer frühen Phase mit der Galerie zinke darin einzureihen.

Die Welt der Trinkgelage, der Rummelplätze, der Hinterhöfe und auch des Zirkus („Meine Behausung/ am Platz für öffentliche Unordnung/ist der brennende Zirkus"[5]) in den Werken von Günter Bruno Fuchs, die in seinem Umkreis dann sehr einflussreich wurden, mögen auf den ersten Blick weit entfernt von politischer Kunst anzusiedeln sein, aber dem hat Robert Wolfgang Schnell meines Erachtens zu Recht widersprochen, wenn er auf ihren durchaus politischen Gehalt hingewiesen hat, der aber kein vordergründiger und tagesaktuell orientierter war. So heißt es unter anderem bei ihm in der Retrospektive: „Mehr dem poetischen Wesen der Kunst anhängend, d. h. ihre politische Haltung an der friedliebenden Kreativität messend, waren sich Günter Bruno Fuchs, Anlauf und ich einig, eine – unsere – Art von

Am Dienstag, den 12.4.1960
um 20°° Uhr
liest Robert Wolfgang Schnell
"Schuhlin" von
Carl Sternheim
Unkostenbeitrag DM 1.–
Studenten, Rentner
Schüler DM –.50

zinke
die Galerie im Hinterhof
Berlin SO 36 Oranienstr. 27
U-Bahn Kottbusser Tor

Ankündigung einer Lesung in der Galerie zinke, 1960

Kunst zu zeigen, deren Erlebnis ins Phantastische, Realistische, Ironische, Traumhafte, in eine Welt gelebten Friedens führte, fern von äußerlicher Polemik. Ich kann mich noch entsinnen, daß ich damals auf Fragen nach der Unmodernität meiner Arbeiten immer antwortete: ‚Ich versuche, eine Friedenswelt zu zeigen.'"[6] Wenngleich der Galerie zinke keine lange Lebensdauer beschieden war, so hatte sie doch den Anstoß für die Entstehung und Ausweitung einer kunstbezogenen Sphäre in Kreuzberg gegeben, die mehrere, im Anschluss noch vorzustellende Neugründungen einschloss und über eine relativ lange Zeit hinweg Bestand hatte.

Zu den direkten Folgeprojekten gehörte die Werkstatt Rixdorfer Drucke, die mit ihren Aktivitäten und künstlerischen Druckerzeugnissen in enger Verbindung zum kulturellen Umfeld des bisherigen zinke-Kreises stand. Günter Bruno Fuchs war der Initiator des von den vier „Rixdorfern" Ali Schindehütte, Arno Waldschmidt, Johannes Vennekamp und Uwe Bremer betriebenen kleinen Unternehmens in einem Hinterhof der Kreuzberger Oranienstraße (ohne direkten Bezug zu Rixdorf, dem historischen Zentrum von Neukölln). Fuchs hatte

bereits zuvor im Rahmen der bildenden Kunst, der er sich als Malerpoet neben der Lyrik widmete, eine besondere Vorliebe für altertümliche Handpressen zur Vervielfältigung von Bildern in begrenzten Auflagen gehabt; sie gehörten unablösbar zur stilistischen Eigenart seiner Werke. Mit der generellen Umstellung größerer Druckereien hin zum Offsetdruck wurden ältere Druckstöcke entsorgt und standen somit billig zur Verfügung. Die Rixdorfer erregten im Kreuzberger und Berliner Umfeld durch ihr exzentrisches Verhalten gelegentlich besonderes Aufsehen und präsentierten sich damit in einer Weise, die im Einklang mit dem Stil ihrer satirischen Druckerzeugnisse zu stehen schien. Auf den Plakaten, eigenständigen Text- und Bildblättern, in Kalendern, Bilderbogenmappen sowie illustrierten literarischen Texten erschienen Vampire, groteske Fabeltiere, zähnefletschende Gesichter oder drucktechnisch verfremdete bekannte Fotos und Gemälde.

Zu denjenigen, die dieser Stil besonders ansprach, gehörte Victor Otto Stomps, der in den 1920er-Jahren den Verlag Die Rabenpresse gegründet hatte, dann, bis zur Unterdrückung durch die Nazis, die Literaturzeitschrift

Die „Rixdorfer" vor den Räumen ihrer Druckerpresse in der Oranienstraße: Arno Waldschmidt,
Uwe Bremer, Johannes Vennekamp und Ali Schindehütte (v.l.n.r.), späte 1960er-Jahre

Der weiße Rabe herausgab und nach dem Krieg in Frankfurt am Main den bekannten Literaturverlag Eremiten-Presse ins Leben rief. Er zog jetzt vom Taunus um nach Berlin, gesellte sich zu den Rixdorfern und gründete in Kreuzberg den Verlag Neue Rabenpresse. Im Jahr 1973, nachdem Stomps schon einige Jahre nicht mehr lebte, verließen die vier oben genannten Rixdorfer Kreuzberg sowie den eng mit ihnen zusammenarbeitenden Günter Bruno Fuchs und zogen gemeinsam ins Wendland. Sie blieben über Jahrzehnte hinweg in Kontakt miteinander, und im Frühjahr 2013 gab es in Berlin zum 50-jährigen Jubiläum eine stark beachtete Ausstellung zu ihrem Werk. Die frühere Prägung durch das besondere Kreuzberger Umfeld blieb in dem Presseecho nicht unerwähnt.

Zu Problemen der Definition einer Kreuzberger Bohème

Der Begriff der „Bohème", der im Lauf der Zeit mit dem Besucherkreis der zinke und der von ihr angestoßenen Kreuzberger Künstlerszene assoziiert wurde, erscheint nicht gänzlich unangemessen als Etikett, wird hier jedoch mit gewissen Vorbehalten und mit der Anmahnung von kreuzbergspezifischen Differenzierungen verwendet, um das tatsächlich Wahrgenommene nicht hinter einem klischeehaften Bild verschwinden zu lassen, das eventuell eher vom Pariser Quartier Latin oder vom Montmartre als von Kreuzberger Entwicklungen bestimmt ist. (Von Kreuzberg als dem Berliner Montmartre wurde allerdings bereits seit den 1960er-Jahren in den Medien gesprochen; heute findet man diesen Begriff wie selbstverständlich in seriösen Geschichtsbüchern über den Bezirk). Es scheint aus diesem Grunde geboten, zunächst die verbreiteten Bedeutungsmerkmale des Bohèmebegriffs zu reflektieren.

Wenn Günter Bruno Fuchs in dem zitierten Schreiben an den Kultursenator auf die für ihn programmatische Bedeutung des Namens der Galerie hinweist, auf die Zinke als Landstreicherzeichen, und dann hinzufügt, dem Vagantischen solle nachgespürt werden, dann ist damit eine

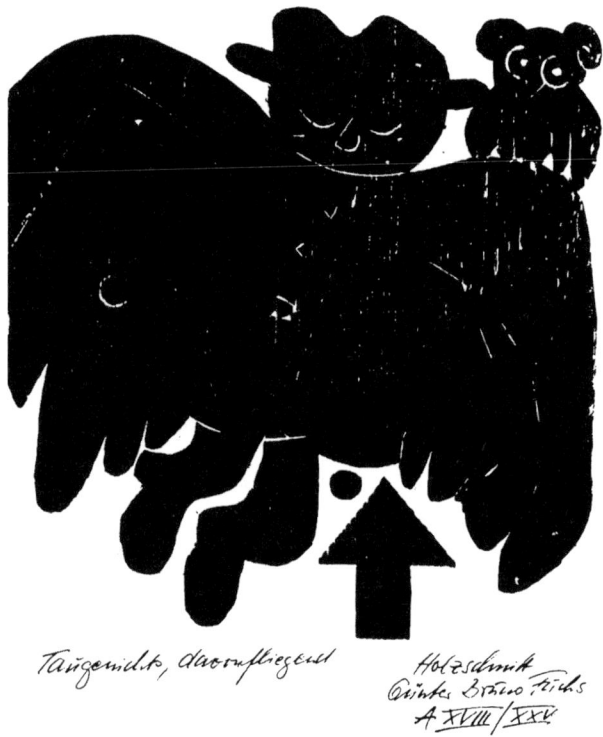

Günter Bruno Fuchs: *Taugenichts, davonfliegend*, Holzschnitt, 1966

zentrale Komponente des Bohèmebegriffs angesprochen. Das Wort hat seinen Ursprung in Frankreich als Bezeichnung für die aus Böhmen kommenden Roma, früher im Deutschen bekanntlich als Zigeuner bezeichnet und so auch noch von Günter Bruno Fuchs – bei ihm jedoch ohne irgendeinen diskriminierenden Unterton. Eine seiner Publikationen trägt zum Beispiel den Titel *Zigeunertrommel* (1956), und er hat diese ethnische Gruppe, mit der er als Kind bei einem Aufenthalt in Slowenien in sehr positiv erinnerten direkten Kontakt kam, besonders im

Blick, wenn er vom Vagantischen spricht. Anders als für ihn und den zinke-Kreis war jedoch dieser Ursprungsbezug weitgehend in Vergessenheit geraten, wenn von Bohèmekreisen gesprochen wurde, wie sie in Deutschland ihre erste Konjunktur in den Jahrzehnten vor dem Ersten Weltkrieg im Münchener Stadtteil Schwabing und in Berlin hatten; er klang nur noch indirekt nach in den Bedeutungsmomenten von unstet, unbürgerlich, auch mittellos, und hinzu kamen andere Bestimmungsmerkmale wie insbesondere der Kunstbezug.

Erst in neuerer Zeit ist das Phänomen gründlicher soziologisch und kulturhistorisch aufgearbeitet worden, in Deutschland ganz besonders in Helmut Kreuzers umfassendem Werk über die Bohème. Der Verfasser führt seine Untersuchung mit der folgenden Definition ein: „Der Begriff Bohème bezeichnet in unserem Zusammenhang eine Subkultur von Intellektuellen – in denjenigen industriellen oder sich industrialisierenden Gesellschaften des 19. und 20. Jahrhunderts, die ausreichend individualistischen Spielraum gewähren und symbolische Aggressionen zulassen –, Randgruppen mit vorwiegend schriftstellerischer, bildkünstlerischer oder musikalischer Aktivität oder Ambition und mit betont un- oder gegenbürgerlichen Einstellungen und Verhaltensweisen.“[7]

Andere Merkmale wie zum Beispiel die Bedeutung einer Trinkerkneipe oder eines bestimmten Cafés für die Bohèmekreise, das starke Bedürfnis nach Geselligkeit trotz andererseits einer betonten Ichverhaftetheit der Teilnehmenden, die Aversion gegen geregelte abhängige Arbeit in Betrieben werden im Verlauf von Kreuzers Ausführungen im Detail vorgetragen und sind vielfach nicht untypisch für die Kreuzberger Szene der 1960er- und 1970er-Jahre.[8] Aber manches, was diese kennzeichnete, findet sich in Kreuzers Charakterisierung nicht wieder. Erinnert sei an die Absicht der zinke-Gründer, ihr Projekt in einem Arbeitermilieu anzusiedeln und dabei nicht etwa eine exotische Insel zu bilden, sondern sich der Nachbarschaft zuzuwenden, eine Malschule zunächst für Kinder und dann auch für Erwachsene im Wohnumfeld zu gründen und insgesamt, wie es der Mitbegründer Robert Wolfgang Schnell ausgedrückte,

„Kunst aus den ästhetischen Zirkeln herauszuholen und sozial fruchtbar zu machen."[9] Dass diese Bestrebungen ernst gemeint waren und nicht nur eine Attitüde, geht aus verschiedenen Dokumenten glaubhaft hervor und wird auch in Schnells 1965 veröffentlichtem Schlüsselroman *Geisterbahn. Ein Nachschlüssel zum Berliner Leben* angedeutet, der diesen Gründer- und auch noch Nachfolgekreis zum Gegenstand hat.

Die klassischen Bohèmekreise wie etwa die um 1900 in einigen Cafés im Münchener Stadtteil Schwabing oder im Berliner Café des Westens, auch Café Größenwahn genannt, hatten gerade aus solchen „ästhetischen Zirkeln" bestanden. Sie trafen sich im Falle Berlins insbesondere in dem damals neuen vornehmen Westen, weitab von Arbeitervierteln, und wären nicht darauf gekommen, sich für das dortige Wohnumfeld zu interessieren.

Auch der zentralen Stellung des Begriffs „Intellektuelle" ist im Fall der Kreuzberger Kreise mit Skepsis zu begegnen. Leute, die als solche einzustufen sind, waren dort sicherlich ein wichtiges Element, aber die Szene war doch wesentlich gemischter als einschlägige frühere Bohèmezirkel, auch solche etwa in Paris, über die vielfach berichtet worden ist. Im legendären Kreuzberger Lokal Leierkasten wären die Kreise um den Maler Kurt Mühlenhaupt, seine Geschäftspartnerin Rosi oder seinen ebenfalls malenden Bruder Willi von niemandem primär einer „Subkultur von Intellektuellen" zugeordnet worden.

Helmut Kreuzers materialreiches Buch mit vielen Beispielen aus unterschiedlichen Epochen und mit einer ausgedehnten Diskussion etwa zur Beurteilung der Bohème aus liberaler, marxistischer und anarchistischer Sicht bleibt weiterhin ein wichtiges Standardwerk, aber die vorliegende Untersuchung folgt nicht seinem Ansatz, den Bohèmebegriff gleichsam idealtypisch im Sinne Max Webers zu bestimmen.

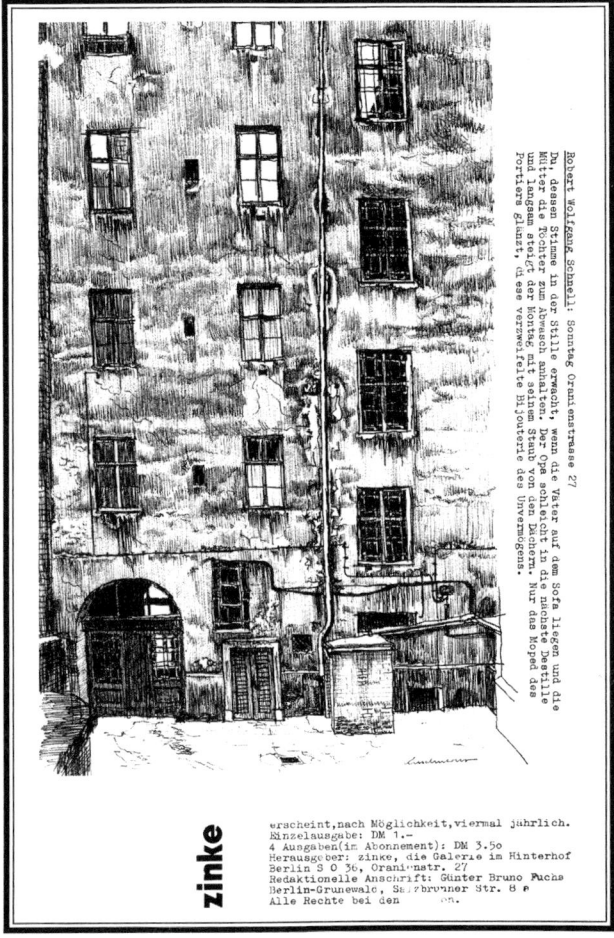

Titelblatt-Entwurf für ein zinke-Magazin mit Grafik von Sigurd Kuschnerus und Text von Robert Wolfgang Schnell, 1960

Im Falle der Kreuzberger Szene ist die Zuschreibung des Begriffs „Bohème" bereits sehr früh im öffentlichen Diskurs erfolgt, schon in der Anfangsphase der zinke, ohne dass dies die volle Zustimmung der Hauptakteure fand. Der Theater- und Kunstkritiker Hellmut Kotschenreuther, der die Entwicklung der zinke von ihrer Eröffnung an begleitet hatte, schreibt in seinem späteren Erinnerungsartikel etwa: „Einige Beobachter der Szene äußerten sich dahingehend, dass die Galerie der ‚Zinke' dabei sei, sich als die Bastion einer neuen Berliner Bohème zu etablieren. Schnell pflegte derlei Interpretationen allerdings entrüstet zurückzuweisen. Der untersetzte wuchtige Mann […] führte zwar das Leben eines Bohèmiens, hielt aber nicht viel von der Bohème. Er glaubte, dass der Protest gegen das Bürgertum, dem die Bohème durch ihre Lebensführung Ausdruck zu geben versuchte, politisch viel zu unartikuliert sei. Für ihn und seine Gesinnungsfreunde war Kunst nicht nur ästhetische Form, sondern auch ein Vehikel der Zeit- und Gesellschaftskritik. Daher der oft bis zur Polemik gesteigerte Sarkasmus, der manche von den Texten und Flugblättern prägte, die von der Galerie Zinke aus in Kreuzberg kursierten."[10]

Das Verhältnis zur Politik und zu den bestehenden Machtverhältnissen stellt somit offenbar, und dies nicht nur in der Sicht von Robert Wolfgang Schnell, ein nicht zu ignorierendes Kriterium für die Anwendbarkeit des Bohèmebegriffs dar. In neueren Studien zu dem Thema wird in der Regel konstatiert, dass Bohemiens bei all ihrer Verachtung des Bürgertums diesem letztlich verhaftet bleiben und es unterschwellig auch möchten, dass sie die bürgerliche Welt nur künstlerisch oder auf irgendeine andere Weise zeichenhaft bekämpfen, aber nicht real stürzen wollen, da sie letztlich ihre Existenzgrundlage darstellt. Wo eine Grenzüberschreitung von der symbolisch-künstlerischen Rebellion zur politischen Revolution erfolgt, wie im Falle des bekennenden Bohemiens und dann politischen Anarchisten Erich Mühsam, ist die bestehende Gesellschaft nicht bereit, ihm Narrenfreiheit zu gewähren.[11]

Die ersten Kreuzberger Kneipengalerien

Die zinke hatte eine Pionierfunktion bei der Erschließung Kreuzbergs für eine Off-Kultur und zog Leute an, für die der Bezirk zwar in den Medien durch die unkonventionelle Kommunalpolitik von Bürgermeister Kressmann bekannt geworden war, im Übrigen aber gerade in seinem östlichen Teil im dicht bebauten Arbeiterviertel ein unbekanntes Terrain darstellte. Lothar Klünner schreibt in seinem Erinnerungsartikel von 1979 über die zinke-Besucher aus Zehlendorf und anderen Teilen Berlins: „Manch einer musste umständlich den Stadtplan studieren, um hierher zu finden; doch hatte er einmal damit begonnen, die Kreuzberger Sitten zu erforschen, zog es ihn immer wieder in diesen Stadtteil der Kneipen und Künstler, Trödler und Sozialrentner. Keine Frage, die ‚zinke' hat Kreuzberg in Mode gebracht, halb verfallene Destillen wie Litfin am Mariannenplatz lebten wieder auf, und in Hertha Fiedlers ‚Weltlaterne' oder Kurt Mühlenhaupts ‚Leierkasten' erreichte der Ausstoß von Pilsner und der Umsatz von Kunstwerken gleichermaßen remarkable Höhen."[12]

Die letztgenannten beiden Lokale, sogenannte Kneipengalerien, wären nicht ohne die vorherige Existenz der

„Kleine Weltlaterne"

Künstlerlokal
Kohlfurter Straße 37 in Berlin 36

Werbeblatt der Kleinen Weltlaterne, um 1965

zinke entstanden. Beide wurden im Jahr 1961 gegründet, die Kleine Weltlaterne in der Kohlfurter Straße im Postbezirk SO 36, der Leierkasten in der Zossener Straße/ Ecke Baruther Straße in Kreuzberg 61. Hertha Fiedler hatte früher in Chemnitz ein Bahnhofslokal betrieben, war dann nach Berlin gekommen und war jetzt Wirtin in einem ausschließlich von Arbeitern besuchten Lokal in der Kohlfurter Straße in der Nähe des Kottbusser Tores. Die Entfernung zur zinke in der Oranienstraße war nicht allzu groß. Sie und in diesem Falle wohl besonders ihr einige Jahre jüngerer Mann Ingo, ein Student mit Szenekenntnissen, nahmen die erstaunliche Entwicklung in der neuen Galerie zinke wahr und erkannten, dass jetzt ein wirkliches Künstlerlokal im Umfeld fehlte. Sie richteten sich daher auf eine andere Kategorie von Besuchern

ein, ermöglichten die Kombination von Bildergalerie und Kneipe und gaben dem Lokal den neuen poetischen Namen Kleine Weltlaterne nach einem Roman von Peter Bamm. Hertha Fiedler galt, wie in späteren Berichten immer wieder besonders hervorgehoben worden ist, als außerordentlich geschickt in organisatorischen und geschäftlichen Angelegenheiten.

Kurt Mühlenhaupt, damals Inhaber eines Trödelladens mit viel Gerümpel aus aufgelösten Wohnungen und nebenbei auch Maler mit einem abgebrochenen Kunststudium unmittelbar nach dem Krieg, aus dem er verwundet zurückgekehrt war, hat in seinen Erinnerungen geschildert, wie er bei der Eröffnung der zinke neugierig hergekommen war und im Hintergrund beobachtet und gelauscht hatte. Engere Kontakte ergaben sich erst eine Weile später. Vor seinem Trödelladen in der Blücherstraße organisierte Kurt Mühlenhaupt zu dieser Zeit einen Bildermarkt, an dem sich alle Interessierten mit Angeboten beteiligen konnten. Später, als der Raum zu eng wurde, fand er am Fuß des Kreuzbergs seine Fortsetzung. Für die Gründung des Leierkastens, der als Künstlerlokal konzipiert war, Bilder ausstellte und von Anfang an auch Bekannte aus dem zinke-Kreis anzog, erwarb er ein völlig heruntergekommenes Haus in der Zossener Straße, das im oberen Teil kriegszerstört war. Die Betreiberin war dann sein Modell Rosi. Das Lokal war weniger gehoben und sehr viel chaotischer als die Kleine Weltlaterne und tolerierte zeitweise ein recht exzessives Treiben im Kneipenraum.

All dies waren Entwicklungen, die einen Einfluss auf das öffentliche Vorstellungsbild von Kreuzberg hatten. Es kam auch zu Gründungen von weiteren Bilderlokalen, in denen die Kreuzberger Nächte nicht weniger lang und nicht weniger alkoholisiert waren als im Leierkasten. Zudem kam es zu einer Zuwanderung von mittellosen Kunstschaffenden und Kunstinteressierten, die in den heruntergekommenen Häusern im östlichen Teil von

Der Maler Friedrich Schröder-Sonnenstern und Hertha Fiedler, die Inhaberin der Kleinen Weltlaterne, 1970er-Jahre

Friedrich Schröder-Sonnenstern bei der Feier zu seinem 75. Geburtstag, 1967

Willi Mühlenhaupt, Bruder von Kurt Mühlenhaupt, beim Bildermarkt am Kreuzberg, undatiertes Foto

Kreuzberg eher als in Bezirken wie Schöneberg, Wilmersdorf oder Charlottenburg billige Altbauwohnungen, Ladenräume und Fabriketagen für Ateliers mieten konnten. Atmosphärisch wurden sie auch dadurch motiviert, dass der Stadtteil in den als bürgerlich geltenden Berliner Medien eine größere Beachtung fand als zuvor. Die nonkonformistische Atmosphäre in Kneipen wie der Kleinen Weltlaterne war immer mal wieder eine Skizze im Unterhaltungsteil von Zeitungen wert, und auch

Fernsehteams tauchten auf, im Leierkasten etwa und in Mühlenhaupts Trödelladen.

Aber nicht alle waren beeindruckt von dem neuen Kreuzbergkult, manche stieß er eher ab, wie zum Beispiel die Dichterin Ingeborg Bachmann, die zu dieser Zeit eine Weile in der Stadt lebte und ihre Berlin-Wahrnehmungen in dem 1965 als Quartheft im Wagenbach-Verlag erschienenen Büchlein *Ein Ort für Zufälle* veröffentlichte. Sie schrieb darin: „Im Kommen ist jetzt der Kreuzberg, die

Kurt Mühlenhaupt, um 1965

feuchten Keller und die alten Sofas sind wieder gefragt, die Ofenrohre, die Ratten, der Blick auf den Hinterhof. Dazu muss man sich die Haare lang wachsen lassen, muss herumziehen, muss herumschreien, muss predigen, muss betrunken sein und die alten Leute verschrecken zwischen dem Halleschen Tor und dem Böhmischen Dorf.

Man muss immer allein und zu vielen sein, mehrere mitziehen, von einem Glauben zum andern. Die neue Religion kommt aus Kreuzberg, die Evangelienbärte und die Befehle, die Revolte gegen die subventionierte Agonie. Es müssen alle aus dem gleichen Blechgeschirr essen, eine ganz dünne Berliner Brühe, dazu dunkles Brot, danach

Werbung von Kurt Mühlenhaupt für seine Trödelhandlung, um 1965

wird der schärfste Schnaps befohlen, und immer mehr Schnaps, für die längsten Nächte. Die Trödler verkaufen nicht mehr so ganz billig, weil der Bezirk im Kommen ist, die Kleine Weltlaterne zahlt sich schon aus, die Prediger und die Jünger lassen sich bestaunen am Abend und spucken den Neugierigen auf die Currywurst. Ein Jahrhundert, dass sich auch hier nicht zeigen will, wird in die Schranken gefordert. An einem Haustor, irgendeinem, wird gerüttelt, ein Laternenpfahl umgestürzt, einigen Vorübergehenden über die Köpfe gehauen. Es darf gelacht werden in Berlin.“[13] In historischen Nachzeichnungen der damaligen Kreuzberger Künstlerszene

Kurt Mühlenhaupt: *Leierkasten*, Öl auf Leinwand, 1966

Artur Märchen, um 1965

 Buchpremiere

Und wat sich sonst noch allet dreht

De Sonne dreht sich um de Erde, de Erde dreht sich um n Mond, und dabei dreht se sich noch mal um sich selbst N Hund dreht sich, wenna sich innen Schwanz beißen will. De Windmühle dreht

Außerdem liest Kurt Mühlenhaupt aus einem noch unveröffentlichten Manuskript

zu einem Abend mit Lesung und Musik

(Es spielt die Kapelle Ingo Insterburg)

also

zu einem Abend im ganz kleinen, geschlossenen Kreis nur für geladene Gäste

lädt sie ein zum

29. 10. 1968   21.30 Uhr

Frau Hertha Fiedler

Kleine Weltlaterne   Berlin-Kreuzberg   Kohlfurter Straße 37

Tel.: 61 30 37

Ankündigung einer Lesung von Kurt Mühlenhaupt in der Künstlerkneipe Kleine Weltlaterne, 1968

findet sich dieses sarkastische Porträt selten, obgleich es nicht gerade von einer Unbekannten verfasst wurde. Bachmanns Einschätzung würde wohl auch sehr stören in Darstellungen, die tendenziell eher wohlwollende Erinnerungen an diese etwas durchgedrehten, aber doch auch recht lustigen und ebenso originellen wie kreativen Kreise um Figuren wie Kurt Mühlenhaupt, Artur Märchen (alias Artur Ernst Raake), Gerhard Kerfin, Günter Bruno Fuchs, Friedrich Schröder-Sonnenstern und verschiedene andere Protagonisten – übrigens ausschließlich Männer – wiedergeben möchte. Das von Bachmann

gezeichnete Bild mag in gewissem Grad ungerecht und einseitig gewesen sein, sollte aber als eine Sichtweise nicht ausgeklammert werden, da sie auch auf durchaus problematische Seiten und Beschränktheiten dieser Art von Rebellion hinweist.

Sehr konkret wäre der immense Alkoholkonsum zu nennen – „immer mehr Schnaps für die längsten Nächte" –, der auch in den gängigen Bestimmungen des Bohèmebegriffs wie der von Kreuzer stets angeführt wird. Günter Bruno Fuchs galt als Alkoholiker und ist wohl infolgedessen früh gestorben, und es gab viele Fälle ähnlicher Art in

Titelblatt der ersten Ausgabe einer Leierkasten-Kneipen-
zeitung, Januar 1962

Plakat des Leierkasten, um 1965

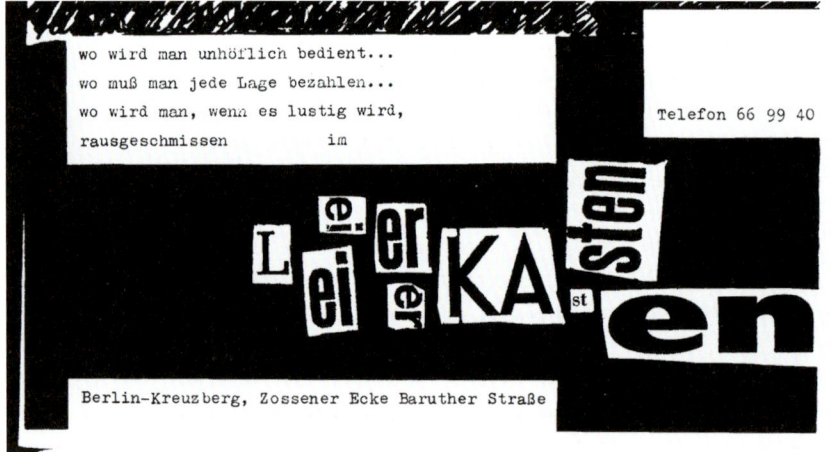

Leierkasten-Werbung, undatiert

der Kreuzberger Künstlerszene der 1960er- und 1970er-Jahre. Genereller weisen die benutzten Worte und Bilder in Ingeborg Bachmanns Text auf eine angeblich sinnlose Art von Rebellion gegen das Bestehende, gegen die subventionierte Agonie in Berlin. Der Umsturz gilt aus dieser Sicht nicht den herrschenden Mächten, sondern dem Laternenpfahl und ist ausschließlich destruktiv; Formulierungen wie „es müssen alle" und „wird […] befohlen" signalisieren Zwanghaftigkeit gerade dort, wo es um Freiheit und antiautoritäres Verhalten gehen soll. Zusätzlich gibt es in Bachmanns Text Hinweise auf Ansätze einer Kommerzialisierung auch dort, wo der marktorientierte Kunstbetrieb verachtet wird. Wenn die Kleine Weltlaterne dabei erwähnt wird, hat das offenbar seine besonderen Gründe, denn die Inhaberin Hertha Fiedler wurde zwar einerseits dafür bekannt, dass sie eine sorgende Mutterfigur in diesen Künstlerkreisen war und sich ganz besonders um die bettlägerige Künstlerberühmtheit Friedrich Schröder-Sonnenstern kümmerte, ebenso auch um den altersschwachen V. O. Stomps, aber andererseits die Keine Weltlaterne und den Umgang mit den ausgestellten Bildern immer stärker gewinnorientiert betrieb. Kurt Mühlenhaupt, obgleich ein enger Bekannter von Hertha Fiedler, nimmt in seiner Autobiografie in der Beziehung kein Blatt vor den Mund und schildert diese Entwicklung im Vergleich mit seinem Leierkasten – wie objektiv, mag dahingestellt bleiben.[14]

gerhard kerfin

nächte im Leierkasten

(1965)

da ersäuft sich
eine alte drehorgel
in doornkaat

werden die
brandenburgischen
konzerte

von der musik-box
interpretiert

bekommt die
hinterhof-melancholie
manchmal klare
spendiert

machen stamm
würzegehalte
ihre eigene
philosophie

doch wenn
die theke
feierabend
schreit

hat jedes promille
das lokal zu verlassen

zwei (leierkasten-)
gedichte
von dem
kreuzberger dichter
gerhard kerfin.

weitere texte
entnehmen
Sie
bitte
dem neu
erschienenen band:
gerhard kerfin,
erinnerungen
und augenblicke,
gedichte und geschichten,
(seite 143 ff.)

vertrieb:
grafisches
atelier h. hoffmann,
neuenburger str. 17,
10969 berlin kreuzberg,
0172 - 300 11 73
ARTgenossen @ aol.com

© atelier h. hoffmann
26. März 2007

Kritisches Gedicht über den Leierkasten von Gerhard Kerfin, 1965

Kreuzberger Bohèmekultur und APO-Bewegung

Entgegen einer manchmal anzutreffenden pauschalen Behauptung, Kreuzberg sei seit den 1960er-Jahren im öffentlichen Bewusstsein sowie auch real das Zentrum der Aufsässigen in West-Berlin gewesen, ist zu konstatieren, dass der Bezirk in der zweiten Hälfte der 1960er-Jahre hinsichtlich der politischen Protestbewegung eine Weile eher im Abseits lag und dass die Bohèmerevoluzzer jetzt in die Rolle leicht verwirrter Zuschauer gerieten.

Wer damals als Student in Kreuzberg wohnte und angesichts der aufregenden neuen Ereignisse von revolutionären Umwälzungen träumte oder diese gar plante, verließ den Bezirk und fuhr in südwestliche oder westliche Richtung. Im überfüllten Audimax der Freien Universität (FU) in Dahlem fanden erregte Vollversammlungen statt oder es gab Debatten etwa mit Herbert Marcuse auf dem Podium, mit Helmut Gollwitzer, einmal mit dem angereisten Theodor W. Adorno und mit verschiedenen anderen, die solche Veranstaltungen jeweils zu einem Massenereignis werden ließen.

Das andere Zentrum war in der Kurfürstendamm-Gegend. Der SDS hatte dort seine Versammlungsstätte und der Republikanische Club war nicht weit davon ansässig, und über den Kurfürstendamm führten gelegentlich riesige Demonstrationen, die vor dem Café Kranzler verschiedentlich in Straßenschlachten endeten. Der internationale Vietnam-Kongress fand 1968 in der Technischen Universität (TU) zwischen der Straße des 17. Juni und der Hardenbergstraße statt. Die besonders heiße Zeit setzte nach dem 2. Juni 1967 ein, als Benno Ohnesorg nach einer Demonstration vor der Deutschen Oper in einer Seitenstraße von einem Polizisten erschossen worden war.

Schon in den Jahren davor fuhr man abends in die Richtung, um an dem teilzunehmen, was sich weltweit als politische Gegenkultur ausbreitete. Lieder von Joan Baez, Pete Seeger und Bob Dylan etwa, und was davon nach West-Berlin wehte und in Livemusik-Nächten dargeboten wurde. Die fanden, zumindest wenn es sich um

Schmock (d. i. Horst Isterheld): *An der Theke der Malkiste*, 1968

regelmäßige handelte, nicht in Kreuzberg statt, sondern zum Beispiel im Steve Club in der Krummen Straße in Charlottenburg, wo Hannes Wader, Ingo Insterburg, Susanne Trenker und unzählige inzwischen Vergessene auftraten; eine Weile später war das Go-In in der gleichen Gegend ein ähnlicher Auftrittsort.

Dennoch waren die Kreuzberger Künstlerkneipen in dieser Zeit nicht plötzlich verwaist, und politisch Aufmüpfige gingen auch dort immer wieder hin, in den Leierkasten, aber auch in neu entstandene Lokale der Art wie die Malkiste in der Blücherstraße oder das LSX in der Ohlauer Straße. In Letzterem konnte man spät nachts mit Ingo Insterburg plaudern, wenn er aus dem Steve Club oder von einer Veranstaltung im Reichskabarett zurückgekommen war; er wohnte nicht weit vom LSX (dem späteren Café Kreuzberg).

Aber diese Lokale waren eine Zeitlang nicht die Orte der neuen politischen Gegenkultur. Kurt Mühlenhaupt etwa, der Betreiber des Leierkastens, war absolut kein Sympathisant der Studentenbewegung. Zeitzeugen erinnern sich an Gespräche mit ihm, in denen er die Forderungen und Verlautbarungen von Leuten wie Rudi Dutschke als abgehoben und wirr empfand und hervorhob, dass die Künstler schon immer die eigentlichen Revolutionäre gewesen seien. Dass sich hier zwei Arten von Anti-Establishment-Einstellungen artikulierten, eine politische und eine im Künstlermilieu anzusiedelnde, war nicht zu übersehen. In einer solchen Situation von konträren Positionen ergibt die begriffliche Gegenüberstellung von „symbolischer Rebellion und politischer Revolution"[15], wie sie im Titel eines Buches über die Bohème in einer bestimmten Epoche erscheint, sicherlich Sinn, wobei Revolution in den 1960er-Jahren natürlich nur als ferne Zukunftsperspektive verstanden werden konnte.

Ausstellungseröffnung in der Malkiste mit Kunstkritiker Hellmut Kotschenreuther, undatiertes Foto

Politische Durchmischungen des Kreuzberger Bohèmemilieus

Es gab jedoch auch Entwicklungen und Übergänge in dieser Szene um 1967/68. Andere Erfahrungen als in den oben genannten Lokalen konnten in der Malkiste in der Blücherstraße gemacht werden, einem von Leopold „Poldy" Unger betriebenen Künstlerlokal, das ebenfalls Bilder ausstellte und ähnliche Kreise anzog wie der Leierkasten und die Kleine Weltlaterne, aber noch nicht

Ein Stelldichein der literarischen Szene im Zodiak, 1968

so lange existierte. Hinzu kam hier ein Livemusik-Programm, zu dem unter anderen Schobert & Black beitrugen. Poldy war, im Unterschied zu Kurt Mühlenhaupt, sowohl dem Künstlermilieu verhaftet als auch Unterstützer der neuen systemkritischen politischen Bewegung.

Das entsprach einer bestimmten neuen Tendenz und zeigte sich noch weitergehend in einem anderen von Poldy gegründeten Lokal, dem Zodiac am Halleschen Ufer/Ecke Großbeerenstraße mit einem großen wie in einer Disco gänzlich schwarz gestrichenen Raum, in dem danach die berühmte Schaubühne mit dem Regisseur Peter Stein für eine Weile residierte. Das attraktive Musikprogramm wurde von damals recht bekannten Bands bestritten wie der mit Klangfarben experimentierenden Gruppe plus minus. Im Juni 1968 organisierte Poldy dort das Erste Berliner Kurzgeschichten-Festival. Zu den vorlesenden Autoren gehörte unter anderem Horst Tomayer, der danach in Berlin durch seine regelmäßigen Beiträge in den linken Zeitschriften *Konkret* und *Extrablatt* bekannt wurde. Er erhielt im Zodiak von der Jury, zu der unter anderem der Filmemacher Ulrich Schamoni gehörte, den (letztlich scherzhaft gemeinten) Sonderpreis für politische Überzeugung. Ebenfalls präsentierte hier der noch unbekannte Peter-Paul Zahl, der einige Jahre später in den RAF-Untergrund geriet und im Jahr 1979 im Rotbuch Verlag den stark beachteten Roman *Die Glücklichen* veröffentlichte, eine frühe Kurzgeschichte. Aber auch Kurt Mühlenhaupt trug bei dem Festival eine *Verdrehte Geschichte*, so der Titel, vor.

Nicht nur die beiden Sphären, die politischen 68er und die Kreuzberger Bohème, mischten sich im Zodiak, sondern es kam noch eine dritte antibürgerliche und stark im Trend liegende hinzu, die der Politkiffer, Schnüffler und Psychodelic-Fans. Sie riefen die Fahnder des Rauschgiftdezernats auf den Plan, und das Zodiak schloss nach relativ kurzer Zeit. Poldy nahm sich, wohl aus familiären Gründen, eine Weile später das Leben. In den 1970er-

Buchpremiere

KURT MÜHLENHAUPT

Berliner Guck=Kasten Buch 1
(16 DM)

Montag 21.4.1969 20 Uhr 30

im Zodiak Hallesches Ufer 32
(im Hause der Schaubühne)

Zodiak

Ankündigung einer Lesung von Kurt Mühlenhaupt im Zodiak, 1969

Jahren gab es auch über die beiden genannten Lokale hinaus eine starke Verlagerung der Künstlerkneipen in den westlichen Teil Kreuzbergs. Das eine Zentrum dort bildete die Gegend um den Chamissoplatz, das andere die Yorckstraße. Besonders wichtig wurde die 1971 gegründete Galerie im Kaffeehaus Nulpe, kurz die Nulpe

genannt und eigentlich kein Kaffeehaus, sondern eine Kneipe im ähnlichen Stil wie der Leierkasten, den es inzwischen unter Mühlenhaupts Leitung nicht mehr gab und der später mitsamt dem Gebäude abgerissen wurde. Die Nulpe, die bis in die frühen 1990er-Jahre hinein unter diesem Namen bestand (bevor das Enzian in die Räume einzog), war eine stark beachtete Ausstellungsstätte. Zu den Eröffnungen wurde ein relativ großer Kreis, der zuvor im Leierkasten, in der Kleinen Weltlaterne oder in der Malkiste verkehrt hatte, jeweils brieflich eingeladen. Das führte dazu, dass sich hier viele aus den früheren Zirkeln immer wieder trafen, und es tauchten etwa Personen wie Kurt Mühlenhaupt, Oskar Huth, Artur Märchen, Caesar, dessen bürgerlicher Name weitgehend unbekannt war, Uli Kasten und verschiedene andere immer mal wieder auf, manche nicht regelmäßig, manche fast jeden Abend wie der Künstler Rudi Lesser.

Letzterer wurde geradezu als die Seele der Nulpe bezeichnet und hatte mehr an künstlerischer und politischer Geschichte erlebt als alle anderen. In den 1920er- und 1930er-Jahren hatte er unter anderen Käthe Kollwitz persönlich gut gekannt, musste dann 1933 als Jude und Kommunist emigrieren, nachdem die Nazis während seiner Abwesenheit sein Berliner Atelier verwüstet hatten. Bald nach dem Krieg war er nach Berlin zurückgekehrt und schloss sich der Kreuzberger Szene an. Zeitweise wohnte er sogar über dem Leierkasten und danach in der Solmsstraße 33, wo im Dezember 2015 – initiiert von Heinz Günter Wagner und finanziert vom Bezirksamt sowie von Spenden aus der ehemaligen Szene – eine künstlerisch gestaltete Gedenktafel zur Erinnerung an ihn angebracht wurde. In den 1970er- und 1980er-Jahren (er starb 1988) war sein Stammplatz der Schachtisch in der Nulpe.

Das Lokal war sicherlich in erster Linie eines der vielbeschworenen Kreuzberger Bohème, aber zumindest teilweise auch eines der linken Kneipenkultur, wie sie

Die Kneipengalerie Nulpe
in der Yorckstraße, 1988

In der Nulpe während einer Ausstellung großformatiger Werke des
Künstlers Gerhard Tenzer, der auf dem Foto mit erhobenem Glas zu
sehen ist, 1987

Rudi Lesser, die Seele der Nulpe, in einer
undatierten Zeichnung eines (unbekannten) Gastes

Eberhard Franke: *In der Nulpe*, undatierte Radierung; rechts neben der Eingangstür: Rudi Lesser

in einem damals stark beachteten Artikel im *Kursbuch* unter diesem Titel geschildert worden war. Und sie war letztlich zudem eine typische *Kreuzberger-Nächte*-Kneipe, die manchmal noch bis zum Hellwerden gefüllt war, und von der man auf dem sogenannten Kreuzberger Trampelpfad dann sogar noch weiterzog in das gegenüberliegende Yorckschlösschen, ins nahe gelegene Delirium (diese beiden und die Nulpe wurden in ihrer Verbindung miteinander als Bermudadreieck bezeichnet), in Habakuks Gartenlaube in der Gneisenaustraße oder ins La Bohème in der Nostitzstraße, wo man dann bei dem passenden Namen gelandet war. Die Gebrüder Blattschuss haben 1978 in ihrem berühmten *Kreuzberger-Nächte*-Schlager die beiden Seiten, die radikale politische und die der Trinker geschickt mit der Aufeinanderfolge

einiger Zeilen in ihrem Lied angedeutet: „[…] Ein Rentner ruft: ihr sollt euch was schäm'/ein anderer meint, das liege alles am System./Das ist so krank wie meine Leber, sag ich barsch […]".

Rudi Lesser, um auf ihn noch einmal zurückzukommen, gehörte schlichtweg beiden hier angeführten Sphären der Kneipenkultur an. Er unternahm mit dem relativ unpolitisch und als Kreuzberger Künstler inzwischen weithin bekannt gewordenen Kurt Mühlenhaupt eine Reise zum Pariser Montmartre und hatte gleichzeitig enge Kontakte zum Ost-Berliner Bildhauer Fritz Cremer, dem Schöpfer des originellen Brecht-Denkmals am Schiffbauer Damm. Für eine Ausstellung Lessers in Ost-Berlin im Frühjahr 1982 verfasste Cremer für das begleitende Faltblatt einen freundschaftlichen Text.[16]

Enthüllung einer Gedenktafel für Rudi Lesser in der Solms-staße (stehend, Erster v.l.: Heinz Günter Wagner, der Initiator der Aktion), 2015

Als Fazit der vorangehenden Ausführungen ist zu konstatieren, dass zur Spezifik der Kreuzberger Variante der Bohème seit den späten 1960er-Jahren, in gewissem Grad aber schon von der zinke als Urzelle her, die Dimension möglicher Überschreitungen der typischen Bohèmerenitenz gehörte, das heißt möglicher Überbrückungen des Gegensatzes zwischen einer in der ästhetischen Sphäre verharrenden Pseudorebellion gegen die bestehende Gesellschaft einerseits und einer seit der Studentenbewegung gewachsenen Bereitschaft zum aktiven politischen Protest gegen ökonomisch fundierte Herrschaftsstrukturen andererseits. Die eher unpolitisch aufmüpfige, primär ästhetische Ausrichtung war in Kreuzberger Künstlerlokalen auch weiterhin anzutreffen, aber eben auch ein Brückenschlag hin zu Übereinstimmungen mit Anhängern und Aktiven der politischen Protestwelle.

In den Mainstream-Medien gab es in den 1970er- und 1980er-Jahren dagegen einen Hang zur entschärfenden öffentlichen Aneignung und Vereinnahmung der künstlerisch–politisch durchmischten Kreuzberger

Bohèmewelt. Ein Beispiel dafür ist die mediengeförderte Popularisierung des zuvor bereits angeführten Liedes *Kreuzberger Nächte*, das die Gebrüder Blattschuss und der Hauptverfasser des Textes, Bernhard „Beppo" Pohlmann, selbst für einen ihrer unwichtigsten Songs gehalten hatten, bevor dann die Medien seine Erfolgsträchtigkeit entdeckten. Rückblickend berichtet Beppo Pohlmann in einem Interview, dass bei der Herstellung eines neuen Albums der Gruppe mit ihren für wichtiger gehaltenen Songs „noch etwa drei Minuten frei" waren. „Etwas völlig Neues zu schreiben hatten wir keinen Bock oder keine Zeit oder wie auch immer, und da hatten wir ja noch dieses ‚Kreuzberger Nächte'. Dann habe ich den Text so umgeschrieben, dass alles etwas mehr gemeingültig war, das konnte dann auch um andere Kreuzberger Kneipen gehen." Ursprünglich war es nur auf ihre Stammkneipe im Kreuzberger Stadtteil SO 36 bezogen gewesen. Die Plattenfirma war dann gerade eben von diesem Lied besonders beeindruckt und schlug vor, es zusammen mit drei anderen Songs auf einer sogenannten EP-Platte herauszubringen und auch „die Radiosender mit diesen Liedern zu bestücken, und der SFB hat sich ‚Kreuzberger Nächte‘ herausgesucht und das so lange gedudelt, bis Zig Leute das haben wollten, und dann wurde die Nachfrage so groß, dass doch eine Single gepresst wurde. Die hat sich damals dreißig- oder vierzigtausendmal allein in West-Berlin verkauft."[17] Die Zecher anderenorts in Deutschland konnten danach, zumindest jeweils bis zur Polizeistunde, in den Kneipen aus den damals noch existierenden Musikautomaten schallen lassen: „Kreuzberger Nächte sind lang!"

Von linksalternativer Seite wurde die enorme Popularisierung des Liedes gelegentlich als Verrat am widerständigen Kreuzberg eingestuft, wie Pohlmann weiter berichtet. Auch aus den Reihen der Kreuzberger Ma-

lerpoeten kam scharfe Kritik, so in Gestalt der im Folgenden zitierten Verse von Gerhard Kerfin. Das Gedicht erschien 1979 in dem Verlag Atelier Handpresse des in der Kreuzberger Szene seit der frühen Zeit engagierten Hugo Hoffmann und soll hier auszugsweise wiedergegeben werden: „kreuzberger nächte/posaunte/jahrelang/billiger humor/und verkaufte/sein halbherziges Lied/mit gutem gewinn." Kerfin nahm als besonders bekannter Dichter unter den Kreuzberger Malerpoeten sowie als Beteiligter der Kneipenkultur keineswegs nur die ausgelassene Stimmung dieser Kreuzberger Nächte wahr, wenn er einige Zeilen weiter fortfährt: „wieviel/verzweiflung/verbirgt sich oft/hinterm bierglas/sucht sich/davon zu stehlen/aus dürftigem leben", denn solche Menschen seien in Kreuzberg „fern vom traum/sicherer pensionen/behaglicher Eigenheime."[18]

Besprechung des Handpressendrucks einer Grafik von Karl-Heinz Grage (Zweiter von rechts) mit Ulrich Bormann und Wolfgang Felber (v.l.) in der Atelierdruckerei von Hugo Hoffmann (ganz rechts), September 1982

Kreuzberger Nächte mit utopischem Nachklang

Kerfins Verse erscheinen in ihrer berechtigten Sozial-
kritik vielleicht zu düster, um sich als Abschluss eines
Kapitels über die Kreuzberger Bohème in ihrer Viel-
deutigkeit zu eignen, und die Ausführungen über das
Kreuzberger-Nächte-Lied mögen ein geeigneter Anlass
sein zu fragen, warum dieses Lied eine so große Verbreitung fand. Vielleicht hat seine Popularität noch eine
allgemeinere Dimension, die von den Medien erspürt
und dann für das Establishment vereinnahmt wurde,
und vielleicht sendet es, ungeachtet der kommerziellen
Nutzbarkeit, auch bedenkenswerte Botschaften an eine
breite Öffentlichkeit, die ihren Impetus von gelebten
und fantasierten Utopien einer bestimmten Szene erhielten.

Der Refrain erzählt fröhlich gestimmt von dem offenbar typischen Geschehen an einem sehr besonderen
Ort namens Kreuzberg, an dem der allgemein vorgegebene Tag- und Nachtrhythmus, der insbesondere
unsere Arbeitswelt bestimmt, ignoriert wird. Damit
mag sich für viele Zuhörende – zeitverschoben dann
ganz besonders auch in der ehemaligen DDR, wie von
dem Textdichter Beppo Pohlmann in dem erwähnten
Interview zu erfahren ist – ein Wunschgefühl verbunden haben. „Kreuzberger Nächte sind lang", nicht die
nur zum Schlafen zwecks Regeneration bestimmten,
sondern die auch mal fröhlich durchgefeierten. Der im
Zuge des Fordismus besonders streng drohende Wecker
der frühen Morgenstunde war in diesem legendären
Kreuzberg scheinbar abgestellt worden.

Auch der Rhythmus der Nacht selbst ist in dem
Refrain noch einmal gegen die allgemein geltenden
Normen und Gewohnheiten gewendet. Als normal
empfinden wir es sicherlich, dass die Turbulenz einer
solchen Nacht allmählich abnimmt, dass sie langsamer
wird, dass die Müdigkeit sich nicht aufhalten lässt. In
Kreuzberger Nächten ist es aber, dem Refrain zufolge,
genau umgekehrt: „Erst fangen 'se ganz langsam an,

Auftritt von Beppo Pohlmann im Kreuzberger Lokal
DODO, in dem bei der Gelegenheit das im Text erwähnte
Interview geführt wurde, 2014

aber dann, aber dann […]." Ein in einem engen Sinne
zeitbezogenes rhythmisches Gegenprinzip ging dann,
so Pohlmann, bei der Studioaufnahme der Platte sogar
in die formale Gestaltung der Darbietung ein: „[…] wir
hatten noch eine Spur frei, da haben wir dann gegen
den Rhythmus angeklappert, also wir haben auf die fal-

Das FHXB Friedrichshain-Kreuzberg Museum leistet einen wichtigen Beitrag zur Erinnerung an die Kreuzberger Malerpoeten, wie hier bei einer einschlägigen Ausstellungseröffnung; am Mikrofon der damalige Leiter des Museums, Martin Düspohl; sitzend links: Manfred Butzmann, rechts: Artur Märchen, 1998

schen Zeiten rhythmisch irgendwas geklopft, dadurch wackelt das so ein bißchen und dadurch kriegt das diese Lebendigkeit. Das hatten wir uns nicht überlegt, das ist einfach so passiert."[19]

Kreuzberg ist somit für die Öffentlichkeit zumindest unterschwellig zu einem aufmüpfigen symbolischen Ort nicht nur des besonderen Raumes irgendwo in diesem geordneten Berlin geworden, sondern auch einer nicht durch und durch vermessenen und uns objektiv vorgegebenen Zeit.[20] Für eine Widerständigkeit gegen das rigorose Zeitdiktat wäre im Kontext dieses Kapitels nicht nur das *Kreuzberger-Nächte*-Lied mit seinen unterschwelligen Wünschen anzuführen, sondern es wären auch zahlreiche künstlerische Hervorbringungen der Bohèmekreise der 1960er- und 1970er-Jahre und darüber hinaus in den Blick zu rücken. Eine Lektüre der gewollt naiven Verse der Malerpoeten und ein Blick auf ihre Bilder, die einem fantastischen Realismus zugeordnet wurden, kann unter diesem Aspekt zu interessanten Entdeckungen führen. Insbesondere Günter Bruno Fuchs, der Begründer der Galerie zinke als der Urzelle der Szene, liefert zahlreiche Beispiele

dafür, so etwa mit Bildern, auf denen Figuren träumerisch-zeitvergessen über den Dächern der Kreuzberger Altbauten schweben.

Eine symbolische Widerständigkeit gegen vermessene Zeit und vermessenen Raum drückte sich als Synthese von Anfang an in dem zinke-Emblem aus, das laut Fuchs als „Landstreicherzeichen" den Versuch signalisierte, dem „Vagantischen und Fabulierenden" nachzuspüren. Dem Vagantentum waren abstrakte Raum- und Zeitkonzepte von seiner uralten Tradition her besonders wesensfremd, indem sich die ihm zugehörigen Gruppen und Einzelpersonen mal hier, mal dort niederließen, unabhängig von dem vermessenen Eigentum an Grund und Boden, mal länger und mal kürzer verweilten, zeitlich vielleicht an dem Wechsel der Jahreszeiten oder an anderen günstigen oder ungünstigen Umständen orientiert. Das symbolgeleitete Bekenntnis zu einer solchen vagantischen Aversion gegen kapitalismustypische abstrakte Raum- und Zeitvorgaben dürfte in Kreuzberg, in Verbindung mit anderen Einflüssen, zu den nicht unwichtigen Impulsen für die Herausbildung einer Widerstandskultur gehört haben.

ENTWICKLUNG DES MULTIKULTURELLEN KREUZBERGS

Zuzug von türkischen Arbeitskräften und Entwicklung einer eigenen Infrastruktur in SO 36

Ein starker Arbeitskräftebedarf führte insbesondere nach dem Bau der Mauer im Jahr 1961 zu einem Zuwanderungsstrom in das hoch subventionierte West-Berlin. Vorrangig war zunächst noch das Anlocken von westdeutschen Arbeitnehmern mit besonderen Berlinzulagen und Darlehensangeboten, aber der Bedarf konnte dadurch nicht gedeckt werden, und es wurden zunehmend Arbeitskräfte aus Ländern angeworben, in denen ein hoher Prozentsatz der Bevölkerung keine Beschäftigung fand. In der Türkei herrschte damals besonders in ländlichen Gegenden eine extrem hohe Arbeitslosigkeit und so wurde sie zu einem bevorzugten Anwerbeland auch für West-Berlin.

Die Nachfrage nach Arbeitskräften war seit den 1950er-Jahren im Zuge der wirtschaftlichen Aufwärtsentwicklung in der gesamten Bundesrepublik erheblich, und die Bonner Regierung hatte ab 1955 bilaterale Abkommen mit verschiedenen Ländern abgeschlossen, um Arbeitskräfte anzuwerben und nicht lediglich auf private Vermittlungsagenturen angewiesen zu sein. Nach derartigen Vereinbarungen mit Italien, Spanien und Griechenland folgte im Oktober 1961 die mit der Türkei. Nach dem Abkommen richtete die Bundesanstalt für Arbeit eine Vermittlungsstelle in Istanbul ein. Anders als im Fall der Mittelmeerländer ging hier die Initiative wesentlich von der Regierung des Anwerbelandes selbst aus. Die geregelte Entsendung von Arbeitskräften ins Ausland wurde in entsprechenden Beschlüssen der türkischen Regierung als eine momentane Ersatzlösung bezeichnet, um dem extremen Anstieg der Arbeitslosigkeit entgegenzuwirken.

Kennzeichnend für die Lage in der Türkei war in jener Zeit der starke Zustrom einer verarmten Landbevölkerung in die Großstädte, ohne dass es eine hinreichende Nachfrage nach Arbeitskräften seitens der städtischen Industrie gab. Auch das Wohnungsproblem verschärfte sich in den Metropolen enorm, und es entstanden am jeweiligen Stadtrand unzählige sogenannte Gecekondus, Hütten, die, so die Bedeutung des Wortes, in einer Nacht errichtet wurden und nach einigen Anfangskonflikten von den Behörden auf der Grundlage weit zurückliegender gesetzlicher Ausnahmebestimmungen toleriert wurden. In Kreuzberg ist dieses Wort auch dem nicht türkischen Teil der Öffentlichkeit bekannt, seitdem im Rahmen von Mietprotesten ein Gecekondu als Protesthütte am Südblock des Kottbusser Tors errichtet wurde.[1]

Die türkischen Arbeitsmigranten, die nach Berlin kamen, zogen zum überwiegenden Teil in die billigen heruntergekommenen Altbauwohnungen, von denen der Bezirk Kreuzberg (gefolgt von Wedding) besonders im östlichen Teil um das Kottbusser und das Schlesische Tor herum besonders viele aufwies. Die Grenzlage zu Mauerzeiten nach mehreren Seiten hin ließ den Stadtteil jetzt als besonders abgelegen erscheinen, und die Stagnation von privater Bautätigkeit und von Modernisierungen in diesem Teil von West-Berlin nach der Errichtung der Mauer trug zusätzlich dazu bei, dass es hier zu einer starken Abwanderung von jüngeren deutschen Familien in Neubaugebiete kam, wo sie einen gewissen Komfort vorfanden und die bisherigen Kohleöfen und Außentoiletten hinter sich lassen konnten. Dass viele der Mietskasernen-Blöcke in den Altbauvierteln von den Stadtplanern nach dem Programm der Flächensanierung von 1963 zum Abriss bestimmt waren, erschien nicht als Hinderungsgrund für die Neuzuwanderung aus der Türkei, denn man ging davon aus, dass die Gastarbeiter nur für eine sehr begrenzte Zeit in dieser Stadt bleiben und dann wieder in ihre Heimatländer zurückkehren würden. Diese Erwartung wurde jedoch durchkreuzt durch den weiter bestehenden Bedarf an möglichst billigen Arbeitskräften nach vorübergehenden krisenhaften Einbrüchen, durch andauernde wirtschaftliche Probleme in den Herkunftsländern und durch die Familienzusammenführungen am neuen Wohnsitz. Die meisten – in der Regel ausschließlich männlichen – türkischen Arbeiter, so geht aus Untersuchungen hervor, wanderten zunächst ohne ihre Familien aus, und nur ein kleinerer Teil von ihnen holte Ehefrau und Kinder nach relativ kurzer Zeit nach, der größere Teil von ihnen war erst nach mehreren Jahren wirtschaftlich dazu in der Lage, zumal die Bestimmungen für eine Arbeitserlaubnis von Familienangehörigen seinerzeit noch restriktiver waren als später. Nach

Gastarbeiterinnen im DeTeWe-Werk in Kreuzberg, 1980

solchen bald oder auch wesentlich später erfolgenden Zusammenführungen und einer relativ hohen Rate von Neugeburten in diesen Familien erfolgte eine Ausbreitung und Verdichtung der türkischen Bevölkerung im östlichen Kreuzberg, die in diesem Ausmaß nicht vorauszusehen gewesen war.

Zu einer relativen Stagnation der Zuwanderung kam es in den 1970er-Jahren einmal aufgrund des Anwerbestopps von 1973 und zum anderen etwas später als Folge einer Bestimmung, die nur einige Bezirke betraf. Um eine noch größere Verdichtung von Arbeitsmigranten aus Ländern wie der Türkei, Jugoslawien und Portugal und damit eine mögliche Ghettoisierung zu vermeiden, bestand seit Anfang 1975 eine Zuzugssperre für die Bezirke Kreuzberg, Wedding und Tiergarten. Ausgenommen waren die mit Deutschen verheirateten Ausländer und diejenigen mit einer Aufenthaltsberechtigung, über die zu diesem Zeitpunkt jedoch nur wenige verfügten. Dennoch vergrößerte sich die türkische Einwohnerschaft in Kreuzberg auch danach noch aufgrund des weiterhin möglichen Nachzugs von Familienangehörigen aus der Türkei.[2]

Fremdenfeindliche Reaktionen, wie sie in den Jahren einer vermehrten Zuwanderung von Arbeitskräften aus der Türkei in der Bundesrepublik und den verschiedenen West-Berliner Bezirken wahrgenommen wurden, waren auch in Kreuzberg nicht unbekannt, aber sie hielten sich vergleichsweise in Grenzen und hatten im Ostteil des Bezirks mit seiner besonders hohen Ausländerdichte einen spezifischen, in einzelnen Phasen unterschiedlichen Charakter. Aus einer intensiven Befragung im Bereich einer einzelnen und typischen Straße in diesem Teil von Kreuzberg, durchgeführt in den frühen 1980er-Jahren,[3] geht hervor, dass das Verhältnis von übrig gebliebenen Stammbewohnern zu den neu angekommenen Türken in der ersten Einwanderungsphase noch relativ konfliktfrei war. Für eine dann veränderte Einstellung

Gastarbeiterfamilie am Fraenkelufer, 1974

mit stärkerer Ablehnung war laut den Verfassern jener Studie nicht primär der quantitative Anstieg von Zuwanderungen ausschlaggebend, sondern vor allem „[…] dass die Türken jetzt in Gruppenzusammenhängen und in sozialen Vernetzungen von Familie, Nachbarschaft und Gewerbe leben konnten. Diese Tatsache hat die Kreuzberger Stammbewohner mehr verunsichert als fremdartige Elemente in der Alltagskultur der Einwanderer.

Demonstration am Mehringdamm gegen Ausländerhetze, 1984

Bedrohlich war nicht die Fremdheit, sondern gerade die Vertrautheit dieser sozialen Bindungen und deren Verlust im eigenen Leben. Die soziale Vernetzung hatte ja das Arbeiterleben in Kreuzberg immer gekennzeichnet. Alle Kreuzberger, die jetzt mit Abwehr und Aggression auf das soziale Netz der Türken reagierten, waren selbst so aufgewachsen. Nur mit dem Unterschied, dass sich die Vernetzung der deutschen Arbeiterkultur in Auflösung befand."[4]

Derartige Feststellungen, die als sozialpsychologische Interpretation diskussionsbedürftig sein mögen, bezogen sich, das ist zu betonen, ausschließlich auf die stark reduzierte und auch vergleichsweise überalterte „Kreuzberger Stammbevölkerung", wie sie hier bezeichnet wird, nicht aber auf die soziale Gruppe mit überwiegend deutscher Staatsbürgerschaft, die jetzt in größerer Anzahl die reparaturbedürftigen Altbauwohnungen in Kreuzberg bezogen. Gleichzeitig mit Zuwanderern aus der Türkei, heißt es zusammenfassend in der exemplarisch verstandenen Studie zu dem speziellen Kreuzberger Milieu, „[…] siedeln sich hier junge Deutsche an, die auch bei unterschiedlicher Klassenherkunft ähnliche Lebensstile entwickeln – wobei in diesem Prozess die Namen wechseln: ‚Studentenbewegung', ‚ML- und Sponti-Szene', ‚Freaks' und ‚alternative Kultur'. Seitdem existieren im östlichen Kreuzberg drei Kulturkreise, die sich in ihren Lebensformen – wie Kleidung, Paarbeziehungen, Gruppenbindungen, geselligen Zentren – deutlich unterscheiden und trotz enger Nachbarschaft wenig Berührungspunkte haben. Ähnlichkeiten zwischen der deutschen Stamm- und der türkischen Einwandererkultur werden dabei durch massive Abgrenzung seitens der ersten überdeckt."[5]

Von der sogenannte Alternativszene, um hier einen Oberbegriff zu wählen, wird im folgenden Kapitel ausführlicher die Rede sein. Zwischen ihr und dem türkischen Bevölkerungsteil bestanden zwar nur sehr begrenzt

Barbara John (CDU), die Ausländerbeauftragte des Berliner Senats, mit Werbematerial zur Integration von Migranten, 1980

Kontakte, aber das bedeutete keine Gegnerschaft. Eine explizite ausländerfeindliche Einstellung war von dieser Szene aufgrund ihrer in der Regel stärker international ausgerichteten, nicht rassistischen Prinzipien kaum zu erwarten.

Unabhängig von den speziellen Kreuzberger Beziehungen zwischen den Einwohnergruppen kamen seit den frühen 1980er-Jahren auch von der Senatsebene Anstöße zur besseren Eingliederung ausländischer Zuwanderer und auch zu einer besseren Akzeptanz dieser Bevölkerungsteile. Ausländerpolitische Initiativen wurden finanziell gefördert, und Berlin erhielt 1981 als erstes Bundesland das Amt einer Ausländerbeauftragten. Barbara John besetzte über zwei Jahrzehnte lang diesen Posten und äußerte sich auch danach öffentlich zu Ausländerfragen im Bemühen um die Überwindung von Xenophobie.

Die Erfahrung ethnischer Diskriminierung, oft einer mehr indirekten als offenen etwa bei den Behörden, bei der Polizei, vor allem auch bei der Wohnungssuche, war damit nicht grundsätzlich aufgehoben, und speziell Anfang der 1990er-Jahre, nach dem Fall der Mauer, war sie atmosphärisch verstärkt spürbar. Es kam zu dem Zeitpunkt auch in Kreuzberg noch einmal zu heftigen Auseinandersetzungen nach einer Demonstration gegen Ausländerfeindlichkeit Anfang November 1991 in der Adalbertstraße. Der Rückzug in den eigenen kleinen Kosmos in Kreuzberg, basierend nicht nur auf kultureller Zugehörigkeit, sondern auch auf vielen praktischen und hilfreichen Einrichtungen, lag in solchen Momenten besonders nahe. Von der zweiten Hälfte der 1970er-Jahre an entstand in Kreuzberg ein eigenständiger Zusammenhang von türkischen Geschäften und zahlreichen speziellen Institutionen. Aus dem vielfältigen Aufbau von kommerziell ausgerichteten Kleinunternehmen ergab sich eine nicht unerhebliche soziale Differenzierung innerhalb der türkischstämmigen Einwohnerschaft des Bezirks. In dazu vorliegenden, auf Kreuzberg bezogenen empirischen Untersuchungen aus den 1980er-Jahren ist ersichtlich,[6] dass fast alle Kleinunternehmer türkischer Nationalität aus bäuerlichem Milieu stammten, darunter insbesondere auch Landflüchtige aus den Gecekondus. Sie konnten auf bestimmte Strukturen der Einrichtung und Belieferung etwa von speziellen Läden zurückgreifen, vor allem aber auf ein unterstützendes Familien- und Verwandtschaftsnetz sowohl in ihrer Heimat als auch in

Berlin. Befragungen zufolge war bei Gecekondu-Bewohnern das Interesse an einer selbständigen Tätigkeit als Perspektive des sozialen Aufstiegs besonders groß. Eine starke Zunahme von türkischen Kleinunternehmen gab es allerdings erst seit Beginn der 1980er-Jahre, da viele Aufstiegsorientierte jetzt erst die notwendige unbefristete Aufenthaltserlaubnis (frühestens nach fünf Jahren) erhielten, um dann einen Gewerbebetrieb von den Behörden (als Ausnahmefall) genehmigt zu bekommen oder gar die Aufenthaltsberechtigung (frühestens nach acht Jahren), um bei der Anmeldung weniger Hürden überwinden zu müssen.

Interne Konflikte hinter der Außenwahrnehmung ethnischer Homogenität

Die türkische Einwohnerschaft in Kreuzberg war in ihrer Gesamtheit nicht so homogen, wie dies aus der Sicht deutscher Nachbarn erscheinen mochte, da letztere in der Regel eher äußere Indentifikationsmerkmale wahrnahmen wie etwa die Kopftücher und langen Kleider vieler – durchaus aber nicht sämtlicher – Frauen, die Art, wie türkische Familien in den Parks beim Picknick zusammensaßen oder das in Kreuzberg allmählich allen vertraute Autohupen bei den Hochzeitskorsos. Das waren für viele Einheimische eben *die* Türken.

Dabei blieben nicht nur die hier zuvor erwähnten sozialen Differenzen, sondern auch die politischen ausgeblendet. Bekannt waren allenfalls noch Auseinandersetzungen zwischen dem kurdischen und dem übrigen aus der Türkei eingewanderten Bevölkerungsteil, nicht aber andere tief greifende Konflikte, die aus dem Herkunftsland importiert worden waren, wo sie sich in einer lang anhaltenden Krisenzeit seit den 1950er-Jahren herausgebildet oder verschärft hatten. Sie führten in der

Türkei zu bürgerkriegsähnlichen Zuständen und lieferten somit mehrmals Argumente für die Befehlshaber der Armee, die Macht an sich zu reißen und dann selbst eine Regierung einzusetzen. Im Jahr 1960 kam es zu einem ersten Putsch der Militärs, als ein aus Offizieren bestehendes Komitee der Nationalen Einheit die Macht übernahm und einige Minister der bisherigen Regierung zum Tod verurteilte. Der nächste Militärputsch erfolgte 1971, nachdem die gegenkulturellen und studentischen Bewegungen der späten 1960er-Jahre in den westlichen Ländern ab 1969 auch auf die Türkei übergriffen und sich dort dann als Zündfunken für die Arbeiterbewegung auswirkten. Es kam zu Fabrikbesetzungen und Streikaktionen, denen sich auch die Lehrerschaft anschloss. Außerhalb der Städte erfolgten gleichzeitig Landbesetzungen durch verarmte Bauern. Mit dem Argument der Verhinderung von wirtschaftlichem Chaos und Anarchie entzog die Armeeführung im März 1971 der von Ministerpräsident Süleyman Demirel geführten Regierung die Unterstützung und erzwang so deren Rücktritt. Es kam zu Massenverhaftungen und zum Verbot von linken Organisationen. Diese Entwicklung bedeutete für die Protestbewegungen auch eine Desillusionierung hinsichtlich der vermeintlich weiterhin progressiven kemalistischen Orientierung, mit der die Militärführung assoziiert wurde. Die revolutionären Veränderungen und durchgreifenden Reformen unter Mustafa Kemal Atatürk nach dem Befreiungskrieg um 1920 mit der Abschaffung des Sultanats und damit der Beendigung des Osmanischen Reiches 1922, der Ausrufung der Republik 1923, der Trennung von politischem Staat und Religion auf der Grundlage des Laizismus – ohne Infragestellung der weiterhin dominanten Position des Islams in vielen gesellschaftlichen Bereichen – im Jahr 1928 und der Einführung des Frauenwahlrechts 1934 waren in hohem Grade als Maßnahmen einer intellektuell geleiteten Militärelite durchgesetzt worden. Die staatliche Repression der 1970er-Jahre hatte mit diesem Geist der Veränderung und Enthierarchisierung wenig gemein. In Bezug auf das Verhältnis von Staat und Religion verfolgten die Militärmachthaber in diesen Jahren eine Politik der Türkisch-Islamischen Synthese. Der Islam wurde als eine Integrationskraft gegenüber zahlreichen spalterischen Bewegungen gefördert. Damit kam es zur einer Islamisierung und einer schleichenden Aufhebung des Laizismus, ein Prozess, der sich in der Folgezeit fortsetzte. Zugleich kam es auch zu einer von den Regierenden nicht beabsichtigten Stärkung fundamentalistischer Formen des Islams, die in dieser Strategie der Synthese nicht eingeschlossen waren. Ein dritter Militärputsch erfolgte nach heftigen Turbulenzen im Jahr 1980 mit deutlicher Zustimmung der USA, wie in westlichen Ländern nicht nur in den Kommentaren einer linken, sondern zum Teil auch einer bürgerlich-liberalen Presse wie etwa der *New York Times* nachzulesen war. Die identitätsstiftende Funktion des Islams wurde mit der Verfassung von 1982, die den Religionsunterricht obligatorisch machte, weiter gefördert. Allerdings waren diese Schritte auf den sunnitischen Islam ausgerichtet und schlossen die Aleviten tendenziell aus, womit das Integrationsbestreben partiell wieder untergraben wurde. Derartige religiöse Spannungen und auch starke politische Differenzen, etwa die Animositäten zwischen Kurden und türkischer Mehrheitsgesellschaft, konnten dann auch als Konfliktimport, so eine begriffliche Überschreibung in Diasporastudien, unter Migranten am neuen Aufenthaltsort ihren Niederschlag finden.[7]

Soweit Aktive aus den linksorientierten Bewegungen in der Türkei während der 1970er-Jahre als Auswanderer nach Berlin oder speziell nach Kreuzberg gerieten, konnten sie dort von der türkischen Diaspora her ein belebendes Element für die kapitalismuskritischen und alternativen Initiativen in dem Bezirk darstellen. Aber es gab auch starke Gegenbewegungen, die ebenfalls in den 1970er-Jahren und auch schon davor in der Türkei entstanden waren. Sie wurden gerade auch in Kreuzberg in einer bestimmten Periode aktiv.

Die rechtsradikale Partei der Nationalistischen Bewegung (Milliyetçi Hareket Partisi – MHP) schaffte es unter ihrem charismatischen Führer Alparslan Türkeş im Jahr 1975 in einer ökonomischen und politischen Krisenzeit mit wechselnden Koalitionen nach dem Ende der Militärregierung (1973) zum ersten Mal in der Türkei an der Regierungsmacht beteiligt zu werden. In den Parlamentswahlen gewann die MHP 1977 nur einen relativ geringen Stimmenanteil, aber es gelang ihr in einem hohen Maß, in gesellschaftliche und staatliche Institutionen einzudringen. In enger Anbindung an die MHP entstanden als gesellschaftliche Einrichtung in der Türkei eine große Zahl von sogenannten Idealistenvereinen, Ülkü Ocakları genannt. Sie stellten, wie besonders auch ihre Jugendorganisation und die der MHP, eine Basis für die zum Teil paramilitärisch organisierten Kommandos

Demonstration für ein Verbot der türkischen rechtsextremen Vereinigung Graue Wölfe, deren Anhänger am 5. Januar 1980 den türkischen Gastarbeiter Celalettin Kesim ermordet hatten

dar, die nach einem bildhaften Symbol der pantürkischen Bewegung Graue Wölfe (Bozkurtlar) genannt wurden. Deren oftmals gewalttätigen Aktionen richteten sich vor allem gegen linksgerichtete Gruppierungen und Institutionen. Nicht selten gelang ihnen dabei eine Zusammenarbeit mit der Polizei.

Idealistenvereine wurden dann auch in der Bundesrepublik und in West-Berlin sowie in anderen europäischen Ländern gegründet.[8] Gruppen von Grauen Wölfen wurden auch in Kreuzberg aktiv. Im November 1979 überfielen sie türkische Jugendliche, die sich in Jugendfreizeiteinrichtungen in der Blücherstraße und im Böck-

lerpark an Veranstaltungen zum Thema *Jugend gegen rechts* beteiligt hatten. Der nicht türkischen Öffentlichkeit in Berlin wurden die Grauen Wölfe erst wirklich bekannt, als es am 5. Januar 1980 dicht am Kottbusser Tor zu einem Überfall mit Todesfolge kam. Das Opfer war Celalettin Kesim, ein türkischer Berufsschullehrer und zuvor Facharbeiter bei Borsig, der den Grauen Wölfen durch sein politisches und soziales Engagement bekannt war, so etwa als Mitbegründer und Sekretär des linksorientierten Berliner Türkenzentrum. Er hatte an dem Morgen als Mitglied des Türkischen Demokratischen Arbeitervereins zusammen mit anderen Aktiven der Organisation am Kottbusser Tor Flugblätter mit einem Aufruf zur Demonstration gegen den drohenden Militärputsch in der Türkei verteilt, als ein Überfall durch etwa 70 mit Schlagstöcken und Messern bewaffnete Graue Wölfe erfolgte. Es gab mehrere Verletzte, und Celalettin Kesim verblutete nach einem Messerstich, noch bevor er ins Klinikum Am Urban eingeliefert werden konnte. Einige Tatverdächtige wurden von der Polizei in der nahegelegenen Mevlana-Moschee gestellt, die nicht nur Gebetsraum war, sondern auch der Sitz antidemokratischer Organisationen mit einer engen Verbindung zur radikal-islamistischen Millî-Görüş-Bewegung. Die Moschee in der Skalitzer Straße geriet auch in späteren Jahren verschiedentlich ins Visier sowohl der Behörden als auch kritischer Berichterstattungen in den Medien wie 2004 im ZDF-Magazin Frontal21, dem zufolge es hier zu antisemitischen Hasspredigten und zur Verherrlichung von Selbstmordattentätern gekommen war. Nach dem Mord an Celalettin Kesim gab es große öffentliche Solidaritätsbekundungen, zu denen türkische wie auch deutsche linksorientierte Organisationen aufgerufen hatten. Etwa 3 000 Personen nahmen an der Trauerkundgebung im überfüllten Veranstaltungssaal der Neuen Welt teil und über 10 000 an der anschließenden Demonstration zu dem gleichen Anlass.

Insgesamt lässt sich rückblickend feststellen, dass die pantürkischen militanten Aktionen nicht zur offenbar intendierten Einschüchterung und Beeinträchtigung der politischen Gegner innerhalb der türkischen Einwohnerschaft führten, sondern realiter eher zu deren Stärkung aufgrund der Solidaritätswelle. Sie waren letztlich ein wichtiger Impuls seitens der Migranten für die Entwicklung eines Kreuzberg-Bildes, das mit Widerständigkeit und Antirassismus assoziiert wurde.

Türkische Beiträge zur Kreuzberger Widerstandskultur

Der türkische Künstler Hanefi Yeter schuf Anfang der 1990er-Jahre zusammen mit Kreuzberger Schülern eine Stele zum Gedenken an Celalettin Kesim, die im Juni 1991 eingeweiht wurde. Den Auftrag hatte er vom Bezirk im Rahmen des antifaschistischen Gedenktafelprogramms erhalten, das es seit den 1980er-Jahren mit seinem speziellen Fonds für künstlerische Gestaltungen unter den West-Berliner Bezirken nur in Kreuzberg gab. Hanefi Yeter wohnte in Kreuzberg und bekannte sich ausdrücklich zu diesem Stadtteil. Als er nach der Fertigstellung der Stele in einem Interview danach gefragt wurde, antwortete er: „Ja, Kreuzberg hat in meiner Malerei immer eine ganz große Rolle gespielt. Mehrere Bilder sind hier von Kreuzberg ausgegangen, und es gibt Kreuzberger Motive in meinen Bildern. […] Auch anderes hat mich hier motiviert, die Erfahrung von Konflikten wie die zwischen Jugendlichen und dem Staat. Wenn man aufmerksam beobachtet, dann gibt es eine Menge von Signalen, auch heute noch, die von Kreuzberg ausgehen, und die auf Entwicklungen hinweisen." Auf die darauf folgende Frage, ob er demnach Kreuzberg nicht nur als einen Problembezirk betrachte, sondern auch als einen lebendigen und interessanten Bezirk, erwiderte er: „Natürlich, und deswegen lebe ich hier. Ich bin kein Künstler, der in Zehlendorf sein Atelier haben und ganz ruhig im Grünen leben will. Das möchte ich nicht. Wenn ich schon in dieser Stadt lebe, dann möchte ich gerade hier leben. Hier passiert am meisten, hier ist es besonders interessant."[9]

Der Künstler Hanefi Yeter in seinem Kreuzberger Atelier, Juni 1991

Enthüllung der von Hanefi Yeter geschaffenen Gedenkstele für Celalettin Kesim am Kottbusser Tor, 21. Juni 1991

Auch auf dem Gebiet der Literatur entstanden in Kreuzberg Werke, in denen das dort erfahrene lokale Umfeld von besonderer Bedeutung ist. Dafür ließen sich verschiedene Beispiele mit türkischem Hintergrund anführen, so auch aus der Literatur für Kinder, aber hervorgehoben sei hier im Kontext der Darstellung eines alternativen und sozialkritischen Kreuzbergs das Werk von Aras Ören, dem wohl prominentesten Lyriker und Prosaisten mit türkischer Herkunft im Bezirk. Sein zuerst 1973 im linken Rotbuch Verlag erschienener Gedichtband *Was will Niyazi in der Naunynstraße* (ursprünglich in türkischer Sprache verfasst als *Niyazi'nin Naunyn Sokaginda isi ne*) lässt mit der Nennung einer Straße speziell in jenem Viertel von Kreuzberg, das von Außenstehen-

den gelegentlich als Klein-Istanbul bezeichnet worden ist, gleich im Titel anklingen, um welches städtische und ethnische Umfeld es in den Gedichten geht. Aber hier wohnen nicht nur aus der Türkei Zugezogene wie der fiktive Niyazi Gümüşkılıç, der sich früh morgens in der Kälte, wenn die Häuser noch zu schlafen scheinen, auf den Weg zur Arbeit in der Fabrik macht. Niyazi „wohnt eine Treppe über Frau Kutzer"[10], die erst einschlafen kann, wenn er das Haus verlässt, und die ihre eigene proletarische Geschichte hat. Wir erfahren einiges über ihren verstorbenen Mann, der „Rosa Luxemburgs Worte in seinen Ohren hatte", wir werden durch die Jahre der Weimarer Republik geführt, die Zeit „der großen Arbeitslosigkeit", in der sie anfängt, „in dem neuen Haus eines Kriegsgewinnlers/in Neukölln sauberzumachen."[11] Es folgen Ereignisse in der Nazizeit, die Soldatenjahre ihres Mannes Gustav und die Bombennächte zu Hause, die Zeit des Hungers, die Schwarzmarktzeit danach und dann: „1959, eines Abends,/kam Gustav von der Arbeit,/hatte einen Herzanfall/– genau siebenunddreißig Jahre hatte er/die Vorderachsen verschraubt/an den mächtigen Lokomotiven –/und starb./In der Naunynstraße/hatte das niemandem ein Haar bewegt."[12] Es geht dann auch noch um andere Nachbarn, deutsche und türkische, so etwa um Niyazis Freundin Atifet, die „wohnt da, wo die/Naunynstraße in den Oranienplatz mündet."[13] Auf diese sehr detaillierte Ortsangabe folgt zunächst keine Schilderung der Umgebung, sondern, Atifets Biografie entlang, ein Sprung in die Türkei, auch in die jüngere Geschichte. Die Militärputsche werden erwähnt und die Rebellion von Studenten, bei der ihr Sohn schwer verletzt wird und später stirbt, nachdem er „nieder mit dem Kapitalismus" gerufen hatte.[14]

Nach dieser ersten aus dem Türkischen übersetzten Buchpublikation mit reimlosen Versreihen, im Untertitel als „Poem" bezeichnet, folgte eine ähnliche von Aras Ören mit dem Titel *Der kurze Traum aus Kaghitane* sowie zum Abschluss der Trilogie der Band *Die Fremde ist auch*

Der Schriftsteller
Aras Ören, 1973

Der Bildhauer Mehmet Aksoy bei der Vorbereitung der Ausstellung *Demonstration* im Künstlerhaus Bethanien, 1975

ein Haus. In letzterem 1980 zuerst veröffentlichten Poem wird unter anderem bereits die Phase der Häuserabrisse berührt: „In den Traum des Kreuzberger Bauarbeiters namens Dieter/platzt Frau Schröder hinein und kräht:/ ‚Hab's auch gehört,/dass sie gesagt haben: WIRD ABGE-RISSEN!/Bin hingerannt,/hab gefragt:/WIRD UNSER HAUS ABGERISSEN?'"[15] Dann aber geht es auch noch mehr als zuvor um das Leben zwischen Kulturen, den Einfluss von Traditionen und die individuelle Selbst-behauptung, so insbesondere in der Liebesgeschichte der 15-jährigen Emine aus Kreuzberg, ihre Verlobung durch die Eltern und ihre Suche nach einem eigenen Weg. Aras Örens erste Prosaveröffentlichung *Bitte nix*

Polizei von 1981 spielt als Kriminalerzählung ebenfalls in Kreuzberg, und wieder geht es um die Einbindungen und Hintergründe der deutschen und der türkischen Bevölkerungsgruppen am Beispiel einzelner Personen. Ören avancierte zu einem weithin gelesenen Autor und erhielt verschiedene literarische Preise.

Auf Beiträge des türkischstämmigen Teils der Bevöl-kerung zu einer Kreuzberger Widerstandskultur, die hier aus Gründen notwendiger Beschränkung nur sehr be-grenzt und exemplarisch angeführt werden können, wird im letzten Teil dieses Buches noch einmal eingegangen, wenn im mietenpolitischen Kontext etwa über die Ak-tivitäten von Kotti & Co und Bizim Kiez berichtet wird.

Aspekte der lokalen Zugehörigkeit und des Zusammenlebens im Stadtteil

Mittlerweile liegen zahlreiche Untersuchungen zu den längerfristigen Beziehungen zwischen der einheimischen Bevölkerung und den türkischstämmigen Zuwanderern vor, die sich nicht nur auf Kreuzberg und Berlin, sondern auch auf andere Städte in der Bundesrepublik beziehen und ähnlich gelagerte Probleme aufweisen. Soweit es um fortbestehende Segregationserscheinungen geht, sind sie in sozial- und kulturwissenschaftlichen Arbeiten verschie-

denen Leitbegriffen wie „Diaspora", „Ghettoisierung" oder „Parallelgesellschaften" zugeordnet worden.[16] Politische Debatten waren häufig auf den Begriff der „Integration" fixiert, der in Kreuzberg problematisiert und später auch von der Bezirksverwaltung etwa unter dem Bürgermeister Franz Schulz nicht mitgetragen wurde. In einem Interview in der Kiezzeitschrift *Kreuzberger Horn* äußerte er sich im Sommer 2013 folgendermaßen

Türkisches Lebensmittelgeschäft in der Eisenbahnstraße, 1975

Türkischer Arbeiterverein
im alternativen Zentrum
Mehringhof in Kreuzberg,
2018

dazu: „Wir in Kreuzberg lehnen diesen Begriff ab, weil wir sagen: Wieso muss denn eigentlich ein Kreuzberger oder eine Kreuzbergerin, die schon seit Generationen hier leben, die Strukturen und das Gesicht in unserem Bezirk mit geprägt haben, Steuern bezahlen, Kinder aufgezogen haben wie andere auch, wieso müssen die eigentlich jetzt sagen, ob sie integriert sind oder nicht. Das frage ich doch einen Deutschstämmigen auch nicht, der sein Kind zum Einschulungstest schickt und dessen Kind vielleicht weder auf einem Bein stehen kann noch einen vollständigen Satz zustande bekommt. Da sage ich doch nicht: ‚Mensch, du bist aber ganz schön schlecht integriert.' Also worauf ich hinaus will ist: Innerhalb der Kreuzberger Bevölkerung mit sogenanntem Migrationshintergrund haben viele Menschen Probleme, einen Arbeitsplatz zu bekommen oder eine Ausbildung oder Probleme in der Familie oder in der Schule oder wo auch immer. Aber wir führen die Diskussion darum nicht als ethnische Diskussion, sondern als soziale Diskussion. Wir sagen, bestimmte Bürger sind aufgrund ihrer Schichtzugehörigkeit absolut benachteiligt, sie haben keine Chancengleichheit in bestimmten Lebensbereichen. Das muss man ändern, da muss man ansetzen. Und dann ist es mir gleich, ob vor drei Generationen dessen oder deren Vater oder Mutter aus Südosta-

natolien eingewandert sind oder ob vor drei Generationen das der Westerwald war."[17]

In den Jahrzehnten nach der ersten Einwanderungswelle wurde die türkische Einwohnerschaft um eine zweite und dritte Generation erweitert und damit um neue Probleme der kulturellen Identitätsfindung, die in jüngerer Zeit in der Migrationsforschung besonders stark Beachtung fanden. Die in ihr artikulierten Theorien und Vorschläge können stark divergieren. Nicht mehr stichhaltig erscheint etwa die Auffassung, Angehörige der nachfolgenden Generation würden aus den zwei Kulturen, von denen sie umgeben sind, das heißt der ihres türkischen Familienumfeldes und der des Einwanderungslandes, für sich selbst eine neue Mischkultur herausbilden. Stärker überzeugen demgegenüber die Thesen des Ethnologen Werner Schiffauer, der in seinen ausgedehnten empirischen Befragungen weitaus flexiblere kulturelle Verhaltensweisen wahrgenommen hat und von „transnationalen Lebenswelten"[18] spricht, in denen sich junge türkischstämmige Menschen in Deutschland bewegen und mal die einen, mal die anderen kulturellen Gepflogenheiten für sich als nützlich erkennen.

Schiffauer weist in diesem Zusammenhang darauf hin und zieht dafür auch Belege aus anderen Untersuchungen heran, dass die Bedeutung des Lokalen eine Möglichkeit bietet, den Ausgrenzungen, die die Einwanderer auf nationaler Ebene erleben und die sie sich zu eigen machen, etwas entgegenzusetzen. Wenn er speziell eine Aktion in Kreuzberg, in diesem Falle initiiert von türkischen Frauen, als Beispiel für das besondere Engagement vor Ort anführt, dass sich aus der lokalen Verankerung von Migranten ergeben kann, dann geschieht das nicht zufällig. Es gibt wohl kaum einen anderen Stadtteil in Berlin und in Städten der Bundesrepublik, der einen ähnlichen Grad der ausdrücklichen lokalen Identifizierung vermelden könnte. „Kreuzberg kizis – Wir sind Kreuzberg!", steht auf Türkisch und auf Deutsch auf Transparenten, die in jüngerer Zeit von Frauen mit Kopftüchern durch die Straßen getragen wurden. Sie sind inzwischen ein vertrauter Anblick bei mietenpolitischen Protesten. Dieses „Wir sind" bedeutet dabei nicht primär, dies ist vorwiegend unser Stadtteil und signalisiert keineswegs ein Bekenntnis etwa zu einer türkischen Diaspora; dazu sind gerade diese mietenpolitischen Proteste ein zu sehr gemischtes und solidarisches Ereignis über ethnische Zugehörigkeiten hinweg.

Schiffauer führt weitere Beispiele aus Kreuzberg an, die er aus anderen, nicht von ihm selbst erstellten Untersuchungen bezieht. Damit wird die lokale Verankerung der zugewanderten türkischen Bewohnerteils speziell in diesem Bezirk besonders hervorgehoben, denn das Buch befasst sich eigentlich mit Migrantenproblemen in der gesamten Bundesrepublik und nicht nur mit denen in Berlin.

Dass die Identität in Kreuzberg im Falle türkischer Zuwanderer vor allem auf das bezirkliche Umfeld gerichtet sein kann, wurde von dem langjährigen Bürgermeister von Friedrichshain-Kreuzberg, Franz Schulz, in einem Interview kurz vor seinem Ausscheiden aus dem Amt als besonderes kommunalpolitisches Erfolgserlebnis vermerkt. Als der Interviewer eine Fernseh-Talkshow

Zugewanderte mit türkischem Hintergrund sind seit den 1980er-Jahren zunehmend in der Kreuzberger Kommunalpolitik aktiv, so wie der aus der Nähe von Ankara stammende Riza Baran, langjähriges Mitglied der Alternativen Liste- bzw. Bündnis90/Die Grünen-Fraktion in der Kreuzberger Bezirksverordnetenversammlung (BVV), deren Vorsteher er von 2001 bis 2006 war, Foto von 1992

in Erinnerung rief, in der ein ehemals aus der Türkei Zugewanderter und in Berlin Aufgewachsener auf die Frage, ob er sich hinsichtlich seiner kulturellen Identität eher als Deutscher oder als Türke empfinde, zur Antwort gab „Ich bin Kreuzberger", erwiderte der Bürgermeister: „Wunderbar [...] denn im Grunde genommen ist ein Stolz da, Kreuzbergerin oder Kreuzberger zu sein, und das ist doch das Beste, was uns passieren kann."[19]

Türkischer Einzelhandel und Gastronomie am Kottbusser Tor, 2018

Türkischer Hochzeitstanz auf der Kreuzung Adalbertstraße/ Oranienstraße, 2018

Blick auf andere Migrantengruppen in Kreuzberg

Zum Abschluss dieses Kapitels, das den Begriff „multikulturell" im Titel enthält und sich dann auf eine einzige Gruppe von Eingewanderten, die aus der Türkei, konzentriert, sei hier nachgetragen, dass in den Jahrzehnten nach dem Zweiten Weltkrieg auch zahlreiche Menschen aus anderen Nationen nach Kreuzberg kamen und dort ansässig wurden, und zum Teil auch Gruppen, die im Rahmen der Anwerbung von Arbeitskräften herkamen. Dazu gehörten insbesondere Jugoslawen, Griechen und Italiener, später auch solche aus der ehemaligen Sowjetunion und Polen. Zahlenmäßig blieb ihr jeweiliger Anteil jedoch weit hinter dem der türkischen Einwanderergruppe zurück, und es kam auch nicht zu einer besonderen Konzentration in einem Verwaltungsbezirk und einem Stadtteil.

In den Jahren vor dem Fall der Mauer besaß etwa die Hälfte der ansässigen Bevölkerung im Ostteil von Kreuzberg, im sogenannten SO 36, einen ausländischen Pass und mehr als ein Drittel einen türkischen. Der nicht türkische Ausländeranteil betrug dort somit etwa 15 bis 17 Prozent an der Gesamtbevölkerung und war in dieser Größe sicherlich nicht unbedeutend. Wenn es um die Frage ethnisch-kultureller Prägungen des Lebens im Stadtteil geht, ist jedoch zu bedenken, dass sich dieses Segment aus einer Reihe von verschiedenen Nationalitäten mit zum Teil sehr unterschiedlichen kulturellen Traditionen zusammensetzte. Wo solche nationalen Minderheiten ansatzweise eigene Infrastrukturen errichteten, etwa Vereinszentren zur Begegnung von Landsleuten gründeten, geschah des eher im gesamten West-Berlin und hatte damit kaum einen bezirksspezifischen Charakter. Einige Bevölkerungsgruppen sind in anderen Bezirken zahlenmäßig sogar wesentlich stärker vertreten als in Kreuzberg, so etwa in Charlottenburg-Wilmersdorf die Italiener, die ebenfalls zu den angeworbenen Arbeitskräften gehörten. Dennoch ist hier abschließend festzustellen, dass in gewissen Graden auch andere Ethnien zur Entstehung des Bildes vom vielfältigen Miteinander in Kreuzberg beigetragen haben.

VERLAGERUNG EINER POLITISCHEN PROTESTKULTUR NACH KREUZBERG AB 1969/70

Wechsel von politischen Aktionsräumen

In den Ausführungen über die Kreuzberger Bohème und die Künstlerkneipen der 1960er-Jahre war bereits angedeutet worden, dass deren Umfeld weit entfernt lag von den Schaltstellen der Außerparlamentarischen Opposition und der Studentenrevolte an der FU in Dahlem und in der Kurfürstendamm-Gegend. Um 1970 und zum Teil schon etwas früher kam es jedoch zu einer – wenngleich nicht ausschließlichen – stadtgeografischen Verlagerung radikaler systemkritisch-oppositioneller Aktionen in West-Berlin. Bereits die Ausschreitungen gegen den Springer-Verlag Ostern 1968 nach dem Attentat auf Rudi Dutschke hatten militante Auseinandersetzungen nach Kreuzberg getragen, aber sie hatten noch nicht direkt etwas mit bestimmten Kreisen und Einrichtungen in diesem Bezirk zu tun.

Zu den allgemeinen Ursachen für diese Verlagerung gehörte unter anderem die Zuwanderung einer bestimmten Bevölkerungskategorie in die Kreuzberger Altbauquartiere. Hier entstand jetzt eine besondere Bevölkerungsmischung auch mit einem Anteil an Studenten und Jugendlichen. Kreuzberg war zwar durch den Mauerbau an die Peripherie gerückt, blieb aber verkehrstechnisch an die City und die Universitäten gut angebunden, was den Bezirk gerade für junge Menschen attraktiv machte, insbesondere den westlichen Teil wie auch SO 36, wie man die Altbauquartiere dort nach dem einstigen Postbezirk nannte und bis heute noch nennt (im Unterschied zu dem Kreuzberg 61 genannten Teil im Westen).

Die Schilderungen im Bohèmekapitel haben bereits erkennen lassen, dass Kreuzberg sich im Lauf der 1960er-Jahre den Ruf erworben hatte, nicht nur ein Bezirk voller Mietskasernen sowie kriegszerstörter brachliegender Flächen zu sein, sondern auch einer mit belebten Kneipengalerien und mit verschiedenen recht unbürgerlich anmutenden Einrichtungen und Aktivitäten. Besonders preiswerte Fabriketagen wurden nicht nur für künstlerisch Tätige als Arbeitsstätten attraktiv, sondern auch für Wohngemeinschaften, die sich, angeregt durch aufsehenerregende Experimente wie die von Kommune I und Kommune II in anderen West-Berliner Bezirken während der Zeit der Studentenrebellion 1967/68, jetzt in größerer Zahl in Kreuzberg ausbreiteten. Der Leerstand und somit das preisgünstige Anmieten von Gewerberäumen waren zum Teil bedingt durch die Annahme der Vermietenden, dass sie nicht mehr lange existieren würden, denn es gab inzwischen einen Sanierungsplan, der das Verschwinden der betreffenden alten Gebäude in Aussicht stellte. Rio Reiser, der Mitinitiator der 1970 in Kreuzberg gegründeten Politrock-Gruppe Ton Steine Scherben, hat diese Entwicklung später sehr eindringlich in seiner Autobiografie beschrieben und politisch kommentiert: „Fabrikräume waren damals der billigste Wohn- und Gewerberaum, den man bekommen konnte. Dafür gab's eine ganz einfache Erklärung: Kreuzberg sollte platt gemacht und zu einer ‚besseren Wohngegend' umgestaltet werden. Die Grundstücke zwischen Kottbusser Tor und Mariannenplatz, vom Oranienplatz bis zum Schlesischen Tor, waren Spekulationsobjekt für die Berliner Baulöwen. Die Bewohner sollten gefälligst ins Märkische Viertel ziehen, und wem das nicht paßte, der wurde ‚exmittiert', d. h. zwangsgeräumt. […] Den Ureinwohnern wurde ihre alte Heimat madig gemacht. Zum Exmittieren wurden auch die Türken geholt, zehn Mann in einem Zimmer, und wo das nix nutzte, wurde

Rio Reiser, 1986

nicht lange gefackelt und mit Streichhölzern nachgehol-
fen."[1]

Rio Reiser konnte über dieses Umfeld aus eigener
Erfahrung berichten; er hatte schon eine Weile vor der
Gründung von Ton Steine Scherben in der Stadtteilarbeit
in SO 36 gewirkt, hatte in der Naunynstraße zusammen
mit Jugendlichen aus Arbeiterfamilien ein Theaterstück
erarbeitet, und ihm war das Viertel keineswegs „madig"
zu machen, er zog es allen anderen in West-Berlin vor.
Nachdem er zuvor in Hessen gelebt und als Jugendlicher
dort mit seinen Brüdern zusammen auch bereits musi-
kalisch gewirkt hatte, dann in West-Berlin vor allem auf
das kulturelle Zentrum um Kurfürstendamm, Kantstraße
und Ernst-Reuter-Platz hin orientiert gewesen war, wo

auch eine zusammen mit seinen Brüdern geschaffene
Beatoper aufgeführt wurde, zog er 1968 nach Kreuzberg in die Nähe des Kottbusser Tores, zunächst in die
Dresdener Straße, im Januar 1969 dann in ein Fabrikgebäude in die Oranienstraße. Sein Bruder Gert Möbius,
der als, wie er schreibt, „graue Eminenz" in organisatorischen Angelegenheiten stets die Fäden in der Hand
hielt, „hatte längst Witterung aufgenommen an einem
Ort, wo scheinbar die Zeit stehengeblieben war, wo die
Geschichte ihre Ungereimtheiten auf Mauern, Häuser-
fassaden und in die Menschen gekratzt hatte: Kreuzberg.
Ich war vorher nie dort gewesen. Ein Arbeiterbezirk am
Arsch der Welt. Kreuzberg war aber nicht Berlin! Kreuzberg war Kreuzberg. Es gefiel mir sofort."[2]

Linke Spaltungen und ihr Niederschlag in Kreuzberg nach 1968

Die ab 1966 entstehende Außerparlamentarische Opposition (APO) und die Studentenbewegung, die in Berlin bereits vor dem legendären Jahr 1968 mit der Anti-Schah-Demonstration und den Protesten nach der Erschießung Benno Ohnesorgs am 2. Juni 1967 einen Höhepunkt erlebte, war mit ihren Ideen und antiautoritären Anstößen in Berlin und anderenorts auch weiterhin einflussreich. Aber die Niederlage der studentischen Rebellion in Frankreich, die im Pariser Mai 1968 für eine kurze Zeit auf große Teile der französischen Arbeiterschaft übergriff, wirkte ernüchternd auf die radikale Linke auch in anderen Ländern. Die Beendigung des Ausnahmezustandes mit der Neuwahl des französischen Parlaments und der Festigung des konservativen Regierungsapparates hatte besonders deutlich vor Augen geführt, dass die bestehenden Strukturen gesellschaftlicher Organisation auf absehbare Zeit nicht grundlegend und nicht quasi in ein paar auf Revolution eingestimmten Wochen abzubauen waren.

Allerdings konnten die Konsequenzen dieser Erfahrung im linken politischen Spektrum in der Bundesrepublik sehr unterschiedlich und geradezu gegensätzlich sein. Einerseits manifestierten sie sich in der verstärkten Hinwendung zu Strömungen, in denen die antiautoritären und anarchistischen Elemente der Studentenrebellion mit betont dezentralen und antihierarchischen Organisationsformen eine Fortsetzung fanden. Sie wurden sehr vage der undogmatischen Linken zugeordnet. Die radikaleren Gruppen dieser Orientierung agierten in West-Berlin unter Namen wie Blues und Stadtguerilla und dann als Bewegung 2. Juni. Für sie wurde Kreuzberg ein bevorzugter Agitationsort, nachdem sie zuvor stärker in anderen Gegenden in Berlin aktiv gewesen waren. Michael „Bommi" Baumann etwa, der diesen Gruppierungen angehörte und zuvor die bekannte Kommune I am Stuttgarter Platz sowie dann in der Stephanstraße und die Wielandkommune in der Straße gleichen Namens

durchlaufen hatte, schreibt in seiner autobiografischen Publikation *Wie alles anfing* über die Phase nach seinem ersten, bis zum Sommer 1971 dauernden Gefängnisaufenthalt: „Dann haben wir angefangen, auf die Lehrlings- und Jungarbeiterszene in Kreuzberg einzusteigen [...]."[3] Er erwähnt in dem Buch sein damaliges Interesse an Schriften aus der anarchistischen Bewegung und seine Bakunin-Lektüre.

Andererseits folgte in der Studentenbewegung in der Bundesrepublik und ganz besonders auch in West-Berlin die Parteienphase mit neuen straffen Organisationen. Es kam bald zu einer entsprechenden strategiebegründenden Theoriebildung, die sich 1969 zum Beispiel umfassender in dem viel beachteten Buch *Zur Kritik der revolutionären Ungeduld* von Wolfgang Harich artikulierte. Er ordnete die Studentenbewegung wie auch die jugendliche Underground-Strömung primär einer wiederaufgelebten anarchistischen Tradition zu, deren fehlende Potenz zu wirklicher Überwindung des kapitalistischen Systems jetzt, zwei Jahre nach dem Höhepunkt der Rebellion in Westdeutschland und West-Berlin und ein Jahr nach der gescheiterten Revolte des Pariser Mais, offenkundig werde: „Der erzanarchistische Glaube an die werbende Ausstrahlungskraft insular vorweggelebter Herrschaftslosigkeit begann dahinzuschwinden, das ‚Gegenmilieu' wurde mehr und mehr als Zufluchtsort der im Grunde Apolitischen durchschaut. Übrig blieben von der ganzen ‚Subkultur' nur offensichtlich kommerzialisierte Zerrbilder des ursprünglich Gewollten."[4]

Er registriert jedoch eine aus seiner Sicht positive neue Tendenz, nachdem sich ehemalige Anhänger der Studentenrebellion von 1967/68 zunehmend für das marxistisch-leninistische Parteienmodell erwärmen, und betont: „Sich den M[arxisten-]L[eninisten] anschließen heißt die Notwendigkeit von Organisiertheit und Disziplin erkannt zu haben, heißt zähe Kleinarbeit, fern von publicity, auf sich nehmen, heißt Verbindung mit der

Arbeiterklasse suchen. Wahrlich nicht zuletzt heißt es: der Konzentration auf politische Aufgaben fähig sein."[5]

Der hier angesprochene Trend bestimmte ab 1969 sehr stark die politische Atmosphäre innerhalb des linken Lagers in West-Berlin. Es kam in den folgenden Jahren zur Gründung verschiedener sich kommunistisch nennender Parteien, die üblicherweise dem Sammelbegriff K-Gruppen zugeordnet wurden. Ihr Erscheinungsbild nach außen hin wurde dadurch bestimmt, dass sie die „Verbindung mit der Arbeiterklasse", um Harichs Formulierung aufzugreifen, überaus ernst nahmen und zum Beispiel morgens in aller Frühe, wenn in den West-Berliner Szenekneipen nicht nur in Kreuzberg (der Bezirk hatte in dieser Hinsicht durchaus kein Monopol), sondern etwa auch im Zwiebelfisch und der Dicken Wirtin in Charlottenburg oder dem Leuchtturm in Schöneberg und anderen noch gezecht wurde, vor den Werkstoren von Siemens, Borsig, AEG und zahlreichen anderen Betrieben standen und etwa, wie im Falle der maoistischen KPD-AO (die letzten zwei Buchstaben stehen für Aufbauorganisation) den hereinströmenden Arbeitern ihre politische Zeitschrift, die *Rote Fahne*, sowie auch spezielle Flugblätter anboten. Gleichzeitig hatte in dieser Phase die der DDR-Politik und der SED nahestehende Sozialistische Einheitspartei Westberlins (SEW) sowie die angegliederte studentische Organisation Arbeitsgemeinschaft Deutscher Studentenschaften (ADS) einen beträchtlichen Zulauf aus der ehemaligen APO-Szene. Der Konflikt zwischen den Parteien und ihren Studentenorganisationen war damit vorprogrammiert entsprechend der Gegnerschaft auf internationaler Ebene

zwischen den Warschauer-Pakt-Staaten und dem China Mao Tse-tungs. Auch trotzkistische Kleinstparteien waren entstanden; sie hatten in Berlin aber nur eine geringe Bedeutung im Vergleich zum Spektrum der linken Protestgeneration in anderen europäischen Ländern wie etwa Großbritannien.

In Kreuzberg jedoch waren die K-Gruppen, obgleich sie sich auch dort an verschiedenen Aktionen und Basisgruppen beteiligten, insgesamt kein dominierendes Element in der linken Szene im Vergleich mit den undogmatischen Gruppen, die sich zu diesem Zeitpunkt im Bezirk ausbreiteten. Rio Reiser behandelt die zentralistischen Parteiorganisationen in seiner Autobiografie gelegentlich mit einer gewissen Ironie, so etwa, wenn er über die Basisgruppe Kreuzberg 36 aus der Zeit um 1970 berichtet, zu der nicht nur Fraktionslose wie unter anderen sein Bruder Gert gehörten, sondern auch relativ viele Mitglieder der verschiedenen linken Parteien sowie parteiorientierten Aufbauorganisationen: „Dem stundenlangen Hickhack der verschiedenen Fraktionen, zwischen Jusos, KPD/Marxisten-Leninisten, KPD/Aufbauorganisation, Proletarische Linke/Partei Initiative, Sozialistische Einheitspartei Westberlins und Fraktionslosen, zu denen Gert, Krabb und Lothar X. gehörten, konnten nur die ausgebufftesten Vereinsmeier mit viel Sitzfleisch folgen. Nur wer seine Basisgruppe mit möglichst langatmigen Diskussionsbeiträgen und Anträgen zur Geschäftsordnung zum Einschlafen bringen konnte, der hatte eine Chance, seine Ziele durchzusetzen. Tatsachen zu schaffen war nur außerhalb dieses Forums möglich."[6]

Entwicklung einer radikalen Kreuzberger Widerständigkeit ab 1971/72

„Tatsachen zu schaffen" bedeutete nach Rio Reisers Schilderung dann für die Gruppe Ton Steine Scherben gegen Ende 1971, Jugendliche, mit denen sie in Kreuzberg 36 unter anderem durch ihre Theaterarbeit in Kontakt gekommen waren, für die Idee einer Hausbesetzung in dem vom Abriss bedrohten Gebiet zu erwärmen und mit ihnen die Einrichtung eines selbstbestimmten Jugendzentrums zu konzipieren. Nachdem über 100 von ihnen den Plan unterstützten, nutzte die Band einen Konzertauftritt bei einer Party von linken Studenten in der alten Mensa der Technischen Universität, um über das Mikrofon zur sofortigen nächtlichen Besetzung eines vor dem Abriss stehenden Fabrikgebäudes am Mariannenplatz aufzurufen. Ihre Absicht war dabei, der Aktion eine möglichst große öffentliche Beachtung zu garantieren. Die untere Etage des Gebäudes in der Mariannenstraße 13 war bereits vor der Besetzung als Jugendzentrum in Betrieb gewesen.

Mit einer studentischen Sympathie für ihr Vorhaben hatten Ton Steine Scherben nicht zuletzt deshalb gerechnet, weil es in den vergangenen Jahren auch im Universitätsbereich Besetzungen von Gebäuden und Instituten gegeben hatte. Das basisdemokratische Besetzen oder in bestimmten Situationen das gemeinsame Betreten von Räumen, über die nach Gesetzeslage die Herrschenden verfügten, war seit den 1960er-Jahren als Protestaktion international bekannt. In Berlin hatte zum Beispiel das in Charlottenburg angesiedelte bekannte Liedermacher- und insbesondere auch Protestsong-Lokal den Namen Go-In nach dem in der amerikanischen Civil-Rights-Movement und durch die Studentenunruhen an der Universität Berkeley geprägten Schlagwort erhalten. Doch die Reaktion in der TU, so ist Rio Reisers Schilderung zu entnehmen, war in jenem Moment nicht ganz so wie erwartet: „Hausbesetzung! Außerhalb der Gefilde der Universität und in einem Arbeiter-Viertel. Das war ein neuer Begriff. Die Reaktion bei Jungakademikern

war entsprechend lau und uninteressiert. Von denen machten sich höchstens zehn auf den Weg ins unbekannte Kreuzberg."[7]

Die Aktion war dennoch kein Misserfolg. Die Presse schrieb von 120 jugendlichen Besetzern, die nachts von der Polizei verhaftet worden waren. Sie gehörten offenbar der Jugendzentrum-Umgebung in Kreuzberg an. Die Besetzer ließen sich ohne Widerstand in die Polizeikaserne in der Friesenstraße fahren, es kam ihnen entgegen, auf diese Weise besonders starke öffentliche Beachtung zu finden. Nach der Räumung wurde das Fabrikgebäude, das gegenüber dem seit einer Weile leer stehenden und zum Abriss bestimmten Bethanien-Krankenhaus lag, schnell wieder besetzt. Die kommunalpolitisch Zuständigen entschlossen sich jetzt zu einer einstweiligen Tolerierung. Das in den Räumen entstehende, von keiner Behörde verwaltete Jugendzentrum wurde ein Anziehungspunkt für junge Leute aus der Umgebung wie auch für alle möglichen Neugierigen. Hier war eine Urzelle speziell Kreuzberger Widerständigkeit entstanden. Die Besetzung des Fabrikgebäudes am Mariannenplatz war die erste erfolgreiche Hausbesetzung in der Berliner Nachkriegsgeschichte. Es war zwar am 1. Mai 1970 ein Besetzungsversuch im Märkischen Viertel im Norden West-Berlins vorausgegangen, und auch dort war es, angestoßen von der gleichen Gruppe, um ein Fabrikgebäude und um den Wunsch nach einem Jugendzentrum gegangen, aber die Polizei hatte das Gebäude unter Einsatz von Schlagstöcken sofort wieder geräumt.

Der nächste Anlauf zur Besetzung von Räumen in Kreuzberg mit wesentlicher Beteiligung wiederum von Ton Steine Scherben fand sehr viel mehr Unterstützung als beim ersten Mal. Rio Reiser schildert das Ereignis in seiner Autobiografie wie folgt: „Am 8. Dezember 1971 spielten die ‚Scherben' wieder in der alten Mensa der TU. Wieder forderte ich nach dem letzten Song die Anwesenden auf, nach Kreuzberg zu ziehen, um bei der

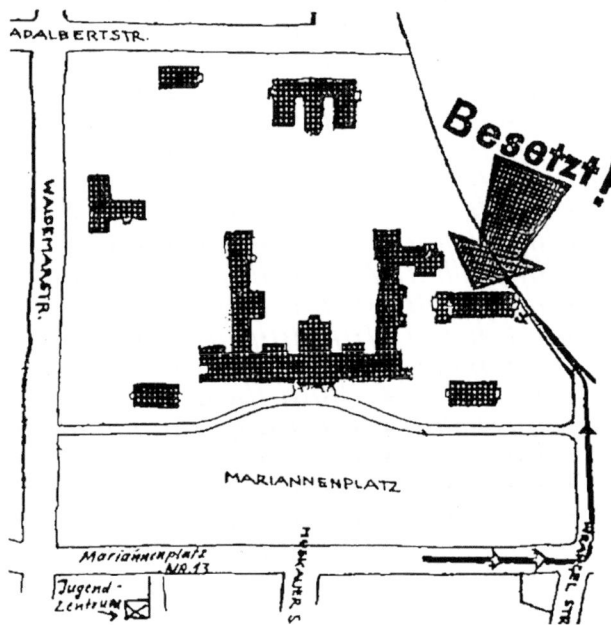

Lageskizze auf einem Flugblatt zur Besetzung des Schwesternheims Martha-Maria-Haus, 9. Dezember 1971

Besetzung eines Hauses zu helfen. Diesmal gingen fast dreihundert Leute aus allen Schichten und Fraktionen mit."[8]

Während der Veranstaltung hatten außerdem bereits in der Mensa verteilte Flugblätter der Basisgruppe Heim- und Lehrlingsarbeit auf das Vorhaben hingewiesen. Die öffentliche Resonanz auf die vorangegangene Aktion hatte anscheinend Wirkung gezeigt, aber zusätzlich ließ sich die große Beteiligung auch aus dem Anlass der Veranstaltung in der TU erklären und mit einem damit im Einklang stehenden, relativ stark spontaneistisch und anarchistisch ausgerichteten Publikum. Es handelte sich um ein von Rockmusik begleitetes solidarisches Teach-in, in dem es um die obskuren Umstände des Todes von Georg von Rauch ging. Der politische Aktivist und Angehörige der Bewegung 2. Juni war vier Tage zuvor von der Polizei in der Eisenacher Straße erschossen worden. Die Darstellung der Polizei, nach der es sich um Notwehr gehandelt habe, wurde in der Öffentlichkeit stark

in Zweifel gezogen, und die Diskussion darüber, in die sich prominente Personen wie unter anderen Heinrich Böll einschalteten, zog sich lange hin.

Das Ziel der 300, die Rio Reiser erwähnt, war das 1970 stillgelegte ehemalige Diakonissenkrankenhaus Bethanien am Mariannenplatz, das nach dem Sanierungsplan zum Abriss bestimmt war, ein architektonisch interessanter stattlicher Gebäudekomplex mit einer besonderen überregionalen Berühmtheit dadurch, dass der Schriftsteller Theodor Fontane 1848/49 als Apotheker in der Einrichtung tätig gewesen war. Für die Besetzung hatten sich die Mitglieder von Ton Steine Scherben und die im Jugendzentrum an der vorherigen Planung Beteiligten ein Nebengebäude ausgesucht, das ehemalige Schwesternwohnheim Martha-Maria-Haus. Es erschien ihnen unter anderem aufgrund seiner unmittelbaren Nähe zur Umzäunung des gesamten Bethanien-Komplexes besonders günstig für die Verteidigung gegen eine polizeiliche Räumungsaktion, was sich dann in der Nacht der Besetzung als richtig erweisen sollte. In Rio Reisers Schilderung heißt es dazu: „Die Polizei versuchte verzweifelt, über den Zaun zu klettern und die Besetzer-Barrikaden zu durchbrechen. Es gelang ihnen nicht. Das strategische Konzept der Besetzer ging auf, das Haus war selbst aus der Luft uneinnehmbar. Gegen Morgen zog die Polizei sich zurück und überließ den Politikern das Feld."[9]

Die von Reiser hier recht pauschal als Politiker etikettierte Instanz wurde vor allem durch den Kreuzberger Stadtrat für Jugend und Sport, Erwin Beck, verkörpert, der in der Nacht vor Ort erschienen war. Wie bereits erwähnt, war Beck der Impulsgeber für eine linksorientierte Tradition des Bezirks. Vor 1933 war er ein engagiertes Mitglied der sozialistischen Arbeiterjugend gewesen, und sein jetziges Wirken als Jugendstadtrat war deutlich von dieser Vergangenheit geprägt. Gerade das Jugendselbsthilfeprojekt in der besetzten Fabrik hatte er für unterstützenswert gehalten und sich für eine Tolerierung der Besetzung eingesetzt. Auch Teile des Martha-Maria-Hauses, um das es in dieser Nacht des 8. Dezember 1971 ging, hatte er bereits als Wohnmöglichkeit für das Projekt im Auge gehabt und dies öffentlich vorgeschlagen. Jetzt stand er für die Besetzer jedoch auf der anderen Seite, verkörperte für die Szene mit stark anarcho-radikaldemokratischer Orientierung den unterdrückenden Staat.

Nach viel Misstrauen und starken anfänglichen Widerständen waren die Besetzer in der Nacht bereit, Beck und andere Mitglieder des Bezirksamtes zu Gesprächen hereinzulassen. Der Verlauf der Verhandlungen, die meines Erachtens einen wichtigen folgenreichen Moment in der Geschichte der Kreuzberger Resistenz darstellt, wird in einem Artikel, der unter anderem auf dokumentierten Augenzeugenberichten basiert, wie folgt geschildert: „Nach langer Diskussion akzeptierte das ‚Plenum‘ Becks Zusage, sich um ein dauerhaftes Bleiberecht in zwei von den drei Stockwerken zu bemühen; im Augenblick könne er für die nächsten 24 Stunden garantieren, dass nicht geräumt werde. So musste die Polizei unverrichteter Dinge abziehen, und neben dem Eingang des einstigen Lehrschwesterhauses prangte das Transparent ‚Georg Rauch Haus‘. Auch nach Ablauf von 24 Stunden marschierte keine Polizei auf; vielmehr wurde den Besetzern eine Sechs-Wochen-Frist eingeräumt, innerhalb der ein Nutzungsvertrag zwischen ihnen und dem Bezirk abgeschlossen werden sollte."[10]

Zu den Besetzergruppen und Verhandlungspartnern gehörten verschiedene organisierte Interessengemeinschaften wie der bezirklich unterstützte Verein Jugend-

Erwin Beck, Stadtrat für Jugend und Sport, im besetzten Martha-Maria-Haus des Bethanien-Komplexes, das in Georg-von-Rauch-Haus umbenannt wurde, Dezember 1971

Impressionen vom Georg-von-Rauch-Haus und dessen Umgebung, 2019/20

Der Eingangsbereich des Bethanien-Haupthauses am Mariannenplatz, 2019

zentrum e. V., dessen Aufgabenbereich die Arbeitssituation von Lehrlingen und anderen jungen Menschen war, die Eltern- und Schülergruppe Modell Florian, der es um eine Selbstentwicklung von pädagogischen Konzepten ging, der Verein Release, der sich um Rauschmittelsüchtige kümmerte, und in der Anfangszeit die anarchistische Gruppe Schwarze Hilfe. Der vorläufige Nutzungsvertrag mit dem Bezirk wurde nach schwierigen Verhandlungen am 28. Dezember 1971 geschlossen.[11]

Als nicht unproblematisch erwies sich in der Folgezeit die Offenheit des Kollektivs für Neuankömmlinge, die eine Unterkunft suchten oder aber von der Atmosphäre des antihierarchisch strukturierten, selbstverwalteten Zusammenlebens angezogen wurden. Damit ergab sich das Risiko, dass das Haus zu einem Unterschlupf für

Leute wurde, die wegen bestimmter Delikte auf Fahndungslisten standen oder die in den Jahren der RAF als Terrorverdächtige galten. So war etwa, wie die politische Polizei durch einen eingeschleusten Informanten erfuhr, der wegen einer Gewalttat gesuchte Bommi Baumann mehrfach dort untergekommen. Aus dem Grund kam es im April 1972 zu einer nächtlichen Polizeiattacke mit einem Einsatz von 400 Beamten auf das Georg-von-Rauch-Haus.

Bevor der vorläufige Nutzungsvertrag durch einen dauerhaften ersetzt werden konnte, stellten sich noch eine Reihe von nicht unbeträchtlichen Hindernissen ein. Bestimmte Bedingungen für den Abschluss wurden von der Besetzerschaft abgelehnt oder ignoriert, eine Kommunikation mit Zuständigen im Hause ließ sich zeitweise überhaupt nicht herstellen, und es kam zu Momenten, in denen das ganze Projekt vor dem Aus zu stehen schien, die Verhandlungen als gescheitert betrachtet wurden und eine polizeiliche Räumung zu erwarten war.

Stadtrat Erwin Beck und Senatorin Ilse Reichel stießen nicht nur auf eine Rauch-Haus-Gegnerschaft, die einem grundsätzlichen Misstrauen hinsichtlich administrativer Einbindungen und letztlich einer Vereinnahmung durch das Establishment entsprang, sondern sie wurden auf der anderen Seite auch durch Horrormeldungen in den Medien und durch politische Vorstöße anderer Parteien unter Druck gesetzt. Aber es gab weiterhin Unterstützung für die Befürworter des Modells, so etwa seitens der Kirche, vertreten durch den Superintendenten Christoph Rhein. Das Besetzerkollektiv zeigte sich im Lauf des Jahres 1973 stärker verhandlungsbereit, und im Oktober kam es zur Unterzeichnung eines Nutzungsvertrages, der sich als dauerhaft erwies.

Artikel aus der Zeitung *Der Abend* über die Razzia im Bethanien am 19. April 1972 – Hintergrund für den *Rauch-Haus-Song* von Ton Steine Scherben

Das Tommy-Weisbecker-Haus

Das Tommy-Weisbecker-Haus in der Wilhelmstraße 9, 1976

Bereits ein Dreivierteljahr vor diesem Vertragsabschluss war in der Wilhelmstraße 9 in Kreuzberg ein anderes selbstverwaltetes Jugendzentrum nach vorangehender Besetzungsaktion gegründet worden, das sogenannte Tommy-Weisbecker-Haus. Die anfängliche Besetzung hatte in diesem Fall nicht im Haus in der Wilhelmstraße 9 selbst stattgefunden, sondern im Februar 1973 in der Jugendeinrichtung Drugstore in der Potsdamer Straße in Schöneberg, wo die Nutzung des leer stehen-

den Gebäudes in der Wilhelmstraße gefordert wurde. Anfang März wurde ein Nutzungsvertrag geschlossen, genau ein Jahr nachdem Thomas Weisbecker, der mit Georg von Rauch sowie auch mit Bommi Baumann in der militanten anarchistischen Blues-Gruppierung aktiv gewesen war, von einer Polizeikugel tödlich getroffen wurde. Damit, sowie auch mit den dubios bleibenden Umständen ihrer Erschießung durch Polizeibeamte, waren sie prädestiniert für eine Benennung der Jugendzentren nach ihnen durch anarchistisch orientierte Kollektive.

Nach den Abschlüssen von Nutzungsverträgen mit den eigentlich auf der gegnerischen Seite angesiedelten staatlichen Instanzen waren dem Georg-von-Rauch-Haus und dem Tommy-Weisbecker-Haus als selbstverwaltete Jugendeinrichtungen eine relativ stabile langfristige Existenz

beschieden. Die Trägerorganisationen waren in dem einen Falle der Jugend und Kulturzentrum e. V. und in dem anderen der Verein Sozialpädagogische Sondermaßnahmen Berlin (SSB e. V.) Eine solche zukunftsträchtige Haltbarkeit erschien in den 1970er-Jahren noch keineswegs ausgemacht, denn die Einrichtungen waren verschiedentlich heftigen Attacken ausgesetzt und wurden als Orte linker

Das Tommy-Weisbecker-Haus heute, 2018

Gedenktafel neben dem Eingang des Tommy-Weisbecker-Hauses, 2018

Militanz diffamiert. Es kam beim Tommy-Weisbecker-Haus auch zeitweise zu Konflikten hinsichtlich der Aufsicht und der öffentlich finanzierten Sozialarbeiterstelle. Im März 1975 war das Haus nach dem Ende der Entführung des CDU-Politikers Peter Lorenz durch die Bewegung 2. Juni, zu deren Vorläuferorganisation Georg von Rauch und Tommy Weisbecker gezählt worden waren, besonders stark betroffen von der als Aktion Wasserschlag bezeichneten Polizeirazzia, die zu einer Durchsuchung von 80 linken Projekten führte. Nach Aussagen der Be-

troffenen im Tommy-Weisbecker-Haus hatten Beamte sich hier einer regelrechten Zerstörungswut hingegeben. Immerhin waren die Schäden anschließend nicht zu übersehen, und es kam zur Klage eines Verteidigungskomitees aus linken Anwälten sowie im folgenden Jahr zu einer Schadensersatzzahlung von 10 000 DM seitens des Senats. Im Februar 1976 ließ die CDU in Kreuzberg in hoher Auflage Flugblätter verteilen, die sich gegen das Rauch-Haus und das Tommy-Weisbecker-Haus richteten und deren Schließung verlangten.

Allgemeinere Hintergründe der Bethanien-Aktion

Eine generelle Voraussetzung der geschilderten Ereignisse, die sich besonders in einem jugendlichen Randgruppenmilieu abspielten, war die Krise des staatlichen Jugendhilfesystems. Sie war in den ausgehenden 1960er-Jahren bereits in APO-Zusammenhängen, so journalistisch besonders durch Ulrike Meinhof, kritisch thematisiert worden, und es wurden dabei im Rahmen einer antiautoritären Gesamtausrichtung alternative Konzepte der Selbsthilfe in den Blick gerückt. In Berlin war besonders die Heimerziehung von der krisenhaften Situation betroffen, wie unter anderem aus dem *Ersten Heimbericht* hervorging, den der Senat unter dem Einfluss dieser Kritik Anfang 1970 erstellte. Mehrere 100 Trebegänger in der Stadt entzogen sich demzufolge der staatlichen Aufsicht und unterstützten sich mehr oder weniger gegenseitig durch Selbsthilfe. Die zuständigen Instanzen im Senat und auf Bezirksebene, vertreten insbesondere durch die Jugendsenatorin Ilse Reichel und den Kreuzberger Jugendstadtrat Erwin Beck, bewerteten das Selbsthilfeprojekt im Rauch-Haus im Falle des Gelingens durchaus auch als eine Entlastung für die öffentliche Jugendfürsorge. Ihre Strategien stießen bei den Betroffenen indessen lange Zeit auf Misstrauen und wurden aus anderen Gründen und aus entgegengesetzter Richtung in den Medien häufig kritisiert. Das Übergreifen der antiautoritären Protestkultur von der Studentenbewegung auf die nicht akademische junge Generation und auf den Bereich organisierter Jugendfreizeit sowie die damit verbundene Idee selbstorganisierter Jugendzentren hatte bereits anderenorts Vorbilder, so etwa in Zürich, wo sich Ende der 1960er-Jahre die Aktion Autonomes Jugendzentrum gebildet hatte und wo es in der Folgezeit mit einem besonderen Aufleben noch einmal in den 1980er-Jahren zu Auseinandersetzungen mit Polizeieinsätzen und Besetzungen kam. Auch in Frankfurt am Main gab es schon etwas früher als in Berlin-Kreuzberg derartige Ansätze, von denen unter anderem die Mitglieder der

Gruppe Ton Steine Scherben für ihre Aktivitäten im Jugendfreizeitbereich gewisse Impulse erhalten hatten.

Der andere, allgemeinere Hintergrund für die Konfliktzuspitzung waren die zunehmend auf Ablehnung stoßenden Stadtsanierungspläne, wie sie oben bereits angedeutet wurden. Sie führten erst im Lauf der 1970er-Jahre zu Betroffeneninitiativen in Kreuzberg sowie in Sanierungsbereichen anderer Bezirke, besonders früh etwa in Charlottenburg am Klausenerplatz. Zur ersten Kreuzberger Wohnhausbesetzung kam es in diesem Zusammenhang gegen Ende der Dekade. Von einer wirklichen Hausbesetzerbewegung, wie sie in einem späteren Kapitel im Mittelpunkt stehen soll, kann daher um 1971 noch nicht die Rede sein. Dennoch war das Problem durchaus präsent, wie der Refrain des *Rauch-Haus-Songs* mit der namentlichen Nennung von Sanierungsträgern eindringlich zum Ausdruck bringt: „Ihr kriegt uns hier nicht raus!/Das ist unser Haus,/schmeißt doch endlich Schmidt und Press und Mosch aus Kreuzberg raus." Die genannten Personen wurden als Beteiligte am Bau des Kreuzberger Neuen Zentrums, das als Verdrängungsobjekt im Altbauviertel galt, angeprangert.

Zum theoretischen Hintergrund dieser Aktionen gehörte die von der Studentenbewegung übernommene These von dem revolutionären Potenzial der Randgruppen. Der Juraprofessor und zeitweise Vizepräsident der FU, Uwe Wesel, kommentiert sie in seinem Buch über die 68er-Revolte in Verbindung mit dem Ausbreiten von Wohngemeinschaften, die oft bestimmte am Rand der Wohlstandsgesellschaft existierende Personen in ihre Gruppen aufnahmen: „Da die Arbeiter sich für die Revolution der Studenten nicht interessierten, hatten die Theoretiker der APO aus der Not eine Tugend gemacht und von Herbert Marcuse – ‚Der eindimensionale Mensch' – die Randgruppentheorie übernommen, nach der auch die Arbeiter auf die Barrikaden gehen würden, wenn erst einmal subproletarische Randschichten revolutioniert

Die Band Ton Steine Scherben in den frühen 1970er-Jahren; obere Reihe, Erster v.r.: Rio Reiser

würden, die Karl Marx noch Lumpenproletariat genannt und nicht weiter beachtet hatte. Die Zielgruppe verstand das sofort – Straßenkinder, entlassene Strafgefangene, Nichtsesshafte, Prostituierte –, lagerte schnell an den Rändern der APO, wurde durchgefüttert und gehegt in den Wohngemeinschaften und konnte oft ihrem Elend in ergreifenden Worten einen sozialrevolutionären Anstrich geben."[12]

Auf Kreuzberg schienen sich diese Theorie und ihre Umsetzungsversuche besonders gut beziehen zu lassen, zum einen wegen der zahlreichen neu gebildeten Wohngemeinschaften in großen Altbauwohnungen und Fabriketagen, zum anderen wegen des sozialen Umfeldes. Dazu hier noch einmal Bommi Baumann: „Wir haben dann einfach gesagt, wir machen das anders als die RAF, wir bleiben in einer Stadt, wir bleiben in Berlin, […]. Wir suchen uns Kreuzberg als Basisgebiet. Die soziologische Struktur hatte sich da inzwischen so verändert, dass fast nur noch Türken da waren, Lumpenproletariat und ein paar wirklich arme Arbeiterfamilien, die Kinderreichen, soweit es in Deutschland noch so etwas gibt und

Dropouts."[13] In dieser sicher nicht ganz unzutreffenden, aber doch einseitigen Charakterisierung ist ganz Kreuzberg ein Randgruppengebilde.

Als atmosphärischer Hintergrund ist zudem eine beginnende repressive Entwicklung anzuführen, eine „Innerstaatliche Feinderklärung in der BRD", wie sie in Peter Brückners und Alfred Krovozas Schrift von 1972 *Staatsfeinde* beschrieben wird.[14] Radikalenerlass und Berufsverbote gehörten zu dieser „Feinderklärung" wie auch die Zensierung bestimmter veröffentlichter Texte und die Beschlagnahmung von Büchern. Auf der anderen Seite erhob sich eine, wenn auch begrenzte, Protestwelle dagegen, der sich Teile der liberalen Öffentlichkeit anschlossen. Als im November 1971, einen Monat vor der Besetzungsaktion im Bethanien, der im Berliner Wagenbach-Verlag erschienene *Rote Kalender für Schüler und Studenten* beschlagnahmt wurde und gegen Aufrufe im Zusammenhang damit staatsanwaltschaftliche Ermittlungen einsetzten, kam es zu einer Protesterklärung von über 100 Autoren, Lektoren und Wissenschaftlern, darunter auch solchen aus anderen Ländern wie Jean-Paul Sartre, Roland Barthes, Simone de Beauvoir und Herbert Marcuse.[15]

Insgesamt ergaben sich in der Zeit um 1971/72 besonders vehemente Anstöße für das Entstehen einer primär in Kreuzberg konzentrierten Widerstandskultur. Sie war in ihren Äußerungen, wie sie sich etwa in dem Protestlied *Keine Macht für Niemand* von Ton Steine Scherben artikulierten, weitaus radikaler gegen das Establishment gerichtet als die antibürgerlichen Verlautbarungen und Kreationen der Kreuzberger Künstlerszene in den 1960er-Jahren. Der Refrain des *Rauch-Haus-Songs* mit seiner speziellen Anführung von Kreuzberg als Ort, aus dem bestimmte Spekulanten und Kahlschlagsanierer hinauszuwerfen sind, dürfte nicht unwesentlich zur Stärkung einer kollektiven Identität mit eben diesem Lokalbezug beigetragen haben.

AUFSCHWUNG DES ALTERNATIVEN MILIEUS

„Alternativ" als neuer Leitbegriff in den 1970er-Jahren

Die 1970er-Jahre waren nicht nur in Kreuzberg die Dekade des Aufschwungs von Initiativen, die sich als Alternativen zu den Einrichtungen des sogenannten Establishment verstanden und sich eher auf gesellschaftliche Veränderungen hier und jetzt und in Teilbereichen als auf die Perspektive eines Gesamtumsturzes des Systems konzentrierten. Politologisch und sozialwissenschaftlich fundierte Versuche der Wiedergabe und Reflexion von Entwicklungen nach dem Höhepunkt der 68er-Bewegung hatten Schwierigkeiten, die vielfältig ausdifferenzierte Protest- und Ausstiegswelle begrifflich zu erfassen. In der kulturtheoretischen Diskussion spielte in diesen Jahren der Begriff der Gegenkultur eine besondere Rolle. Das 1969 in den USA veröffentlichte Standardwerk *The Making of a Counter Culture* von Theodore Roszak war 1973 in deutscher Übersetzung erschienen.[1] In seinen theoretischen Ausführungen setzte sich Roszak unter anderem mit den Schriften von Herbert Marcuse auseinander und hielt sie in ihrer politischen Perspektive für wenig wegweisend im Unterschied zu den Ideen eines Paul Goodman mit ihrer technokratiefeindlichen, dezentralen und antiautoritären Ausrichtung. Goodman habe der Neuen Linken „[…] als der herausragende Theoretiker der direkten Demokratie gedient, der in die aktuelle Diskussion eine Tradition anarchistischen Denkens wiedereinbrachte, die über Fürst Kropotkin zu Robert Owen reicht."[2]

Gegenkulturelle Experimente und renitente Gruppen wurden um 1970 und noch eine Weile danach auch in anderen Publikationen unter den Oberbegriffen „Untergrund"[3], „Gegenkultur"[4] und auch „Gegengesellschaft"[5] thematisiert und später in umfassenderen Theoriezusammenhängen abgehandelt. Der Begriff „alternativ" setzte sich indessen im Lauf der 1970er-Dekade als der dominierende zur Klassifizierung von Aktivitäten und Projekten durch, die sich abkehrten von den Regeln eines hierarchisch gegliederten und von Wettbewerb und kommerziellen Erwartungen bestimmten Systems. Etwas anders zu machen, alternative Wege zu erkunden, um die neue Gesellschaft ein Stück weit voranzubringen, erschien als Leitvorstellung angemessener als Begriffe, die das konfliktbetonte Anrennen gegen die bestehende Herrschaft in den Mittelpunkt stellten. Heftige Kämpfe in speziellen Situationen, wenn es um AKW-Blockaden oder die Verhinderung von Hausabrissen ging, waren dabei nicht ausgeschlossen.

Zu diesem Zeitpunkt hatte die alternative Bewegung starke Anstöße von ökologisch ausgerichteten Bürgerinitiativen erhalten, nachdem Umweltzerstörungen sowie Gefahren der Atomkrafterzeugung durch spektakuläre Protestaktionen in verschiedenen Bundesländern ins öffentliche Bewusstsein gerückt worden waren. Übergreifend wurden sie auch den Neuen Sozialen Bewegungen zugeordnet im Unterschied zu älteren, stärker stands- und klassengebundenen.

In theoretischen Erörterungen und Charakterisierungen der Alternativen Bewegung, die mit einem größeren zeitlichen Abstand nach ihrem Höhepunkt in den späten 1970er- und frühen 1980er-Jahren erschienen, ist die Tendenz wahrzunehmen, über die nicht geleugnete Heterogenität die gemeinsamen Grundmuster herauszustellen. Dabei wurde insbesondere der soziologisch definierte Milieubegriff herangezogen, um das die Projekte und Initiativen großenteils Verbindende in den Blick zu rücken.[6] Als idealtypische Kennzeichen des Alternativen Milieus werden etwa angeführt: Kollektives Eigentum, Selbstbestimmung, solidarisches Verhalten, Überschaubarkeit, Selbstbestimmung, basisdemokratische Strukturen, Authentizität, Aufhebung der Trennung von Arbeit, Freizeit und politischem Engagement ebenso wie die Aufhebung der Trennung von Hand- und Kopfarbeit, Bemühen um Nachhaltigkeit. Als zentraler Begriff für den Zusammenhalt von Initiativen und ihre Aufgabenstellung hatte sich das Wort „Projekt" eingebürgert. In den frühen 1980er-Jahren erreichte die Ausdehnung solcher Projekte quantitativ einen Höhepunkt.[7]

Danach kam es zu einem allmählichen Niedergang, und von einer Bewegung konnte nicht wirklich mehr die Rede sein. Es ist jedoch nicht alles an alternativen Projektgründungen wieder verschwunden, wie sich gerade am Beispiel von Kreuzberg zeigen lässt. Selbstverwaltete Einrichtungen ohne Profitorientierung wie der Mehringhof oder die Regenbogenfabrik, darauf ist noch zurückzukommen, sind bis heute Orte einer kritischen Widerständigkeit geblieben. Die relative Korrosion ist vor dem Hintergrund der neoliberalen ökonomischen und politischen Gesamtentwicklung auf internationaler Ebene zu reflektieren. Die Initiativen und Projekte des alternativen Milieus wurden über die unmittelbaren lebensweltlichen Zielsetzungen hinaus zumeist sehr stark von der Vorstellung inspiriert, die Gesellschaft als Ganzes zu verändern. In den Zeiten von Thatcherism und Reaganomics und dem sie begleitenden Zeitgeist erschien ein solches Ziel in besonders weite Ferne gerückt.

In den hier angeführten Studien zur Alternativkultur der 1970er- und 80er-Jahre wird teilweise eine relativ klare Abgrenzung zwischen der alternativen Bewegung und den politisch organisierten Gruppen und neuen linken Parteien wie etwa den zeitweise existierenden K-Gruppen vorgenommen. Dass es diese Polarisierung ab 1969 gegeben hat, ist unbestreitbar und wurde im vorangehenden Kapitel ausführlicher kommentiert. Sie verlief jedoch in den 1970er-Jahren besonders in Kreuzberg nicht in der Gegensätzlichkeit, wie sie in manchen allgemeinen Darstellungen erscheint. Es kam zu vielerlei Verflechtungen, wie sich konkret an einzelnen Beispielen belegen ließe. K-Gruppenmitglieder wie auch Mitglieder der SEW-nahen Studentenorganisation ADS

Aufsteller der Alternativen Liste für Demokratie und Umweltschutz in der Yorckstraße, 1981

beteiligten sich an alternativen Kleinverlagen, frühen noch recht politischen Kinderladengründungen, Sozialarbeitertätigkeiten in selbstverwalteten Jugendzentren, Kneipenkollektiven und dergleichen, und sie leisteten zum Teil dabei sogar eine wichtige fördernde Arbeit und garantierten eine breitere Unterstützung in dem sich als nicht bürgerlich verstehenden Lager.

Zur Logik solcher Synthesen von Parteiorientierung und alternativer Parteienskepsis gehörte dann auch, dass es im Oktober 1978 zu einer für Kreuzberg und für ganz Berlin politisch folgenreichen Gründung einer parlamentarischen Partei kam, die den Begriff „alternativ" in ihrem Namen führte: die Alternative Liste, abgekürzt AL. Zu ihren Gründungsmitgliedern gehörten besonders zahlreich Aktive aus den bisherigen K-Gruppen, aber auch aus anderen linksorientierten Zusammenhängen und neuen sozialen Bewegungen. Die AL war keine spezielle Kreuzberger Hervorbringung, die Vorbereitungssitzungen fanden in anderen Bezirken statt, die eigentliche Gründung erfolgte in Neukölln und das zentrale Büro befand sich in der Folgezeit in der Pfalzburger Straße in Wilmersdorf. Aber die weitaus meisten Stimmen bei den Wahlen erhielt sie dann in Kreuzberg und zog dort, wie mit vergleichsweise weniger Stimmen auch in einigen anderen West-Berliner Bezirken, zum ersten Mal in die Bezirksverordnetenversammlung (BVV) ein nach dem Überspringen der Fünf-Prozent-Hürde. Mit ihrem ökologischem Schwerpunkt verstand sie sich als Berliner Entsprechung der Partei Die Grünen und war mit dieser organisatorisch assoziiert, aber in ökonomischen und sozialen Bereichen war das Programm weiter links angesiedelt und entschieden kapitalismuskritisch. Der Bezirksverwaltung von Kreuzberg beziehungsweise nach der Zusammenlegung der von Friedrichshain-Kreuzberg haben bis in die jüngere Zeit hinein ehemalige Mitglieder der AL – nach dem Mauerfall umbenannt in Bündnis 90/ Die Grünen – angehört, so zum Beispiel auch der 2013 zurückgetretene Bezirksbürgermeister Franz Schulz. Das Gleiche trifft für Hans-Christian Ströbele zu, der vom Wahlkreis Friedrichshain-Kreuzberg mehrmals direkt in den Bundestag gewählt wurde.

Zusammenfassung von Kreuzberger Alternativprojekten im Stattbuch

In das Jahr 1978 fiel noch ein anderes Gründungsdatum für ein wichtiges alternatives Projekt in Berlin: das *West-Berliner Stattbuch. Ein alternativer Wegweiser*. Die erste Silbe des Titels *Stattbuch* enthält mit tt geschrieben ein Wortspiel und auf dem Deckblatt wird dazu erklärt: „Es soll eine Hilfe sein für die Arbeit von Projekten, Organisationen und Gruppen, die oft getrennt voneinander in ihren jeweiligen Arbeitsbereichen für die Interessen von Kindern, Jugendlichen und Erwachsenen tätig sind. Es soll eine Unterstützung für gegenseitige Kontaktaufnahme, solidarisches Handeln und Kooperation sein: Zusammenarbeit statt Isolation, Stattbuch."[8]

Dass dieses Zusammenwirken nicht als gesellschaftspolitisch neutral begriffen wurde, können wir gleich dem Beginn der Einführung entnehmen. Es geht in dem Handbuch, so heißt es dort, um „Selbstdarstellungen von Projekten, Gruppen und Institutionen, die alternativ zu kapitalistischer Ausbeutung und Ideologie arbeiten."[9]

Diese grundlegende antikapitalistische Einstellung wird von den Verfassern des Vorwortes als eine gemeinsame Position der vielen sich vorstellenden Projekte vorausgesetzt. Sie war in den Jahren nach der Studentenbewegung mit ihren antikapitalistischen Parolen, Neuentdeckungen von marxistischen Schriften und verbreiteten *Kapital*-Kursen ungeachtet der im Folgenden zu erörternden allgemeinen Beschwörung der Tendenzwende noch geradezu selbstverständlich in linksalternativen Kreisen in West-Berlin. Von der in manchen retrospektiven Erörterungen betonten Polarität zwischen systemkritisch politischer und alternativer Bewegung war zumindest in der Berliner Variante bis zum Ende der Dekade wenig wahrzunehmen.

Verbunden wird die politische Oppositionshaltung in dem alternativen Handbuch sehr stark mit einer dezentralen Ausrichtung, wie sie uns gerade auch im Kontext der Darstellung Kreuzberger Initiativen – in der Jugendarbeit, im mietenpolitischen Kampf und dergleichen – immer wieder begegnet. Im *Stattbuch* wird etwa in einem weiteren Einführungsartikel, verfasst von Rolf Schwendter, im Rahmen einer grundlegend gegen den

Kapitalismus gerichteten Reflexion prognostiziert, die sich bereits andeutenden künftigen Produktionsformen würden unter anderem von „Dezentralisation, Teamarbeit, Projektorientiertheit" bestimmt sein, und es sei zu erwarten, „daß diese Formen in den nächsten Jahrzehnten auch die politischen Organisationsformen beeinflussen werden: das Netzwerk von Projekten anstelle der Partei mit Knoten im Netzwerk anstelle der Kader in der Partei."[10] Dabei wird vor zu hoch gespannten Traumvorstellungen gewarnt; es wäre illusionär, so heißt es in der Einführung, „[…] mit einem Schlag das Ende der Entfremdung zu erwarten. Auch hier sind Leistung und Disziplin erforderlich."[11]

Das *Stattbuch* stellt selbstverwaltete alternative Projekte und Initiativen aus den verschiedenen West-Berliner Bezirken vor. In Kreuzberg erscheinen sie dabei besonders zahlreich und können hier auf begrenztem Raum nur in einer kleinen, exemplarischen Auswahl in den Blick gerückt werden. Allerdings verteilen sie sich recht ungleich auf die Kategorien, in die das Handbuch gegliedert ist, und in einigen Bereichen ist Kreuzberg als Anschrift eher spärlich vertreten im Vergleich zu Schöneberg, Wilmersdorf oder Charlottenburg. Dies trifft etwa auf den therapeutischen Bereich im weitesten Sinne zu oder auf den literaturbezogenen mit alternativen Buchläden und Kleinverlagen, obgleich es die auch in Kreuzberg gab. Ein besonders bekannter war etwa der Elefantenpress-Verlag in der Dresdener Straße, später kam der linke Nishen-Verlag hinzu, um lediglich zwei Beispiele anzuführen. Gut vertreten sind Handwerkskollektive wie unter anderen die Kreuzberger Holzmanufaktur am Kottbusser Damm, ein Tischlerkollektiv in der Körtestraße oder der Kunsthandwerksverein am Oranienplatz, um nur einige zu nennen.

Die Frauenbewegung hatte vor der noch zu erwähnenden Gründung der Schokofabrik einen besonderen Schwerpunkt von alternativen Einrichtungen im westlichen Teil von Kreuzberg mit dem Frauenbuchladen Labrys in der Yorckstraße 22, dem Frauenbuchvertrieb Mehringdamm 32, einem Frauenselbsthilfeladen am

Das WestBerliner

STATT BUCH ist da!

Ein alternativer Wegweiser

Das WestBerliner Stattbuch ist ein Adressbuch, ein Nachschlagewerk, ein Handbuch. Es soll eine Hilfe sein für die Arbeit von Projekten, Organisationen und Gruppen, die oft getrennt voneinander in ihren jeweiligen Arbeitsbereichen für die Interessen von Kindern, Jugendlichen und Erwachsenen tätig sind. Es soll eine Unterstützung für gegenseitige Kontaktaufnahme, solidarisches Handeln und Kooperation sein: Zusammenarbeit statt Isolation, Stattbuch.
Folgende Bereiche sind genannt: Alte Menschen, Alternative (Lebens-)Technik, Ausländer, Bildung und Erziehung, Frauen, Gegenöffentlichkeit, Gesundheit, Handwerk und Dienste, Jugend, Knast, Landadressen, Männer, Politische Unter-drückung, Recht, Sozialhilfe, Umweltschutzinitiativen, Verbraucherei, Wohnen und Miete, Wo man sich trifft
560 Seiten, DIN A5, mit 350 Selbstdarstellungen, über 1000 Adressen und 70 redaktionellen Beiträgen. 13.- DM

STATT BUCH 1 Selbstverlag Arbeitsgruppe WestBerliner Stattbuch
Bestellungen bei Verlag Rotation, Pfalzburger Straße 72, 1 Berlin 31, Telefon 861 58 91.

Ankündigung des *WestBerliner Stattbuches*, 1978

Chamissoplatz, einem Frauenzentrum zunächst in der Hornstraße und dann vergrößert in der Stresemannstraße und dem Lokal Blocksberg in der Yorckstraße 48.

Eine bemerkenswerte Entwicklung von Einrichtungen mit Kreuzberger Anschriften findet sich in der Kategorie „Kommunikationszentren" im *Stattbuch 1*. Herausgehoben sei hier das bereits 1973 gegründete und bis heute existierende Forum Kreuzberg – Zentrum für wissenschaftliche, künstlerische und soziale Arbeit in ehemaligen Fabrikräumen in der Eisenbahnstraße 21.

Die Einrichtung war sowohl ein Treffpunkt mit Diskussionsrunden und Veranstaltungen als auch eine Art freie Volkshochschule mit Kursen in Malen, Handwerken, musikalischen Aktivitäten oder wissenschaftlichen Themenbereichen. Als Ziel wird in der Selbstdarstellung angegeben, „Kunst und Wissenschaft vom Staat zu emanzipieren und jedem zugänglich zu machen."[12] Instandsetzungsarbeiten wurden weitgehend von den Mitgliedern getätigt. Die Finanzierung erfolgte ohne eine öffentliche Förderung.

Zum Konzept des Kreuzberger Stadtteilzentrum in der Lausitzer Straße 8 im SO-36-Teil von Kreuzberg gehörten neben dem Angebot eines Treffpunktes auch eine medizinische sowie eine juristische Beratung für das Wohnumfeld. Die Finanzierbarkeit bereitete Probleme, und es gab Kontroversen zur Frage, inwieweit die Beantragung öffentlicher Gelder die Zielvorstellung einer behördenunabhängigen und politisch parteinehmenden Arbeit durchkreuzen würde.

In Kreuzberg 61 wurde 1977 der Chamissoladen eröffnet, um der Bewohnerschaft um den Chamissoplatz herum einen Treffpunkt sowie eine Beratungsstelle insbesondere für Mietenfragen zu bieten. Die Initiatoren, die sich Stadtteilgruppe Kreuzberg nannten, waren bereits seit den frühen 1970er-Jahren in anderen Teilen des Bezirks aktiv gewesen. Der Besuch von Leuten aus dem Umfeld des Chamissoplatzes blieb hinter ihren Erwartungen zurück, ein größeres Echo fanden sie jedoch mit dem *Chamissoblatt*, das sie für den Stadtteil herausgaben. Die Räume in der Willibald-Alexis-Straße 15 am Südrand des Chamissoplatzes wurden auch von anderen alternativen Initiativen für ihre regelmäßigen Zusammenkünfte genutzt, so etwa von Frauengruppen und von der Anti-AKW-Gruppe Kreuzberg.

Alternative Kultur in Kreuzberg in den Äußerungsformen von bildender Kunst, Musik und Theater

Eine besondere Konzentration von Anschriften und Selbstdarstellungen präsentiert das alternative Nachschlagewerk für Kreuzberg auf den verschiedenen Gebieten künstlerischer Aktivitäten von Projekten der bildenden Kunst über Musikgruppen bis hin zu alternativen Theaterinitiativen. Im ehemaligen Krankenhaus Bethanien waren nach der umstrittenen Anfangsphase des Leerstandes und abgesehen von den Turbulenzen um das Rauch-Haus im Nebengebäude relativ geordnete Verhältnisse eingekehrt. Unter bezirklicher Einwirkung wurde hier jetzt das Künstlerhaus Bethanien eingerichtet und erhielt die Organisationsform einer GmbH. Das Grundkonzept war eine „Projektwerkstatt für alle künstlerischen Disziplinen".[13] Künstlerisch Tätige konnten hier in gut eingerichteten Werkstätten, die unter anderem auch Siebdruck und Lithografie einbezogen, ihre Werke produzieren, Theatergruppen erhielten Übungsräume, Ausstellungen wurden organisiert und Veranstaltungen zu künstlerischen Themen durchgeführt.

In der bildenden Kunst engagierten sich jetzt die linken Parteien in Kreuzberg in Form von neuen künstlerischen Organisationsgründungen. In der Oranienstraße und am Mariannenplatz richtete die der SEW nahestehende Künstlervereinigung Rote Nelke Werkstätten für Malerei und andere Kunstgattungen ein, und in der Muskauer Straße sowie einem Ableger in der Gneisenaustraße wurde Ähnliches von der den K-Gruppen nahestehenden Vereinigung Kultur und Volk organisiert.

Auf dem kulturellen Feld öffentlicher musikalischer Darbietungen war der Politrock in West-Berlin sehr stark eine Kreuzberger Angelegenheit mit Gruppen wie Lokomotive Kreuzberg, Linkerton, Morgenrot oder der Berliner Frauenrockband Lysistrata. Letztere hatte ihren Übungsraum im Gebäude Paul-Lincke-Ufer 41,

Vom Künstlerhaus zum
Kunstquartier, 2019

wo sich auch das Mixed Media Studio befand mit seinem Konzept, alternatives Theater nach dem Vorbild des berühmten New Yorker Living Theatre mit den Vermittlungsformen verschiedener moderner Medien zu verbinden. Theatergruppen, die im *Stattbuch* als alternative Projekte und speziell in der Rubrik „Freie Gruppen" vorgestellt wurden, hatten auch an anderen Stellen im Bezirk ihr Domizil gefunden. Zwei von ihnen, das Theater Zentrifuge sowie die Theater-Manufaktur, hatten ab Mitte der 1970er-Jahre ihre Proberäume im Künstlerhaus Bethanien und wurden von diesem auch finanziell gefördert.

Aus der Selbstdarstellung des Theaters Zentrifuge verdient ein Abschnitt besondere Beachtung, da er auf das Engagement und den entsprechenden sozialen Hintergrund in der unmittelbaren räumlichen Umgebung hinweist. Über die Vergangenheit der Theatergruppe erfahren wir in diesem Text, dass sie gegen Ende der 1960er-Jahre von ihren mehr formalen Experimenten abrückte aufgrund der von außen auf sie zukommen-

den gesellschaftlichen Entwicklung. Da war, so heißt es dann spezieller, „[…] eine Entwicklung, die uns zum Beispiel nahekam in dem, was sich in den Erziehungsheimen abspielte. Das ging uns sehr nahe damals, und wir haben das Thema auch aufgegriffen unter dem Titel ‚Unverbesserlich – Vom Erziehungsheim ins Zuchthaus' […]."[14] Um derartige Erfahrungen als Hintergrund ging es auch, wie bereits ausgeführt wurde, in der Jugendfürsorge des Georg-von-Rauch-Haus-Kollektivs im benachbarten Bethanien-Gebäude. Ihre größten öffentlichen Erfolge hatte das Theater Zentrifuge indessen mit der Inszenierung von Brechts *Brotladen*-Fragment, die es auf über 80 Aufführungen brachte. Die Theatermanufaktur im gleichen Gebäude konzentrierte sich in jenen Jahren stärker, aber nicht ausschließlich, auf Themen zur Geschichte emanzipatorischer Bewegungen. Ihr gemeinsam erarbeitetes Stück *1848* wurde nach eigener Angabe über zweihundertmal aufgeführt. Sie zog im Jahr 1982 ans Hallesche Ufer in die frei gewordenen Räume der Schaubühne. Letztere war zu dem Zeitpunkt an den

Lehniner Platz gezogen. Weitere in Kreuzberg ansässige freie Theatergruppen wären aus den 1970er-Jahren anzuführen, so beispielsweise das im Folgenden noch einmal zu erwähnende Walde Theater oder das TIK – Theater in Kreuzberg, das sich durch seinen räumlichen wie geschäftlichen Zusammenhang von Kneipe und Theater über Wasser hielt. In ihren politischen Stücken griff die Gruppe in der Regel hochaktuelle Themen auf wie den Abbau demokratischer Grundrechte in jener Dekade im Stück *Halt's Maul, Karl* oder die umstrittene Stadtsanierung in *Gerüchte, nichts als Gerüchte*.

In den 1980er-Jahren, die in den Folgebänden des *Stattbuchs* erfasst werden, erweiterte sich die alternative Theaterszene in Kreuzberg noch. Erwähnt seien etwa unter anderen das sehr gediegene Theater zum westlichen Stadthirschen in der Kreuzbergstraße, das Theater am Kreuzberg in der Möckernstraße oder Kabarettgruppen wie die Weltbühne in der Oranienstraße und das CaDeWe (Cabaret des Westens) im Mehringhoftheater. In dieser Dekade war Kreuzberg der Bezirk mit der bei Weitem höchsten Zahl von unabhängigen und sich als alternativ begreifenden Theatergruppen in West-Berlin.

Aufführung von Brechts *Der Brotladen* im Theater Zentrifuge, Künstlerhaus Bethanien, 1976

Als die wohl radikalste und von herkömmlichen Bühnenkonventionen am weitesten entfernte Kreuzberger Theatergruppe stellte sich im *Stattbuch* das Walde Theater dar, dessen Mitglieder nicht nur gemeinsam probten und ihre selbst verfassten Stücke darboten, sondern auch als Kommune mit ihren Kindern in einer Fabriketage in der Waldemarstraße zusammenwohnten. Sie traten mit ihren jeweils hochaktuellen politischen Darbietungen teilweise in Sälen und Theaterräumen auf wie im Künstlerhaus Bethanien, in der Schaubühne (damals noch) am Halleschen Ufer, in Jugendzentren, agierten häufig aber auch als Straßentheater, so etwa vor der Gedächtniskirche aus Anlass der drohenden Hinrichtung von fünf spanischen Oppositionellen zur Zeit des Franco-Regimes. Das Publikum, das immer stark in die Aktion einbezogen wurde, finde bei ihnen, so berichten sie über sich im *Stattbuch*, „[…] den auf die Bühne gebrachten Anarchismus. Wir sind hochgradig auf die Stimmung und das Feeling angewiesen, das uns aus dem Publikum entgegen kommt, und dies ist unserer Erfahrung nach dort am besten, wo sich bereits Kräfte gegen Unterdrückung und Herrschaft regen – in Anti-Atom-Bürgerinitiativen, in der Knastarbeit, in selbsterkämpften Jugendzentren, bei Streiks, in der Stadtteilarbeit – überall, wo sich der Widerstand gegen die verkrusteten Verhältnisse eines neuen, softeren Faschismus zeigt."[15]

Kreuzberger Widerständigkeit gegen die Tendenzwende

Als die oben zitierte Selbstdarstellung des Walde Theaters mit ihrer starken Betonung der politischen Motiviertheit im Jahr 1978 im *Stattbuch* veröffentlicht wurde, war bereits seit einer geraumen Weile aus den Medien zu vernehmen, dass die Phase eines politisch engagierten aktualitätsbezogenen Kulturschaffens, wie es sich seit den späten 1960er-Jahren entwickelt und auch den Mainstream erreicht hatte, nun eine Sache von gestern sei. Die tief greifende Wirtschaftskrise von 1973/74, die den ersten – die APO auf den Plan rufenden – Einbruch des Wirtschaftswunders im Krisenjahr 1966 bei Weitem an Schärfe übertraf, ist später in rückblickenden Versuchen der Zeitgeisterfassung jener Periode dann auch als Ende von Aufbruchstimmungen sowie als Beginn einer Stimmung von Skepsis, politischer Resignation und Rückzug in die Privatsphäre in weiten Kreisen der Bevölkerung einschließlich mancher oppositioneller Bewegungen dargestellt worden. Das Schlagwort von der „Tendenzwende" wurde in den Kommentaren der Medien wie auch in zeitbezogenen Debatten ab 1974 häufig aufgegriffen, teilweise mit kulturellen und teilweise mit aktuellen politischen Bezügen wie in einer Ausgabe des *Spiegel* Ende des Jahres 1974, einem Jahr, in dem es zum Rücktritt von Willy Brandt als Bundeskanzler und zum Abbruch von sozialliberalen Reformvorhaben aus wirtschaftlichen Gründen gekommen war. „Tendenzwende des Zeitgeistes? Man trägt wieder konservativ? Ruck nach rechts?" wird in dem Ausblick zum Jahreswechsel 1974/75 gefragt, und es wird angedeutet, dass diese Fragen einen realen Hintergrund haben und eigentlich keine offenen mehr sind.[16]

Bereits 1975 erschien dann zu dem Thema im Verlag Hoffmann und Campe eine Buchpublikation, deren Vorwort mit den Sätzen begann: „Wir erleben in diesen Jahren einen politischen Klimawechsel. Der Zeitgeist weht nicht mehr von links, sondern von rechts. Wer heute in einem politischen Wahlprogramm ‚mehr Demokratie' versprechen würde, hätte wenig Aussicht damit, Stimmen zu gewinnen. Das Wort ‚konservativ', bis vor kurzem von allen großen Parteien gemieden, gehört wieder zum politischen Wortschatz nicht nur der Rechtsparteien, sondern auch der SPD. Bundeskanzler

Schmidt hat sich ausdrücklich als konservativ bezeichnet in einer Rede vor dem Überseeclub in Hamburg."[17]

Im kulturellen Bereich verband sich die Rede von der Tendenzwende mit Ankündigungen einer Hinwendung zu betonter individueller Selbstbezogenheit. Besonders in der Literatur schienen sich derartige Trends zu manifestieren, und die Tendenzwende sowie die damit einhergehende verstärkte Subjektorientierung sind nachträglich als wesentliche Merkmale ihrer Entwicklung im Verlauf der 1970er-Jahre wahrgenommen worden. So lautet etwa die Kapitelüberschrift in einer Geschichte der neueren deutschen Literatur: „Das Jahrzehnt der Ungleichzeitigkeiten und der langgezogenen ‚Tendenzwende'".[18]

Ein anderes Schlagwort, das für die Abkehr vom systemkritischen politischen Engagement immer wieder verwendet wurde und unter anderem auch in Literaturgeschichten Einzug hielt, lautete „Neue Subjektivität". Dass eine solche Wende stattfand und nicht nur behauptet wurde, ließ sich unter anderem am Erfolg bestimmter literarischer Werke belegen, so etwa schon sehr früh an dem starken Absatz des 1973 veröffentlichten Romans *Lenz* von Peter Schneider, in dem der Protagonist von Protestkultur und politischem Engagement Abstand nimmt, da sie ihm in seinem tiefen Liebeskummer allzu äußerlich bleiben. Allerdings wurde in jenen Jahren auch kritisch gefragt, inwieweit sich Verlage vielleicht allzu eilig von dem Slogan der „Tendenzwende" beeindrucken ließen und mit der Umstellung ihrer Programme die Entwicklung zur „Literatur der neuen Innerlichkeit" und zur „Abwendung vom Politisch-Aufklärerischen" vorantrieben.[19] Die beiden zuletzt zitierten Wendungen finden sich in einem Essay zum Trend der bundesrepublikanischen Literatur der 1970er-Jahre, in dem es abschließend, nach der Anführung von wiederum konträren Beispielen wie unter anderen den überaus erfolgreichen linken Theaterstücken von Franz Xaver Kroetz und Rainer Werner Fassbinder, dann doch heißt: „Damit stand am Ende des Jahrzehnts wieder eine gewisse Re-Politisierung; Anti-Atomkraft, Umwelt- und Friedensbewegung formierten sich."[20]

Die 1970er-Jahre waren, so lässt sich nach solchen leicht ratlos erscheinenden Versuchen der Kategorisierung hier anfügen, hinsichtlich vorherrschender politischer und kultureller Trends eine teilweise widersprüchliche und schwer auf einfache Begriffe zu bringende Phase. Auch bereits mitten in der Dekade und nicht erst, wie oben vermerkt, an ihrem Abschluss verlief die Tendenz nicht so eindeutig, wie manche zusammenfassende Angaben und Etikettierungen es vermuten lassen. Ein Beispiel dafür ist der im Jahr 1976 vom Sozialistischen Büro veranstaltete Pfingstkongress, der bundesweit Tausende von Anhängern der sogenannten Undogmatischen Linken nach Frankfurt am Main lockte und Anstöße für neue politische Initiativen und linke Medien gab, so etwa für die einige Jahre später in West-Berlin gegründete linke *Tageszeitung* (taz).

Ein allgemein neoliberal-konservativ ausgerichteter Trend, der auch in anderen westlichen Ländern wie etwa besonders in Großbritannien registriert und dort, zur Zeit des aufkommenden Thatcherism, umfassender von dem Kulturwissenschaftler Stuart Hall prognostiziert und in seinen Vorläufen analysiert wurde,[21] war zweifellos weithin einflussreich und sparte langfristig auch Kreuzberg nicht völlig aus, aber in bestimmten gesellschaftlichen Sphären gab es in dieser Periode zahlreiche Beispiele dafür, dass stark krisenhafte Einbrüche sich politisch und kulturell zumindest temporär in verschiedene Richtungen hin auswirken können.

Eine Tendenz zur stärkeren Gewichtung subjektiver Empfindungen war wohl in der Tat typisch für Entwicklungen in der Zeit nach der Studentenbewegung mit ihrer rationalen, theorieorientierten Argumentation und ihrer soziologischen Sprache, aber der spätere Trend insbesondere auch im alternativen Milieu war damit nicht notwendig unpolitisch und eskapistisch. Eine neue Art von Engagement reagierte darauf, dass persönliche Bedürfnisse in früheren Debatten und Aktionen zu wenig berücksichtigt worden waren, und es gab jetzt eine Akzentverschiebung hin zum Ernstnehmen eigener Betroffenheit als Antrieb für politische Aktivitäten.

Das konfliktreiche Jahr 1981 war besonders geeignet, die inzwischen vielfach politik- und sozialwissenschaftlich reflektierten Thesen zur konservativen Tendenzwende durcheinanderzubringen. Jugendrevolten in verschiedenen Städten und besonders ausufernd in Zürich, eine Zuspitzung der Hausbesetzerkonfrontationen, große Demonstrationen und verschärfte Auseinandersetzungen im Rahmen der Anti-Atomkraft-Bewegung in Brockdorf und Gorleben sowie Massendemonstrationen der Friedensbewegung gegen den NATO-Doppelbeschluss zur Atomwaffenrüstung rückten häufig in den Mittelpunkt der Medienberichterstattung. Zu den Aktionen der rebellierenden Jugendlichen in Zürich, Frankfurt, Berlin-Kreuzberg und anderenorts erschien im Oktober 1981 eine Ausgabe der Zeitschrift *Kursbuch* mit dem Themenschwerpunkt: „Der große Bruch – Revolte 81". Einer der Beiträge, verfasst von dem Frankfurter Psychologen Jörg Bopp, nimmt Bezug auf die oben bereits angedeutete Konfusion der Zeitgeist- und Trendexperten: „Die westdeutsche Jugendforschung sang das Klagelied von der Flucht in die Innerlichkeit und vom Traumtanz des Aussteigens. […] Die Jugendrevolte von 1981 ist wissenschaftlich nicht vorgesehen und von den

Journalisten nicht eingeplant. Sie besitzt die Unverfrorenheit, trotzdem auszubrechen. Die protestierenden Jugendlichen schieben die Drehbücher beiseite, in denen die Experten den Verlauf ihres Lebens bereits festgelegt haben. Manche ebenso fleißige wie wortreiche Abhandlung über die westdeutsche Jugend wurde über Nacht zur Makulatur."[22]

Nach diesen Ausflügen in eine weiter ausgedehnte Politik- und Kulturlandschaft soll der Blick zurück nach Kreuzberg gelenkt werden, um auf bemerkenswerte Besonderheiten hinzuweisen, die in Trendanalysen in der Tat „nicht vorgesehen" waren. Die Selbstdarstellungen Kreuzberger Initiativen in den verschiedenen Bänden des alternativen *Stattbuchs* präsentieren sich in jener Zeit ebenso wie in Flugblättern und Stadtteilzeitungen, zum Beispiel dem 1977 gegründeten *Südost-Express*, als Teil einer politisch, ökologisch und sozial engagierten und sehr grundsätzlich oppositionellen Protestkultur, die sich nicht etwa nur *trotz* der neoliberalen Tendenzen behauptete, sondern jetzt erst ihren eigentlichen Aufstieg erlebte. Diese Entwicklung war in Berlin nicht auf Kreuzberg begrenzt, war aber hier doch in einer besonderen Konzentration anzutreffen.

Die Entstehung größerer alternativer Zentren in Kreuzberg

Als Anfang der 1980er-Jahre der zweite Band des *Stattbuch*-Verzeichnisses erschien, war als dessen Adresse bereits der Mehringhof in Kreuzberg 61 angegeben, eins der neuen alternativen Zentren, von denen im ersten Band von 1978, abgesehen vom Forum Kreuzberg, noch keins erwähnt wurde. Das alternative Milieu hatte einen neuen Schritt gewagt. Für die Unterbringung und Zusammenführung von Projekten wurden jetzt nicht mehr nur leer stehende kleine Läden oder einzelne Fabriketagen anvisiert, sondern ganze Gebäudekomplexe ehemaliger Fabriken.

Zu den ökonomischen Voraussetzungen für den Fabrikleerstand gehörten in West-Berlin nicht lediglich der allgemeine Rückgang der industriellen Produktion und die Ersetzung durch den Dienstleistungssektor, sondern auch eine starke Abwanderung von Betrieben aus der Inselstadt. Manche ehemals in Berlin ansässigen Firmen hatten nur noch ihre Geschäftsstellen dort, ihre Produktionsstätten aber woanders. Das Interesse alternativer Initiativen an solchen Fabrikgebäuden beschränkte sich nicht auf Kreuzberg, und die ersten Zusammenschlüsse von Initiativen mit einem solchen Ziel erfolgten zu-

Auf dem Gelände des alternativen Zentrums Mehringhof, 2018

nächst anderenorts, so in der Kurfürstenstraße 14 mit einem angestrebten großen Projekt unter dem Namen Fabrik für Kultur, Sport und Handwerk e. V. und in Tempelhof mit der Übernahme von Gebäuden auf dem ehemaligen UFA-Gelände. Weiterhin ist hier auch die Fabrik in der Osloer Straße im Wedding zu nennen. In Kreuzberg kam es indessen zur Gründung von mehreren Großprojekten mit besonders starker Anbindung an dort bereits aktive politische und alternative Gruppen. Anzuführen sind hier drei solcher Fabrikübernahmen, die unter den Namen Mehringhof, Regenbogenfabrik und

Schokoladenfabrik (zumeist Schokofabrik genannt) bis heute existieren, nachdem sie alle Entpolitisierungs- und Anpassungstendenzen in gewissen Graden überstanden haben und auch in jüngster Zeit noch als Anlaufstellen für sozial, ökologisch, feministisch oder allgemeiner politisch Engagierte im Widerstand gegen neoliberale Gegebenheiten genutzt werden. Die Regenbogenfabrik und die Schokofabrik werden im folgenden Kapitel zur Hausbesetzerbewegung noch einmal zu erwähnen sein, da ihre Übernahmen aus Besetzungen hervorgingen und Arrangements zu treffen waren, wie sie für die betreffenden Ereignisse in den 1980er-Jahren typisch waren. Über den Mehringhof, der als neue Einrichtung nicht aus einer Besetzung hervorging, soll jedoch hier abschließend im Kapitel zum alternativen Milieu berichtet werden, da er eng mit ihm verquickt war und einige seiner wichtigsten Kontaktstellen beherbergte.

Gegründet wurde der Mehringhof mit der Anschrift Gneisenaustraße 2 im Jahr 1979 als alternatives Zentrum für Gewerbe, Kultur und Kommunikation. Bei dem vierstöckigen Gebäudekomplex handelte es sich um die Fabrikanlage der ehemaligen großen Schriftgießerei H. Berthold AG. Rund 30 soziale, pädagogische und handwerkliche Projekte schlossen sich zum Erwerb des Gebäudes zusammen, wofür knapp 2 Millionen DM aufzubringen waren, und sie erarbeiteten eine antihierarchische Verfassung für die kollektive Verwaltung. Ein wesentlicher Motor für die Übernahme war die bisher nur dürftig untergebrachte Schule für Erwachsenenbildung (SFE), eine alternative, basisdemokratisch strukturierte Einrichtung des Zweiten Bildungsweges, die sich 1972 in einer noch von der Studentenrebellion beeinflussten Atmosphäre als Abspaltung von einer privaten Schule, Gabbes Lehranstalten, konstituiert hatte. Die SFE belegte (und belegt bis heute) mit einer größeren Anzahl von Lernenden zur Vorbereitung auf das Abitur oder die Mittlere Reife ein gesamtes Stockwerk des Mehringhof-Gebäudes. Eine besondere öffentliche Beachtung fand die kontinuierlich fortgeführte Schule noch einmal mehrere Jahrzehnte später, als sie unter der Regie von Alexander Kleider zum Objekt des packenden Dokumentarfilms *Berlin Rebel High School* wurde, der ab Mai 2017 in zahlreichen Kinos zu sehen war.[23]

Zu denen, die gleichzeitig in den Gebäudekomplex einzogen, gehörte unter anderen die Alternative Liste mit einem Büro für die Kreuzberger Bezirksgruppe (bis zu ihrem Wegzug in die Adalbertstraße in SO 36). Ebenfalls gleich von Beginn des Mehringhof-Projektes an residierte hier das Netzwerk Selbsthilfe Berlin, eine wichtige Kontaktstelle für große Teile der alternativen Szene West-Berlins. Es wurde 1978 gegründet und stieg bald auf circa 3 000 Mitglieder an. Zunächst galt es auch als Solidaritätsfonds für Berufsverbotsopfer und entwickelte sich dann vorrangig zu einem Förderungs- und Beratungsverein für Selbsthilfeprojekte. Dass diese Organisation zum Zeitpunkt des Erscheinens der vorliegenden Publikation, also über dreieinhalb Jahrzehnte später, unter gleichem Namen und mit gleicher Funktion immer noch im Mehringhof ansässig ist, verweist auf eine bemerkenswerte Kontinuität des alternativen und systemkritischen Engagements an diesem Ort, ungeachtet längst geschwundener Euphorien und ohne die gegenwärtige Unterstützung starker Bewegungen.

Ähnliches gilt für eine Reihe von ebenfalls langjährig im Mehringhof residierenden linksalternativen Projekten wie Verlagen, Hilfsorganisationen, dem seit 1985 auf Bühnenauftritte verschiedener Kabaretts spezialisierten Mehringhoftheater, dem linken türkischen Arbeiterverein ARTIV, die politische Buchhandlung Schwarze Risse, der zur Hausbesetzerzeit besonders wichtige und weiterhin aktive Ermittlungsausschuss, seit jüngerer Zeit die Berliner Zentrale von Attac und andere mehr. Die relative Größe der Einrichtung mit einer beträchtlichen Anzahl – gegenwärtig sind es 34 – von zum Teil miteinander kommunizierenden Projekten und das monatliche Plenum der Beteiligten haben ein solches Durchhaltevermögen entscheidend gestützt.

Dass der Mehringhof ungeachtet aller Bekenntnisse zu dezentralen Strukturen eine Art Zentrum für das alternative Milieu in Kreuzberg darstellte, blieb auch den für Ruhe und Ordnung und Innere Sicherheit zuständigen staatlichen Instanzen nicht verborgen, und es kam mehrmals zu teilweise gigantischen Polizeieinsätzen gegen die vermeintlich feindliche Festung. Im Juni 1986 kesselte die Polizei nach einer Solidaritätsdemonstration circa 800 Demonstranten ein und erstürmte im Zuge dieser Aktion den Komplex an der Gneisenaustraße. Ende April 1987 erfolgte eine weitere Attacke mit einer Beschlagnahmung von Flugblättern im Mehringhof (die wiederum den unmittelbaren Anlass für die explosiven 1.-Mai-Krawalle in jenem Jahr bildete). Im Jahr 1999 waren

Jubiläumsfest 40 Jahre Mehringhof, 2019

an einer Großrazzia rund 1 000 Beamte einschließlich Kriminalpolizei, Verfassungsschutz und einer GSG-9-Einheit am Sturm auf den Mehringhof beteiligt, als dort Sprengstoff der Revolutionären Zellen vermutet, aber nicht gefunden wurde.

Auch außerhalb dieser dramatischen Phasen mit nachfolgenden Solidaritätsbekundungen haben sich Verbindungen zum alternativen Umfeld in Kreuzberg ergeben, zumal der Mehringhof etwa mit seinem Versammlungsraum und dem Blauen Salon bis in die Gegenwart hinein als Treffpunkt und Veranstaltungszentrum fungiert.

Gerade in jüngster Zeit sind hier zum Beispiel mietenpolitische Initiativen zum Widerstand gegen Verdrängungen vermehrt zusammengekommen. Ähnlich verhält es sich im Bezirk mit einigen anderen bereits erwähnten Zentren wie der Regenbogenfabrik, dem Tommy-Weisbecker-Haus oder dem Bethanien-Komplex. Solche räumlichen Stützpunkte haben vermutlich nicht unwesentlich dazu beigetragen, dass sich das alternative Milieu ungeachtet aller Wandlungen und Reduzierungen seit der drei bis vier Jahrzehnte zurückliegenden Aufschwungphase bisher nicht aus Kreuzberg verabschiedet hat.

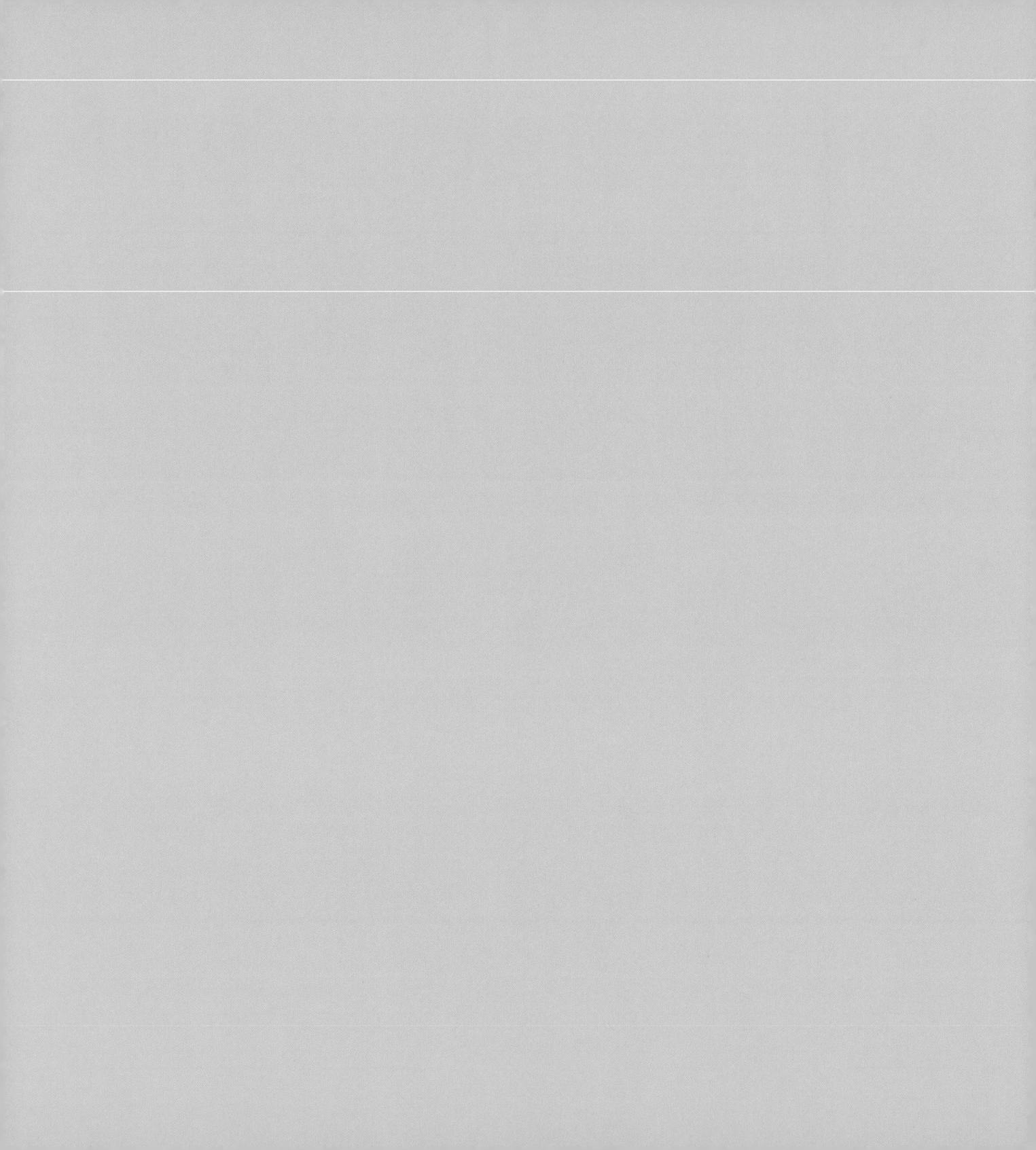

ABRISSPOLITIK UND HAUSBESETZUNGEN

Von Betroffenenprotesten zu Instandbesetzungen

Demonstration von InstandbesetzerInnen in der Yorckstraße, 1981

Zu Besetzungen von leer stehenden Wohnhäusern kam es Anfang der 1980er-Jahre nicht nur in Kreuzberg in größerem Umfang, aber dort hatten sie 1979 ihren Anfang genommen, und die objektiven Anlässe wie langfristiger Wohnungsverfall und neuere Abriss- und Verdrängungsstrategien verschiedener Akteure waren im Kreuzberger Stadtteil SO 36 besonders schwerwie-gend. Auch die subjektiven Voraussetzungen waren hier eher als woanders gegeben aufgrund des bestehen-den Protestpotenzials.

Im Folgenden sollen die objektive Seite und die Akti-onen der Betroffenen und Unterstützenden von ersten Einsprüchen bis hin zur Entstehung einer Bewegung in enger Verknüpfung miteinander dargestellt werden.

Kritik an der Abrisspolitik in ihrer allgemeinen stadt-planerischen wie auch in ihrer lokalen Kreuzberger Dimension hatte sich Anfang der 1970er-Jahre überregional vernehmbar geäußert, als das Buch des Kreuzberger Pfarrers Klaus Duntze mit dem Titel *Der Geist, der Städte baut* in einem Stuttgarter Verlag erschien. Die allgemeinen Aspekte werden auf der Rückseite des Buchdeckels mit folgenden Sätzen umrissen: „Unsere funkelnden neuen Städte aus Glas und Beton sind bis ins letzte geplant und trotzdem nicht wohnlich. Warum nicht? – Altbauviertel werden abgerissen und durch vorgefertigte Häuser ersetzt. Was geschieht mit den Bewohnern? – Sachzwänge, zukunftsweisend, rational, funktional sagen die Planer und die Macher." Zur lokalen Dimension heißt es im gleichen werkeinführenden Text auf der Umschlagrückseite: „Dieses Buch hat einen konkreten Ausgangspunkt: Berlin-Kreuzberg. Wie die Bewohner dieses Stadtteils leben, wie sie ihren Lebensstil bisher tradierten, was sie von der geplanten ‚Sanierung' erhoffen und befürchten."[1]

Mit seinen allgemeinen Ausführungen, die den größeren Teil des Buches einnehmen, steht Duntze in der Tradition einer Kritik, die Mitte der 1960er-Jahre von Alexander Mitscherlich mit seinem Buch *Die Unwirtlichkeit unserer Städte* angestoßen worden war.[2] Um 1970 lebten solche Debatten besonders wieder auf und schlugen sich in weiteren Publikationen nieder, als einerseits neue Trabantenstädte wie in West-Berlin Gropiusstadt und das Märkische Viertel entstanden waren und andererseits vermehrt Altbauviertel beseitigt wurden.[3] Duntzes Buch enthält zunächst eine detaillierte Beschreibung des Kreuzberger Stadtteils SO 36 mit seiner Mischung von Wohnen und Gewerbe, seinen Nachbarschaftsbeziehungen, die ohne Romantisierung als Bindemöglichkeiten anerkennend erwähnt werden. Danach holt der Verfasser in seinen Überlegungen weit aus, zitiert Adorno, Jürgen Habermas und die Klassiker des Marxismus sowie auch die verschiedensten Stadtsoziologen, reflektiert darüber hinaus theologische Strömungen, um immer wieder auf den entscheidenden Gegenpart in seiner Kritik zurückzukommen, den Geist, der (Geister-)Städte baut: den Funktionalismus der Moderne als ein ideologisches Produkt der bürgerlichen Gesellschaft und eine ökonomische Stütze kapitalistischer Profitinteressen sowie im Fall der Sanierung in Kreuzberg als Planung und Realisierung im ökonomischen Spielraum des sozialen Wohnungsbaus. Zu den Kerngedanken seiner dagegen gesetzten konstruktiven Vorstellungen gehört, „dass die Kriterien für eine Sanierung aus der Gegend selbst gewonnen werden müssen" und nicht nur „[…] als städtebauliche, wirtschaftliche, demografische Kriterien." Er gibt zu bedenken, dass mit solchen Ansätzen „[…] bei entsprechender gesellschaftlicher Hilfestellung eine Stadterneuerung in Gang gebracht werden könnte, die gleichzeitig Gesellschaftserneuerung ist."[4]

Der Verfasser des Buches war Pfarrer der Martha-Gemeinde und wohnte in einem Kirchenkomplex zwischen der Reichenberger Straße und dem Paul-Lincke-Ufer in einem Kanal- sowie auch Grenzwinkel einmal nach Neukölln hin, das zu West-Berlin gehörte, und zum anderen nach Treptow, das in Ost-Berlin lag. Er beschreibt den Ort gleich zu Beginn seines Werkes: „Der Beobachtungspunkt, von dem aus dieses Buch geschrieben wurde, ist St. Martha im Winkel, ein Gebäudekomplex aus Pfarrhaus, Gemeindehaus und Kirche in der äußersten Ecke von Berlin-Kreuzberg, somit die äußerste Ecke eines Stadtgebiets, das für die nächsten Jahre zur Sanierung vorgesehen ist."[5]

Klaus Duntzes Engagement zur Verhinderung der Sanierung in der geplanten Version beschränkte sich nicht auf die Veröffentlichung eines Buches. Schon zuvor hatte er angeregt, dass die Kirchensynode, dem seine Gemeinde angehörte, sich mit dem Thema befasste und nach Diskussionsrunden unter dem Motto „Kirche in

Klaus Duntze, 1980er-Jahre

Bethanien-Gebäude, dessen künftige Nutzung zu dem Zeitpunkt noch offen war, sollte danach nicht isoliert als Unterkunft für bestimmte Projekte dienen, sondern eng mit der Entwicklung des Stadtteils SO 36 und den Sanierungsvorhaben verquickt werden. Wörtlich wurde in dem Papier vorgeschlagen: „Als ein ‚Bauhaus für Kreuzberg‘ könnte Bethanien Symbol der Hoffnung für die bedrohte Gegend werden. Nach seiner städtebaulichen Lage und seiner sozialen Tradition kann Bethanien ‚Zentrum‘ und ‚Experimentierfeld‘ dieses Erneuerungsprozesses werden. – ‚Zentrum‘: Bethanien muss der Ort für eine ‚zentrale Sanierungsplanungsstelle‘ sein, in der alle Verwaltungsstellen, Expertengruppen, Sanierungsträger usw., die an der Sanierung beteiligt sind, zusammengefaßt werden. Zu dieser zentralen Sanierungsplanungsstelle gehören auch Kontakträume für Lernvorgänge in der Bevölkerung in bezug auf die Planung, für Ausstellungen, Informations- und Diskussionsveranstaltungen. Hier müssen die notwendigen Lernprozesse für eine Beteiligung an der Planung eingeleitet und ständig begleitet werden. – ‚Experimentierfeld‘: Nicht eine erneuerte Stadt macht die Menschen neu, sondern eine gesellschaftlich emanzipierte und erneuerte Bevölkerung plant und baut mit ihrer Verwaltung ihre neue Stadt. Ergo: das Leben in der neuen Stadt muß experimentiert werden."[7]

Zitiert sei hier auch Pfarrer Duntzes Bericht über die Reaktion der behördlichen Seite als Dokumentation der Barrieren, die derartigen Engagements und Konzepten entgegenstanden: „Nach vielem Drängen kam es tatsächlich zu einer ‚Anhörung‘ vor einem Ausschuss der Kreuzberger Bezirksverordnetenversammlung, nachdem diese theoretische Arbeit begleitet und unterstützt wurde durch eine Reihe von Aktionen der Jungsozialisten sowie linker Schüler-, Lehrlings- und Studentengruppen. In dieser Anhörung wurde das Modell sehr schnell als Sozialromantik abgetan, das den ‚gegenwärtigen Bedürfnissen‘ der Bevölkerung nicht Rechnung trage und sich

der Stadt" im Jahr 1970 zwei Symposien im leer stehenden Bethanien durchführte.[6] Als Folge davon bildete sich ein Initiativausschuss mit kirchlichen und nicht kirchlichen Mitgliedern, die auf einer Versammlung im September 1970 ein Arbeitspapier verabschiedeten. Das

nicht in direkte Kosten und Rentabilitätsberechnungen umsetzen lasse."[8]

Zu jenem Zeitpunkt stand dem Stadtteil im Rahmen des Sanierungsplans eine enorme Abriss- und Verdrängungswelle bevor. In dem im Krieg weitgehend zerstörten Gebiet um die Ritterstraße herum hatte die Sanierung mit Neubauten bereits begonnen. In einem nächsten Schritt sollte sie weiter in östliche Richtung vorrücken mit Abrissen der noch überwiegend erhaltenen, wenn auch stark heruntergekommenen Altbaukomplexe. In einem Teil des Kreuzberger Sanierungsgebietes war eine Stadtautobahn mit dem Ende kurz vor der Grenzmauer geplant. Die Grünachse Wassertorplatz – Oranienplatz – Engelbecken sollte der Autobahntrasse Platz machen und der Oranienplatz in einen großen Verkehrskreisel umgewandelt werden. Weiter östlich davon sollte die im Stadterneuerungsprogramm vorgesehene Flächensanierung greifen, das heißt Altbaublöcke sollten durchweg Neubauten weichen. Finanziert wurde der Aufkauf von Häusern und Grundstücken durch Fördergelder des Bundes und der Stadt Berlin. Die Erwartung einer solchen Umwandlung in ausgewiesenen Sanierungsgebieten, zu denen die Quartiere in SO 36 in der Umgebung des Görlitzer Bahnhof seit einiger Zeit gehörten, förderten den Leerstand von Wohnungen noch lange vor dem geplanten Abriss.

Strategien für Kreuzberg

Die Gegner einer Kahlschlagsanierung ließen sich von dem Abblocken der Behörden nicht in ihrem Engagement beeinträchtigen, und Pfarrer Duntze blieb Mitte der 1970er-Jahre im Stadtteil SO 36 ein wichtiger Vermittler von Diskussionsrunden zu dem Thema und von Vorstößen bei den Behörden und Sanierungsträgern.

Eine Opposition gegen die Stadterneuerung in der vorgesehenen Form sowie gegen den weitgehenden Ausschluss von Betroffenen an der Planung wuchs in diesen Jahren auch in anderen Bezirken, so insbesondere im Sanierungsgebiet Charlottenburg, wo 1973 die Mieterinitiative Klausenerplatz gegründet wurde. In der Folgezeit wurde in mehreren ausgewiesenen Sanierungsgebieten eine Beteiligung an Planungssitzungen durchgesetzt, und die Wohnungsbaugesellschaft Neue Heimat richtete Mieterbeiräte ein.

In Kreuzberg führten die oppositionellen Vorstöße zu einem noch weitergehenden Erfolg, als der Senat die Ausschreibung des Wettbewerbs *Strategien für Kreuzberg* verkündete. Damit sollten neue Planungsvorstellungen unter Berücksichtigung von Betroffenen zumindest durchgespielt werden. Erleichtert wurde ein gewisses Innehalten im bisherigen Sanierungsprozess unter Einschluss des Anhörens von Betroffenen durch begrenzte Änderungen der Richtlinien im Jahr 1976. Die Flächensanierung in ausgewiesenen Gebieten war wesentlich langsamer vorangeschritten als geplant, da sie mit sehr vielen Schwierigkeiten und Verzögerungen beim Aufkauf von abzureißenden Häusern und der Umsetzung der Mietparteien verbunden waren. Um eine schnellere Durchführung zu ermöglichen, sollte Erneuerung jetzt nicht mehr unbedingt Kahlschlagsanierung bedeuten. Die Blockstrukturen sollten erhalten bleiben, indem die Vorderhäuser von Altbauten an den Blockrändern modernisiert wurden, während für die dahinter liegenden Teile eine Blockentkernung vorgesehen war, also ein Abriss von Hinterhäusern, Seitenflügeln und gewerblichen Produktionsstädten. Das zu der Zeit vorrangig in Anspruch genommene öffentliche Förderprogramm Zukunfsinvestitionsprogramm (ZIP) war an Abrisse gebunden. Das ZIP-Programm förderte, darauf wurde in kritischen Kommentaren zunehmend hingewiesen, eine ausgedehnte Spekulation mit Wohnhäusern. Abschreibungsgesellschaften wurden gegründet, um für Hauseigentümer aus dem Leerstand und dem Unterlassen der Instandhaltung im Rahmen des Förderprogramms Gewinne herauszuschlagen. Auch aus den geänderten Richtlinien folgte, dass dem jeweiligen sozialen Zusammenhalt in den zur Sanierung vorgesehenen Stadtvierteln weiterhin eine massive Zerstörung bevorstand. Der Abschnitt „Zielvorstellungen des ‚Kirchenkreises Kreuzberg'", der in den Ausschreibungstext für den Wettbewerb aufgenommen wurde,[9] gibt dann auch zu bedenken, dass eine zu weitgehende Entkernung der Straßenblocks durch Abriss der Seitenflügel und Quergebäude mit der Hofstruktur auch die Voraussetzungen für eine funktionierende Nachbarschaft vernichten würde und mit dem Abriss der Fabrik- und Gewerbetrakte die lebendige Mischstruktur der Gegend ein Ende fände.

Die Beteiligung der ansässigen Bevölkerung blieb insgesamt schwach, vielen lag eine solche konkrete Konzeptentwicklung offenbar fern, aber der Wettbewerb hatte eine wichtige Bedeutung als Anstoß für Diskussionen und engagierte Zusammenschlüsse mit der Zielsetzung, sich eingehender mit der Entwicklung des Stadtteils zu befassen. Aus einer Gruppe, die für ihren Wettbewerbsbeitrag prämiert wurde und den Vorschlag dann noch weiter zu entwickeln hatte, ging der Verein SO 36 hervor.

Während der Wettbewerb im Frühjahr 1977 noch lief, erfolgte ein spezieller Abriss, der in der alternativen Szene und auch in anderen Bevölkerungskreisen im Stadtteil auf besonderes Unverständnis stieß und Misstrauen erregte hinsichtlich der Bereitschaft der staatlichen Instanzen, den bisherigen Sanierungskurs wirklich zu überdenken. Es handelte sich um das Gebäude der Feuerwache in der Reichenberger Straße 66, das am 5. Mai von Jugendlichen frühmorgens besetzt worden war, nachdem einen Tag zuvor bereits bauliche Zerstörungsarbeiten begonnen hatten. Vom Senat war an der Stelle die Errichtung einer großen Wettkampfhalle ge-

plant, die Durchführung des Abrisses lag in den Händen der Bezirksverwaltung. Die in linksalternativen Kreisen in West-Berlin viel gelesene Zeitschrift *radikal* berichtete über den Hergang während der Dauer der Besetzung: „Am Mittwoch, dem 4. 5., begannen Arbeiter der Abrißfirma Herold Bau mit der Zerstörung der Fenster, der sanitären und elektrischen Anlagen in der Feuerwache. Eine Abrißgenehmigung lag nicht vor. Am Donnerstag sollte die Vorderfront soweit demoliert werden, daß das Gebäude wirklich abrißreif wird. Die Schaffung von Sachzwängen ist im Bauwesen und nicht nur da (sie ist grundlegendes Handlungsprinzip der Wirtschaft) ein übliches Mittel zur Durchsetzung von Interessen. Um eine weitere Zerstörung zu verhindern, wurde die Feuerwache deshalb besetzt. Die Aktion rief sofort großes Interesse in der Öffentlichkeit hervor."[10]

Die besetzende Bürgerinitiative Feuerwache begann bereits mit der Organisation einer möglichen künftigen Nutzung des Bürgerhauses in der Feuerwache sowie dem dazugehörigen Pumpenhaus und hatte entsprechende Kontakte angeknüpft. Dazu sei hier aus der oben herangezogenen Ausgabe der Wochenzeitschrift *radikal* ein weiteres Zitat gebracht, das zugleich ein Licht auf die Vielfalt und die Art selbstverwalteter Projekte in der Umgebung sowie auf eine betont dezentrale Orientierung wirft im Unterschied zur Planung von Senatsseite: „Hier noch eine Aufzählung der Gruppen, die in der Feuerwache und Pumpe arbeiten wollen: Drogenberatungsstelle Neukölln; Jugendzentrum Reichenberger Str.; Theatergruppe Wespennest; Theatergruppe Fritz-Werner und Klingenbergschule; Theatergruppe Fabrik; Treff und Beratung; Psycholaden; Planerkollektiv; Gartenkaffee; Kinderladen; Schularbeitszirkel; Senioreninitiative-Nachbarschaftshilfe; Frauen-Stadtteilgruppe; Stadtteil- und Sanierungsgruppe; Arbeitsloseninitiative; Mittagstisch; Selbstbauwerkstatt KFZ; Schülertreff; Straßenmusiker. Ein konkretes Raumprogramm wird zur Zeit gemeinsam mit den Gruppen erarbeitet. Als Gegenüberstellung das Projekt des Senats: Eine Wettkampfhalle. Diesmal für die Bedürfnisse der Bevölkerung viel zu hoch gegriffen, zur Abwechslung. Eine kleine Turnhalle würde auch schon reichen, aber nein, jetzt muss wieder ein bißchen rumgeprotzt werden, noch'n bißchen internationaler Leistungsstress zum Renommieren."[11]

Beide Aktionsbereiche, der noch laufende Wettbewerb *Strategien für Kreuzberg* und der Gebäudeabriss, wurden von oppositionellen Gruppen miteinander in Verbindung gesetzt. Als zum Beispiel etwas später im Mai 1977, noch vor dem Totalabriss der besetzten Feuerwache, das zum Komplex gehörende Pumpenhaus abgerissen wurde, enthielt das wöchentlich erscheinende Magazin *INFO Berliner undogmatischer Gruppen* auf der Titelseite die Schlagzeile: „Pumpenhaus abgeräumt – Die Feuerwache muss bleiben" sowie einen Demoaufruf mit der offenbar ironisch gemeinten Frage auf einem abgebildeten Transparent: „Strategien für Kreuzberg?" Im Inneren des Blattes wurde die Ansicht geäußert, der Kreuzberger Baustadtrat Wolfgang Kliem habe den Abriss des Pumpenhauses wenige Stunden vor einer Zusammenkunft der mit den Strategien befassten Projektkommission veranlasst, weil er „[…] wußte, dass sich diese Kommission, der auch Kreuzberger Bürger angehören, wahrscheinlich für den Erhalt von Feuerwache und Pumpe aussprechen würde. Dies ist auch eingetreten – und deshalb wollte Kliem mit dem eiligen Abriss der Pumpe noch schnell vorher vollendete Tatsachen schaffen."[12]

Was immer auch die Motive des Stadtrates für den eiligen Abriss gewesen sein mochten, mit solchen Einschätzungen verbreitete sich die Ansicht, dass das Projekt *Strategien für Kreuzberg* für die behördliche Seite nur eine Hinhaltefunktion hatte. Ähnlich wurde es auch in dem *radikal*-Artikel gesehen, aus dem bereits zitiert wurde: „Die Besetzung steht auch im Zusammenhang mit dem Wettbewerb ‚Strategien für Kreuzberg'. Dieser Wettbewerb wurde im März vom Senat für Kreuzberg ausgerufen und er findet in der ‚Fachwelt' weite Beachtung, eine Art Renommier- und Prestigeobjekt. Initiativen und Anregungen gingen vom Kreuzberger Pfarrer Duntze aus, der den Selbstentscheidungsprozeß der Bevölkerung über Sanierungsmaßnahmen unter kirchlicher Obhut

hegen und pflegen wollte. Dem Senat gelang es aber, die Initiative für sich zu vereinnahmen."[13]

Als eine Weile später das gesamte Gebäude der Feuerwache abgerissen wurde, hatte sich zu dem bekannt gewordenen Zeitpunkt der Räumung und des Abrisses außerhalb des gesperrten Areals eine größere Ansammlung von Zuschauern zusammengefunden. Zeitzeugen erinnern sich an ihre Fassungslosigkeit, als vor ihren Augen die letzten im Haus befindlichen Jugendlichen mit einigen Habseligkeiten im Arm hinausgeführt wurden und kurze Zeit darauf der Abriss eines Gebäudes begann, das einen durchaus stabilen Eindruck machte, eine interessante Struktur hatte und sicherlich gut geeignet gewesen wäre für kulturelle oder soziale Projekte; es wurde nach dem Eindruck der Beobachtenden einfach deshalb vernichtet, weil es in einer abstrakt erscheinenden Sanierungsplanung so vorgesehen war.

Im Wettbewerb *Strategien für Kreuzberg* verloren in dieser Zeit die Kompromissankündigungen der institutionellen Seite an Glaubwürdigkeit, während die Widerständigkeit im Stadtteil eine neue Entschlossenheit erlebte. Zu diesem Zeitpunkt wurde auch die Stadtteilzeitung *Süd-Ost-Express* gegründet, die zu einem wichtigen Sprachrohr der Protestkultur wurde und diese Funktion die ganzen 1980er-Jahre hindurch wahrnahm.

Besonders aktiv wurde die Bürgerinitiative SO 36, die sich im Zuge des Wettbewerbsverfahrens neben dem Verein SO 36 gebildet hatte. Im Unterschied zum Verein, der vom Senat gefördert wurde und dessen Planungsvorstellungen nicht durchweg ablehnte, betrachtete die Initiative sich als grundsätzlich unabhängig. Sie organisierte Mieterversammlungen, protestierte öffentlich gegen die Sanierungsplanungen und führte Kampagnen gegen den Leerstand von Wohnungen durch. Auf den Versammlungen von Mietparteien wies sie darauf hin, dass in den ZIP-Verträgen mit Hausbesitzern bei Modernisierungsmaßnahmen eine Mitsprache der Betroffenen vorgesehen war, und sie legte diese so aus, dass Mehrheitsentscheidungen die Maßnahmen verhindern könnten.

Die ersten Kreuzberger Wohnhaus-besetzungen als Instandbesetzungen

Görlitzer Straße 74, 1979

Die Bürgerinitiative SO 36 hatte mit ihren Aktionen wenig Erfolg bei den Besitzern von Immobilien, und auch mit einer Anzeige gegen Wohnungsleerstand als Zweckentfremdung von Wohnraum kam sie nicht weiter. Darauf schritt sie im Februar 1979 zur Tat und drang in zwei Häuser in SO 36 ein, eins davon in der Görlitzer Straße gelegen und eins in der Lübbener Straße, um diese vor dem Verfall zu retten und durch notwendige handwerkliche Arbeiten bewohn-

bar zu machen. Das Wort „Instandbesetzung" wurde geprägt und fand öffentliche Beachtung. Etwas später wurde es zum Motto für eine ganze Bewegung, bevor dann der sogenannte Häuserkampf begann. „Lieber instandbesetzen als kaputtbesitzen!" war als Slogan an Hauswänden zu lesen.[14] Mit diesen ersten Besetzungen von Wohnhäusern, die im Besitz der landeseigenen Gesellschaft BeWoGe waren, hatte die Initiative Erfolg. Die Eigentümergesellschaft stellte für die Wohnungen

Szenen aus dem instand-
besetzten Haus Görlitzer
Straße 37, 1979

wie auch für eine Reihe anderer leer stehender Häuser Mietverträge aus.

Im Lauf des Jahres 1979 erfolgten noch drei weitere Instandbesetzungen in Kreuzberg SO 36. Sie hatten alle zum Ziel, Leerstand zu beenden sowie auch allgemein einen Widerstand gegen die staatlichen Sanierungspläne mit ihrer Zerstörung sozialer Zusammenhänge aufzubauen. Im März 1980 gründeten Beteiligte aus zehn besetzten Häusern den Besetzerrat K 36, um die Kommunikation untereinander zu stärken und der Öffentlichkeit die Besetzungen als gemeinsame Aktion zu präsentieren. Zwei Monate später gab es am Chamissoplatz in Kreuzberg 61 zum ersten Mal eine Instandbesetzung außerhalb des Stadtteils SO 36. Auch dieses Viertel war von durchgreifenden Sanierungen bedroht. An der Aktion war der bereits erwähnte Mieterladen Chamissoplatz beteiligt. Jetzt blieben Polizeiaktionen im Zusammenhang mit Besetzungen in Kreuzberg nicht mehr aus. Der erste Einsatz galt einer besetzten Wohnung in der Wrangelstraße 56. Kurze Zeit darauf wurde auch das Haus Chamissoplatz 3 Objekt einer polizeilichen Räumungsaktion mit etlichen Verhaftungen. Seit diesen Einsätzen wurde das Besetzen von Wohnhäusern von staatlicher Seite als „kriminelle Handlung"[15] betrachtet und auch in manchen Medien als solche heftig attackiert, in manchen anderen jedoch auch außerhalb der linken Szene durchaus mit einer gewissen Sympathie begleitet.

Von der Instandbesetzung zum Kampf um Autonomie

Die Monate im Frühjahr und Sommer 1980 waren zugleich die Phase, in der den Kreuzberger Hausbesetzungen in Ansätzen ein über die konkrete Betroffenenhilfe hinaus reichender lebens- und gesellschaftsbezogener Sinn hinzugefügt wurde. In einem Informationsheft des Besetzerrates, das im Juni 1980 verbreitet wurde, hieß es etwa: „Wir besetzen nicht nur Häuser. Wir leben in Kommunen mehr zusammen als in üblichen Mietshäusern. Wir wollen den Zusammenhang des Lebens erleben und zwar hier und heute. Wir kämpfen gegen Abriß und dazugehörige Abrißformen. Wir wehren uns in Schule und Betrieb gegen Konsumterror und jegliche Form der Unterdrückung. […] Der Kampf geht überall um Autonomie. Autonomie in allen Lebensbereichen, geht unser Kampf nicht darum? Jedes besetzte Haus, jedes aufgebaute Kollektiv bedeutet ein Stück mehr Autonomie, oder?"[16]

In diese erweiterte Besetzerperspektive wurden die verschiedenen Kernmotive gegenkultureller Aktivitäten, die sich seit der Zeit nach 1970 in Kreuzberg besonders entfaltet hatten und weiterhin präsent waren, mit hineingenommen. Der historisch von der anarchistischen Tradition geprägte Autonomiebegriff hatte bereits in den Jugendlichenkollektiven im Rauch-Haus und an anderen Orten sowie im Umkreis von Ton Steine Scherben einen wichtigen Stellenwert gehabt. Auch das Kommunen-Experiment, das zur Zeit der Studentenbewegung mit Kommune I und Kommune II in anderen West-Berliner Bezirken vorgegeben worden war, hatte in den verschiedenen in Kreuzberg konzentrierten Wohngemeinschaften eine besondere Bedeutung erlangt. Andere Lebensformen hier und heute zu entwickeln und nicht erst nach einer durchgreifenden Systemveränderung, gehörte, wie im vorangehenden Kapitel bereits ausgeführt, zu den Grundgedanken der Alternativbewegung. Diese Ziele wurden nicht lediglich als noch vage Utopien oder als ein bloßes Aussteigen aus dem dominierenden Gesellschaftszusammenhang begriffen, sondern verbanden sich im Kampf gegen den Abriss mit einem Einsatz für die Bevölkerung im Stadtteil, die von der Verdrängung bedroht war.

Der Häuserkampf vom Dezember 1980 bis zum Spätsommer 1981

Zur Abwendung einer zunehmenden Diskriminierung in den Medien wurde im Sommer 1980 im Besetzerrat geplant, die Öffentlichkeit verstärkt über die konstruktiven Intentionen des Besetzerengagements im bedrohten Stadtteil ebenso wie über dubiose profitorientierte Machenschaften von Immobilienbesitzern im Rahmen der staatlich geförderten Stadtsanierung zu informieren. Im Oktober 1980 wurde zu dem Zweck eine Aktionswoche der inzwischen noch zahlreicher gewordenen besetzten Häuser in Kreuzberg durchgeführt. Die Abschlussdemonstration am 10. Oktober wurde durch Hinzukommende unterstützt, so dass circa 1 500 bis 2 000 Personen daran teilnahmen. Es kam dabei, anders als die Organisatoren es erwartet oder gar vorgesehen hatten, zu Auseinandersetzungen mit der Polizei, deren Ursachen ungeklärt geblieben sind. Als die Unruhen nach der Demonstration noch andauerten, erhielt die Polizei die Anweisung, nicht mehr direkt einzugreifen, sondern das Gebiet am Kottbusser Tor zu umfahren. Dadurch konnte der aktuelle Konflikt zunächst noch entschärft werden, die feindselige Atmosphäre lud sich aber nach den Ereignissen dieser Nacht weiter auf.

Im Dezember 1980 erreichten die Konflikte eine neue Eskalationsstufe. Die Sicherheitskräfte verhinderten mit

Krawalle am Fraenkelufer in der Nacht vom 12. zum 13. Dezember 1980, Beginn der heißen Phase des Häuserkampfs

Polizeipräsenz am
Fraenkelufer, 1981

massivem Einsatz die Besetzung des Hauses Fraenkelufer 48 im Stadtteil SO 36. Dieses Vorgehen, das im Falle der Instandbesetzung heruntergekommener leer stehender Häuser zumindest mit einem solchen Aufwand noch unüblich war, erfolgte entweder aufgrund der Verwechslung mit einem dicht daneben liegenden Haus in der Admiralstraße, das bereits anderen zugewiesen worden war und das es deshalb abzusichern galt, oder es war, wie Stefan Aust es in Übereinstimmung mit den Recherchen anderer in einem Artikel annimmt, „ein von der Polizei mehr oder weniger provoziertes Mißverständnis."[17]

Die in die Besetzung verwickelten Gruppen gingen wegen der besonders starken und andauernden Polizeipräsenz an dem Abend ihrerseits von der irrtümlichen Annahme aus, in dieser Nacht sollten noch weitere Häuser geräumt werden. Es kam zu Straßenschlachten bis zum frühen Morgen an verschiedenen Stellen rund

um das Kottbusser Tor. Bauwagen und ein Polizeiwagen wurden umgekippt, Barrikaden als Straßensperren errichtet und bei Kaiser's und ALDI am Kottbusser Tor Schaufensterscheiben eingeworfen und Waren entwendet. Nach den Angaben eines mit den Fällen befassten Rechtsanwalts gab es „58 Festnahmen, […] 36 Festgenommene wurden dem Haftrichter vorgeführt, 25 erhielten Haftbefehle, davon saßen Ende 1980 noch 5 und bis Ende Juni 1981 noch 2 in Untersuchungshaft."[18] Diese Nacht vom 12. zum 13. Dezember 1980 am Fraenkelufer im Kreuzberger Stadtteil SO 36 ist in Publikationen zur Entwicklung der Hausbesetzungen als ein besonders einschneidendes Ereignis betrachtet worden. So heißt es etwa in einem Bericht zur Hausbesetzerbewegung: „Seit dieser Nacht handelt es sich einfach nicht mehr um Hausbesetzungen, sondern um den ‚Häuserkampf'."[19]

Am 15. Dezember 1980 folgte eine Demonstration mit circa 15 000 Personen, die ganz besonders den Inhaftierten galt. „Freiheit für die Hausbesetzer" lautete die Hauptparole.[20] Die überraschend große Zahl der Teilnehmenden signalisierte der Öffentlichkeit und den Behörden, dass die Hausbesetzeraktionen inzwischen eine starke und über Kreuzberg hinausreichende Unterstützung fanden. Im November und Anfang Dezember hatte es zum ersten Mal zwei Wohnhausbesetzungen auch außerhalb Kreuzbergs gegeben. Der Senat war jetzt zu gewissen Kompromissen bereit. Zwei Tage nach der Demonstration wurden als neue Richtlinien bekannt gegeben, dass besetzte Häuser nicht geräumt werden sollten, solange Verhandlungen geführt wurden und nicht gescheitert waren.

Von der Seite der Besetzer her bildete sich in der ersten Januarhälfte ein Vermittlungsausschuss, der mit dem Senat verhandeln sollte. Dazu heißt es in dem Artikel einer Beobachterin, die auf Interviews mit den Beteiligten zurückgreift: „Obwohl offiziell nicht mehr verhandelt wird, entsteht auf inoffizieller Ebene ein neuer Dialog. Die Besetzer sprechen drei Kreuzberger ‚Legalos', wie es im Slang der Szene heißt, ihr Vertrauen aus und machen sie quasi zu Emissären: Mietervertreterin Ilse Mock aus dem Mieterladen Waldemarstraße, Volker Härtig von der Bürgerinitiative SO 36 und Werner Orlowsky."[21]

Der letztgenannte Werner Orlowsky verdient im Zusammenhang dieser und auch weiterer Entwicklungen in Kreuzberg besondere Erwähnung, da er später Baustadtrat in der Bezirksverwaltung war, nominiert von der Fraktion der Alternativen Liste. Zum Zeitpunkt der Instandbesetzungen und der Widerstände gegen die Stadt-

Das Haus Fraenkelufer 48 nach Instandbesetzung und Räumung, März 1981

Werner Orlowsky, zuvor Sprecher von Protestgruppen gegen die Abrisspolitik in SO 36, wurde auf Veranlassung der Fraktion der Alternativen Liste im Jahre 1981 zum Kreuzberger Baustadtrat gewählt und sah sich auf dem Höhepunkt der Hausbesetzerbewegung vor die Aufgabe gestellt, zwischen verschiedenen Fronten zu vermitteln; als Baustadtrat blieb er bis 1989 im Amt

AL-Wahlplakat, 1985

sanierung Anfang der 1980er-Jahre war er in seinem Drogerieladen in der Dresdener Straße eine im Stadtteil bekannte Kontaktperson für die Protestierenden und auch ihr Sprecher bei verschiedenen Anlässen. Er lässt sich als Beispiel anführen für den Wechsel bestimmter Personen vom Widerstand gegen die Institutionen zur Übernahme institutioneller Verantwortung, wodurch in Kreuzberg die Institutionen selbst in ihrer Orientierung geprägt wurden. Zuvor war Orlowsky im Mieterladen Dresdener Straße zum Sprecher der Gewerbetreibenden in Stadtteil SO 36 gegen die Sanierungspläne gewählt worden. Auch Volker Härtig engagierte sich später als Mitglied des Kreuzberger Bezirksparlaments (BVV) und verschiedener Ausschüsse bis in die jüngste Gegenwart hinein auf institutioneller Ebene insbesondere im wohnungspolitischen Bereich.

Hochkonjunktur der Hausbesetzungen in den ersten Monaten des Jahres 1981

Die rapide Zunahme der Hausbesetzungen in den ersten Monaten des Jahres 1981 mit bereits 100 besetzten Häusern Ende Februar – nachdem es am 12. Dezember, dem Tag der geschilderten Zäsur, lediglich 18 gewesen waren – lässt sich nicht nur als Aufschwung einer Bewegung aus sich selbst heraus erklären, sondern ist auch im Zusammenhang mit Erschütterungen auf der West-Berliner Regierungsebene zu sehen. Der SPD/FDP-Senat unter dem Vorsitz des Regierenden Bürgermeisters Dietrich Stobbe (SPD) löste sich am 15. Januar 1981 auf, bedingt durch die Garski-Korruptionsaffäre, und wurde am 18. Januar unter dem Regierenden Bürgermeister und SPD-Mitglied Hans-Jochen Vogel, dem vorherigen Bundesjustizminister, neu gebildet. Es war politisch schwieriger für die Regierenden geworden, die Proteste gegen eine stark von Profitstreben gelenkte Leerstandsstrategie zu diffamieren, nachdem der Senat selbst zum Rücktritt veranlasst worden war aufgrund der Verschleuderung von öffentlichen Geldern zugunsten von Profitgier, in diesem Falle durch das Platzen einer Kreditbürgschaft in dreistelliger Millionenhöhe. Sie war dem betrügerischen Bauunternehmer Dietrich Garski gewährt worden, dem jetzt, wie unter anderen der *Spiegel* der Öffentlichkeit mitteilte, „ein Dutzend Staatsanwälte und 17 Kriminalbeamte" die Geschäftsräume durchsuchten, während er selbst untergetaucht war.[22] „In den ersten Monaten des Jahres 1981, als Ämterhäufung, Machtmißbrauch und Filz in der Berliner SPD den Senat ins Wanken brachten", heißt es in einer Publikation der Internationalen Bauausstellung (IBA) zu einem Kreuzberger Projekt, hatte auch der umgebildete Senat „[…] nicht die Ruhe, um für stabile politische Verhältnisse zu sorgen. Bis zu den Neuwahlen im Mai des Jahres war ein Machtvakuum spürbar."[23] Während dieser Zeit bestanden Unklarheiten über die Vorgehensweise, die Polizei sah sich mit widersprüchlichen Anweisungen konfrontiert, und neue Besetzungen konnten zum Teil recht unbehelligt erfolgen.

Zusätzlich lässt sich für die Haubesetzungswelle von 1981 ein nicht exakt fassbarer, aber aufgrund von allgemeiner wahrnehmbaren Tendenzen doch naheliegender genereller Einflussfaktor anführen, der sich aus dem politisch explosiven Klima in diesen Monaten auch über Berlin hinausgehend ergibt. Es sei etwa daran erinnert, dass im vorangehenden Kapitel über die Alternativbewegung in Kreuzberg eine *Kursbuch*-Ausgabe erwähnt wurde, die das Thema „Revolte 81" zum Schwerpunkt hatte. Gemeint waren damit rebellische Aktionen sowohl im Rahmen der Berliner Hausbesetzerszene als auch in Jugendeinrichtungen in Zürich und an anderen Orten. Die Schlagzeilen in der Presse wiesen in dieser Zeit darüber hinaus auf militante Ausbrüche des Protestes auch in anderen westlichen Ländern hin. Im Süden Londons kam es im April 1981 zu einem Aufbegehren schwarzer Jugendlicher gegen rassistische Diskriminierungen unter dem Thatcher-Regime mit mehrtägigen Straßenkämpfen, den Brixton Riots. Absolut unnachgiebig blieb die Iron Lady Margaret Thatcher in der gleichen Zeit gegenüber den Forderungen der in Hungerstreik getretenen IRA-Gefangenen im nordirischen Gefängnis Long Kesh. Der berühmteste Insasse unter ihnen, der ins Unterhaus gewählte Bobby Sands, starb am 5. Mai 1981 nach 66 Tagen im Hungerstreik. Ende März 1981 hatte Ronald Reagan sein Amt als neuer Präsident der Vereinigten Staaten angetreten. Abgesehen von seinem unsozialen neoliberalen Wirtschaftsprogramm, das dann als Reaganomics bezeichnet wurde, gehörte er zu den Propagandisten einer massiven Aufrüstung mit atomaren Raketen, wodurch die Friedensbewegung insbesondere in der Bundesrepublik weitere Anstöße erhielt. Seit dem sogenannten Krefelder Appell vom Herbst 1980 gegen die atomare Nachrüstung wurden Hunderttausende von Unterschriften gesammelt, und im Oktober 1981 gingen 300 000 Menschen, die aus allen Teilen der

Adalbertstraße 6, 1984

Republik angereist waren, in Bonn gegen die Rüstungspläne der NATO-Staaten auf die Straße.

So unterschiedlich die hier angeführten Aktionsbereiche auch sein mochten, so verdichteten sie sich in systemkritischen und gegen das Establishment gerichteten Kreisen bis hin zu denen der jugendlichen Punks doch zu einer Atmosphäre, die zumindest für eine begrenzte Zeit in der gerade erst richtig beginnenden neoliberal-konservativen Epoche zum neuen Aufflammen einer Widerstandskultur beitrug. Sie erfasste in dieser allgemeinen Dimension besonders solche Gruppen unter den Hausbesetzern, denen es stärker um autonome Lebensformen und Abwehr staatlicher Zwänge als um

die konkrete Reaktion auf Stadtsanierungspläne ging. Der neue Senat unter Hans-Jochen Vogel bemühte sich sehr bald um Ansätze zu einer politischen Lösung von Konflikten, die sich aus den Hausbesetzungen ergeben hatten. Ende Januar 1981 erfolgte auf Senatsebene speziell zu dem Zweck die Bildung eines Gremiums mit dem langen, offenbar Selbstkritik einschließenden Namen: Kommission zur Überwindung der Fehlentwicklung in der Sanierungs- und Modernisierungspolitik und zur Sicherung des Gemeinschaftsfriedens.

Der Tenor in Erklärungen der Verwaltung zur Hausbesetzerbewegung war eine Zeitlang betont kompromissbereit und signalisierte Verhandlungsbereitschaft.

Besetzerdemonstration in der Adalbertstraße; im Hintergrund die Berliner Mauer, 1981

Wenngleich schnell klar war, dass bestehende Eigentumsverhältnisse und Gesetze dem Entgegenkommen Grenzen setzten, so bestand zumindest im Vergleich mit anderen Regierungsperioden in den ersten Wochen nach der Senatsumbildung eine Bereitschaft zum Verhandeln und zu einer temporären Absicherung von Räumen, die von Hausbesetzergruppen bewohnt wurden. Der Regierende Bürgermeister Hans-Jochen Vogel hatte in seiner Regierungserklärung ausdrücklich gesagt: „Wer aber glaubt, das Problem sei mit dem Ruf nach Polizei, Gericht und Paragraphen oder mit der Forderung nach härteren Strafen zu lösen, der irrt."[24] Der neue Kurs wurde der Öffentlichkeit als Berliner Linie präsentiert.[25] Mit dem Begriff sollte nicht zuletzt angedeutet werden, dass anders vorgegangen werde als in manchen Unruhe-

orten zu jener Zeit, etwa in Nürnberg, wo die bayerische Polizei in einer Sofortreaktion Massenverhaftungen von Jugendlichen vorgenommen hatte.

Wenn diese Monate nach der Senatsumbildung insbesondere in Kreuzberg äußerst unruhig blieben und eine Entschärfung der Konflikte im Zusammenhang mit Hausbesetzungen nicht wirklich erreicht wurde, dann hatte das zwei wesentliche Gründe. Zum einen machten die Besetzungsgremien ernsthafte Verhandlungen von einer vorangehenden Amnestie Inhaftierter abhängig und blieben generell misstrauisch gegen Angebote vom Senat, die ein Vereinnahmen und Auseinanderdividieren bedeuten konnten, zum anderen, und dies wurde in retrospektiven Beurteilungen als schwerwiegender angesehen, verhinderten die Institutionen der Justiz sehr

Demonstrationszug
vor einem besetzten
Haus in der Luckauer
Straße, März 1981

rigoros alle Ansätze zum Einlenken. Staatsanwaltschaft und Richter tendierten zu einer größtmöglichen Härte in der Anwendung von Paragrafen sowie einer offenkundigen Parteilichkeit in der Auswertung von Indizien. Der Juraprofessor Uwe Wesel, dem als Experten sicherlich einige Glaubwürdigkeit in der Einschätzung der Anklagen und Urteilsfindungen zuzubilligen ist, schrieb dazu in einem Artikel im *Kursbuch*, der zuvor in Auszügen bereits im *Spiegel* abgedruckt worden war, über die Probleme des Senats während der kurzen Regierungszeit von Hans-Jochen Vogel sowie über die Rolle der Justiz: „Die Probleme, mit denen er sich herumschlagen mußte, waren zu groß, die Zeit zu kurz. Das schwierigste Problem war die Justiz. Sie goß ständig Öl ins Feuer, mit Haftbeschlüssen, Abschreckungsurteilen und Durchsuchungsbefehlen, und machte damit die Einhaltung der Berliner Linie immer schwieriger."[26]

In den ersten Urteilssprüchen nach der Straßenschlacht vom 12. Dezember 1980 war das Strafmaß jeweils besonders hoch, später fielen die Urteile etwas milder aus. Professor Wesel kommentiert das in seinem Artikel wie folgt: „Pech hatten diejenigen, die als erste an der Reihe waren. Sie wurden nicht nur alle verurteilt, sondern einige von ihnen auch mit skandalös hohen Strafen. Der erste erhielt für zwei Steinwürfe eine Freiheitsstrafe von vierzehn Monaten, der zweite für einen Steinwurf achtzehn Monate, jeweils ohne Bewährung, obwohl sie nicht vorbestraft waren. Beide Urteile sind inzwischen in der Berufungsinstanz bestätigt worden."[27]

Nach solchen Urteilssprüchen gab es in Kreuzberg zumeist krawallartige Reaktion aus der Szene heraus, ebenso nach plötzlichen willkürlich erscheinenden Durchsuchungen besetzter Häuser. Auch davon erhalten wir in dem Artikel einen Eindruck: „Straßen mit Hausnummern in Kreuzberg wurden inzwischen in Berlin wie Weinmarken mit Jahrgang behandelt. Fraenkelufer 48 war eine bekannte Marke. Dort lokalisierte man einen harten Kern des militanten Teils der Hausbesetzer. Dort sollten Straftaten begangen worden sein, die über den

Hausfriedensbruch hinausgingen. Bei der Durchsuchung und Räumung waren 800 Polizisten im Einsatz, Dienstag früh, 24. März. Sechsundzwanzig Personen wurden festgenommen. Haftbefehle ergingen. Zwei Tage lang gab es wieder Krawalle in Kreuzberg. So ging es im April und Mai weiter."[28] Wesel hält sich nicht zurück mit seiner Mutmaßung über die parteipolitische Orientierung der Entscheidungsinstanzen der Justiz, wenn er den zuständigen Staatsanwalt in dem Artikel wie folgt charakterisiert: „Eine große Rolle spielt in diesem Zusammenhang die Staatsanwaltschaft. Es war die große Stunde der Abteilung P., die die politischen Straftaten verfolgt. In ihr führt ein Staatsanwalt das Wort, der sehr deutlich mit unbarmherziger Härte gegen die Hausbesetzer vorging. Jung, dynamisch, progressiv. Man tut ihm wohl nicht Unrecht, wenn man annimmt, daß ihm die Politik der CDU sehr viel näher liegt als die der SPD, eine Stimmung, die in der Abteilung insgesamt vorzuherrschen scheint."[29]

Es kam zu einer ungewöhnlichen, öffentlich ausgetragenen Konfliktsituation, in der die Justiz im Bündnis mit CDU und Springer-Presse auf der einen Seite stand, während sich der Senat sowie der Polizeipräsident konträr dazu auf einer Seite positionierten, die den Hausbesetzern in gewissen Grenzen entgegenkam. So versuchte Polizeipräsident Klaus Hübner im Februar eine Durchsuchung des besetzten Hauses Luckauer Straße 3 hinauszuschieben, die ihm von der Staatsanwaltschaft aus strafrechtlichen Gründen auferlegt war, da er schwere Krawalle als Reaktion befürchtete. Anfang April kam es ein weiteres Mal zu einem Zwiespalt in der gleichen Konstellation, weil ein staatsanwaltschaftlicher Durchsuchungsbeschluss von der Polizei nicht sofort durchgeführt worden war. Die Staatsanwaltschaft leitete sogar ein Ermittlungsverfahren gegen den Innensenator und den Polizeipräsidenten ein wegen des „Verdachts der Strafvereitelung im Amt".[30]

Bei den Durchsuchungen, die in jener Woche (am 6. und 7. April) stattfanden, wurde in der Luckauer Straße

Festgenommener bei der Demonstration in der Luckauer Straße, März 1981

der Besetzerrat, der gerade zusammengekommen war, festgenommen und erkennungsdienstlich behandelt. Er erklärte daraufhin, dass unter solchen Bedingungen keine Verhandlungen mit dem Senat geführt werden könnten. Es folgten wieder entsprechende Vergeltungsaktionen, und die Zeit bis zum 10. Mai blieb insgesamt eine besonders unruhige, was vermutlich nicht ohne Einfluss auf die Wahl blieb.

Dennoch gab es in dieser Phase vor den Neuwahlen im Mai, die inzwischen den Wechsel zu einer CDU-geführten Stadtregierung mit großer Wahrscheinlichkeit erwarten ließen, in den stärker pragmatischen Strömungen der Besetzerschaft Diskussionen über vertragliche Regelungen. Es wurden jetzt unter dem Schlagwort „Legalisierung" ernsthaft Vereinbarungen über einen weiteren Aufenthalt in den Häusern auch bei einem zeitweiligen Verzicht auf die Primärforderung der Generalamnestie für alle Inhaftierten ins Auge gefasst. Der spätere Baustadtrat Werner Orlowsky legte als Vertreter der Bürgerinitiative SO 36 Ende März ein als Käseglockenmodell bezeichnetes Konzept vor, nach dem alle instandbesetzten Häuser ohne Einschränkung ihrer Autonomie von einer Treuhandgesellschaft übernommen werden sollten. Ein anderes Modell, demzufolge für einen größeren Teil der betreffenden Häuser eine zu gründende Stiftung verantwortlich sein sollte, wurde vom Netzwerk Selbsthilfe vorgelegt. Der Senat signalisierte eine allenfalls sehr eingeschränkte Unterstützung solcher Modelle, aber für eine gründliche Beschäftigung damit blieb während des Wahlkampfes keine Zeit mehr.

Die Zahl der Hausbesetzungen nahm im April 1981 noch einmal stark zu, nachdem es im März eine Stagnation gegeben hatte. Es wurde befürchtet, dass Neubesetzungen nach einem Senatswechsel, entsprechend den Wahlkampfankündigungen der CDU, konsequent verhindert würden. Unmittelbar nach der Wahl wurden vom Senat 162 besetzte Häuser in West-Berlin gemeldet. Etwas über die Hälfte davon befanden sich in Kreuzberg, weitere in Schöneberg und Charlottenburg.

Gründung neuer Kulturzentren, Freie Republik Kreuzberg und TUWAT-Kongress

Die Monate vom Ausgang des Winters bis in den Mai 1981 hinein, die im vorangehenden Kapitel im Mittelpunkt standen, bedeuteten für die Hausbesetzerszene keineswegs nur Konflikte mit dem Senat, Zusammenstöße mit der Polizei und wütende Reaktionen mit Sachbeschädigungen, wie sie vor allem von außen wahrgenommen wurden, sondern auch Diskussionen in den besetzten Häusern, neue Gruppenfindungen, Musik und Theater, kreative Ausgestaltungen von Räumen und Gebäudekomplexen, Einigung über basisdemokratische Organisationsformen im Rahmen einer Selbstverwaltung, Herstellung eines internen Versorgungsapparates und einer allgemeineren Infrastruktur, eine Entfaltung von Zukunftsvisionen. Die unerwartet starke Zunahme der Besetzungen seit Ende Januar 1981 hatte eine Atmosphäre des Optimismus und der Stärke entstehen lassen, die realitätsbedingte Probleme und zu erwartende Desillusionen erst einmal zurücktreten ließen. Renate Mulhak, deren zeitnaher Artikel über die in Kreuzberg von ihr unmittelbar wahrgenommene Bewegung bereits mehrmals herangezogen wurde, schreibt rückblickend über die Besetzerphase im Frühjahr 1981: „Es war eine Situation entstanden, mit der niemand noch vor drei Monaten gerechnet hatte. Auf diesem Höhepunkt des Stärke- und Autonomiegefühls erwuchsen vor dem Hintergrund nicht endender Besetzungen Träume von einer ‚Freien Republik Kreuzberg‘, einem Freiraum, in dem selbstbestimmtes Leben ohne staatliche Reglements möglich würde.[31]

Über das, was in einzelnen besetzten Wohnhäusern geschah, kann hier auf begrenztem Raum kein Bericht mit repräsentativem Anspruch geboten werden, da die Szene der Beteiligten sehr heterogen war. Studenten gehörten dazu wie auch jugendliche Obdachlose, sogenannte Trebegänger, Berufstätige wie Arbeitslose,

Aktivgruppen mit nachbarschaftlichem Engagement aus dem Stadtteil wie auch nicht wenige aus dem Bundesgebiet eigens Angereiste, nachdem eine sensationelle Medienberichterstattung sie neugierig gemacht hatte. Gewisse gemeinsame Prinzipien entwickelten sich in vielen besetzten Häusern dennoch sehr bald, so in der Regel die Vermeidung von Hierarchien bei der Organisation sowie der gemeinschaftliche Anteil an Lebenswichtigem für Alle und die gemeinsame Erledigung von anfallender Arbeit. Es bestand darüber hinaus ein Bewusstsein der zumindest lockeren Zusammengehörigkeit der gesamten gegenwärtigen Besetzerschaft in der Stadt, was durch ein Vertretergremium bekräftigt wurde, den Berliner Besetzrat. Als er im März zu groß geworden war für intensivere Beratungen in Einzelfällen, kam es daneben zur Einrichtung regionaler Räte in den Bezirken.

Über die Wohnhausbesetzung hinaus entstanden einige größere Zentren, für die sich in Kreuzberg leer stehende Fabrikanlagen besonders eigneten. Sie sollen im Folgenden im Mittelpunkt stehen, da sie, wie im Falle des KuKuCK, von Bedeutung für die gesamte Besetzerszene waren ungeachtet ihrer Heterogenität oder die der Widerstandskultur (mit Ausnahme des nicht fortsetzbaren KuKuCK) ein Element der Langfristigkeit hinzufügten. Auch bestimmte Lokale galten als Besetzertreffpunkte wie das Besetzereck in der Oranienstraße und das Action in der Eisenbahnstraße 12. Eine besonders bekannte Besetzerbastion war auch der Turm am Leuschnerdamm. Kreuzberg blieb das Zentrum solcher Versammlungsorte, aber sie entstanden auch in anderen Bezirken wie das Besetzercafé K.O.B. in der Potsdamer Straße 157 und die bis heute als Kulturzentrum existierende Fabrik Osloer Straße mit dem Eingang Prinzenallee 24 im Bezirk Wedding.

KuKuCK – das Kunst- und Kultur-Centrum Kreuzberg

Das KuKuCK in der Anhalter Straße 7, 1984

Das leer stehende sechsstöckige Gebäude in der Anhalter Straße 7, das sich zum Ort vielfältiger kultureller
Aktivitäten der Besetzerszene wie auch größerer Versammlungen entwickelte, wurde am 23. Januar 1981 besetzt. Werner Orlowsky schilderte die Ereignisse in einer
Publikation von 1984 rückblickend aus der Perspektive
seiner Position als Baustadtrat von Kreuzberg, in der er
sich mit Anderen darum bemühte, das KuKuCK-Pro-

jekt durch eine Bereitstellung von Finanzen über einen
Stiftungs- oder Kulturfondsweg auf irgendeine Art noch
zu retten. Als er an dem Abend im Januar 1981 beim
Betreten des Mieterladens in der Dresdener Straße über
die Besetzung informiert wurde, war er noch Sprecher
der Betroffenengruppe des Sanierungsgebietes Kreuz-
berg-Kottbusser Tor gewesen. Er erinnerte sich an die
Situation wie folgt: „Gibt's was Neues? Das Übliche,

Routine: Hausbesetzungen (ansteigende Tendenz) eingeschlossen. Na ja. Plötzlich die Nachricht: Das ,riesige' Haus in der Anhalter Str. 7, zwischen Excelsior-Hochhaus und Hotel Stuttgarter Hof ist soeben besetzt worden. Schon lange, zu lange, stand es leer, kaum genutzt. Besetzt nicht als Wohnhaus (es ,beherbergte' vorwiegend Gewerbe), sondern um etwas anderes dort zu machen: KULTUR. Ich fahre hin. Auf dem Platz und an der Straße davor stehen Menschen, junge zumeist, bunt gewürfelt. Die Szene? Nicht nur. Noch kein Gewimmel draußen. Aber im Haus: Dutzende, bald Hunderte junge Leute schieben sich treppauf, treppab, durch die Räume. Lachen, Freude. Hallo: viele bekannte Gesichter. Nur ganz unterschwellig hier und da noch die bange Frage: ,Werden die Bullen kommen?' Sie kommen nicht. Spontan entwickelt sich ein Fest. Musik, Gesang, Tanzen (vereinzelt), Gespräche, Diskussionen, obgleich man/frau sein eigenes Wort kaum noch verstehen kann. Endlich hatte ,die Bewegung' die Chance, sich ein eigenes Zentrum zu schaffen, nicht als künftiges ,Hauptquartier' der Hausbesetzer, Chaoten, Terroristen, die ,Befehlszentrale' war das Haus, ,enteignet' worden, vielmehr nur ,angeeignet' als ein Gebäude für die ,selbstbestimmte, selbstverwirklichte Kultur', die in der Szene längst entstanden war."[32]

Das Gebäude mit seinen vielen Räumen wurde insbesondere ein Anziehungspunkt für freie Theatergruppen, und es wurden auch eigene Theaterexperimente entwickelt. Im Keller gab es mehrere Räume für Musikgruppen, die teils im Haus selbst entstanden und teils von außerhalb kamen.[31] In bestimmten Räumen fanden Lesungen statt, in anderen wiederum waren Ausstellungen zu sehen. Es ging dabei allgemein, so hieß es in einem ausformulierten Konzept, um einen „Kulturaustausch im Sinne der Begegnung, des Aufbruchs herkömmlicher Kulturbegriffe mit dem Ziel der Auflösung des Warencharakters in der heutigen Kultur."[34]

Von einer solchen gesellschafts- und kulturpolitischen Perspektive mit der Tendenz hin zur Überwindung

Fest vor dem KuKuCK am 31. Mai 1984

dominierender Konkurrenzstrukturen waren auch die Ansätze zur Gestaltung eines neuen Gruppenzusammenhangs bestimmt. In dem Konzept des KuKuCK heißt es dazu: „Im Bewußtsein, daß die Gesellschaft die Vereinzelung und das Konkurrenzdenken fördert und die Entfaltung der individuellen und kollektiven Kräfte massiv behindert, experimentieren wir mit neuen Formen des Zusammenlebens, in denen ein solidarisches Miteinander möglich wird. Unser Zusammenleben ist im wesentlichen an der Schaffung und Aufrechterhaltung einer stabilen Großgruppe orientiert. Für alle im Zusammenhang mit dem KuKuCK stehenden Fragen und Probleme werden kollektive Lösungen gesucht." Zur Verfahrensweise des Plenums als der verbindlichen Entscheidungsinstanz wird angemerkt: „Die bisher geübte Praxis der Erstellung eines Meinungsbildes im Plenum (ohne zahlenmäßiges Abstimmen) halten wir für ein wesentliches basisdemokratisches Element, womit wir auch langwierige Diskussionen zur Herstellung eines Konsenses in Kauf nehmen."[35] Als Versammlungsort diente die Einrichtung nicht nur dem darin wohnenden und arbeitenden großen Kollektiv, sondern auch den verschiedenen Besetzergremien in der Stadt. Nach außen hin präsentierte sich das KuKuCK künstlerisch beeindruckend durch zwei großflächige Fassadenmalereien, die im Sommer 1981 entstanden waren. Sie waren durch ihre vielfache Abbildung in den Medien auch über Berlin hinaus zu einem bekannten Kreuzberger Wahrzeichen

geworden, wurden nach der Vertreibung des Kollektivs dann aber rücksichtslos übertüncht.

Für den Erhalt hatte sich in der Phase des Niedergangs der Bewegung auf der öffentlichen institutionellen Ebene insbesondere das Bezirksamt Kreuzberg eingesetzt und im September 1983 einen entsprechenden Beschluss gefasst. Im Januar 1984 war für die Instandhaltung und notwendige Modernisierung ein Bebauungsplan von der Bezirksverwaltung vorgestellt worden, den der Senat jedoch ablehnte. Nachdem das Gebäude den Besetzern überraschend für 1,8 Millionen DM zum Kauf angeboten worden war und verschiedene unterstützende Einrichtungen einschließlich der IBA und des Berliner Kulturrats sich im Lauf des Jahres 1984 an der Suche nach einer Finanzierungsmöglichkeit beteiligten, wartete der Eigentümer nicht mehr länger und verkaufte es an eine bekannte Immobilienfirma. Die in der gegenwärtigen Gesellschaft dominierenden Besitzverhältnisse, die das KuKuCK durch die Errichtung einer autonomen Sphäre zu unterminieren versucht hatte, setzten sich damit wieder durch. Nach der Räumung am 25. Juli 1984 kam es zu einer insbesondere von der Alternativen Liste organisierten Protestdemonstration zum Springer-Verlag. Er wurde ausgewählt als von der Entfernung her günstiges, da sehr nahe gelegenes Ziel und zugleich als herausragender Agent der aufhetzenden Meinungsmache gegen die Besetzerbewegung, die zu dem Zeitpunkt ihre Niederlage nicht mehr aufhalten konnte.

Die Regenbogenfabrik

Mitte März 1981 wurden mehrere Gebäudeteile einer Fabrikanlage in der Lausitzer Straße/Ecke Reichenberger Straße besetzt. Anders als im Falle des KuKuCK ging es in der Folgezeit hier weniger um die Entwicklung einer Widerstandskultur der autonomen Bewegung denn um ein primär stadtteilverbundenes Projekt als Reaktion auf

die Abriss- und Neubauausrichtung des offiziellen Sanierungsplans ähnlich wie schon bei den ersten Kreuzberger Instandbesetzungen. Die Gruppe der Besetzenden waren Jugendliche, alleinstehende Mütter und Berufstätige aus dem Wohnumfeld, die eng mit den bereits genannten Betroffenenorganisationen im Stadtteil SO 36 verbunden waren. Zudem bestand ein Kontakt zu der inzwischen hier tätig gewordenen Gesellschaft der IBA, der Internationalen Bauausstellung.

Die Gebäude der Hinterhoffabrik standen bereits eine Weile leer, nachdem eine seit den 1920er-Jahren dort ansässige Firma nach Tempelhof umgezogen war. Eine Abschreibungsgesellschaft war jetzt Eigentümerin und erhoffte sich von den Modernisierungen, wie sie im Rahmen der Senatspläne vorgesehen waren, hohe Gewinne. Ein Teil des Fabrikkomplexes sollte abgerissen werden und einem Neubau weichen, in anderen Teilen sollten nach den Umwandlungen Wohnungen mit zu erwartenden hohen Mietpreisen entstehen. Im ZIP-Ausschuss im Rahmen der *Strategien für Kreuzberg* hatte der Komplex in den Diskussionen eine große Rolle gespielt. Auch Vertreter der Eigentümergesellschaft hatten sich an den Gesprächen beteiligt. Der Verein SO 36 hatte in diesem Falle zunächst den Senatsplänen zugeneigt, da Wohnraum dadurch geschaffen wurde, er ließ sich dann aber im Lauf der Diskussionen von der anderen Art der Stadterneuerung, wie sie der IBA vorschwebte, überzeugen. Der Ausschuss gab vor seinem eigenen Votum zunächst eine Befragung der Bewohnerschaft in Auftrag, in der es um Ermittlungen zu deren sozialer Situation in dem Block und zu den Wünschen hinsichtlich des künftigen Wohnens ging. Aber vor dem Abschluss der Untersuchung schufen der Senat und auch die Kreuzberger Bezirksverwaltung – vermeintlich – vollendete Tatsachen, in dem sie Empfehlungen zugunsten der Abriss- und Neubauplanung lieferten. Damit waren Auseinandersetzungen vorprogrammiert.

Aus der Besetzung ging im Sommer 1981 die Gründung des Vereins Regenbogen e. V. hervor. Der Name ergab sich aus der Vorstellung einer vielfältigen bunten Zusammensetzung der Nutzergruppen. Die Zielvorstellung für das Projekt war die Einrichtung eines Kinder-, Kultur- und Nachbarschaftszentrums. Zu dem von Anfang an stark gewichteten Kinderbereich gehörte die Planung von Kinderbetreuungsstätten wie auch Unterrichtsangeboten, so etwa Musikunterricht für Kinder und das Projekt Spielaktiv, womit das spielerische Erlernen von gemeinschaftlichem Verhalten im Zusammenkommen unterschiedlicher Nationalitäten gemeint war. Besonders intensive Diskussionen und Instandsetzungstätigkeiten, dann auch Unterbrechungen und Gefährdungen, ergaben sich bei dem Aufbau des deutsch-türkischen Selbsthilfeprojekts Lausehaus im Vorderhaus in der Lausitzer Straße 22. In den Räumen für den kulturellen Bereich fanden sich Musik- und Theatergruppen ein, in einem Kino wurden deutsche und türkische Filme gezeigt und besondere Beachtung fand die Blasmusikgruppe IG Blech mit ihrer originellen, teils szenischen Musik zur Belebung öffentlicher Räume wie Straßen und Plätze. Der Nachbarschaftspflege dienten Gemeinschaftsräume und ein Café, und es gab auch eine handwerkliche Abteilung mit einer Werkstatt für Holzarbeiten und einer Fahrradwerkstatt.

Die Entwicklung lief in den Anfängen keineswegs konfliktlos. Nachdem es durch die Vermittlung des Bezirksamtes zu einer Übereinkunft mit dem Eigentümer und dem Angebot eines Ersatzgrundstücks gekommen war, erhob dieser im August 1982 überraschend eine Klage gegen den Senat, um Baugenehmigungen für den Neubauplan zu erzwingen. Es war plötzlich zu befürchten, dass es zur Räumung und zur Beseitigung der verschiedenen begonnenen Projekte kam. Durch zähe Verhandlungen und Übereinkünfte unter besonderem Einsatz des seit kurzer Zeit amtierenden Baustadtrates Orlowsky konnten langfristige Lösungen gefunden werden.

Die Schokofabrik

Im April 1981 besetzten Frauen, die schon länger nach Räumen für den Aufbau eines Frauenzentrums gesucht hatten, eine leer stehende ehemalige Schokoladenfabrik in der Mariannenstraße 6 sowie das angrenzende Hinterhofgebäude mit der Adresse Naunynstraße 72. Die aus der zweiten Hälfte des 19. Jahrhunderts stammenden Gewerbegebäude waren im Besitz der Gemeinnützigen Siedlungs- und Wohnungsbaugesellschaft Berlin mbH (GSW) und sollten nach einem 1977 beschlossenen Stadtplanungskonzept abgerissen werden. Die Besetzerinnen waren engagierte Angehörige der neuen Frauenbewegung, die in den 1970er-Jahren ihre Aufschwungphase gehabt hatte. Vorangegangen war in West-Berlin als erster organisatorischer Schritt dieser Bewegung, die sich als Teil einer internationalen begriff, im Jahr 1968 die Gründung des Aktionsrates zur Befreiung der Frauen. Das erste räumlich noch sehr begrenzte Frauenzentrum wurde in der Hornstraße in Kreuzberg eingerichtet. Später zog es in die Stresemannstraße um. In der frühen Phase des Häuserkampf-Aufschwungs, am 15. Januar 1981, wurde von Frauen das Haus Liegnitzer Straße 15 in Kreuzberg besetzt und dann Hexenhaus genannt. Für die Gründung des neuen Zentrums in der Schokofabrik waren über die neue Frauenbewegung hinaus auch die Verbindungen zur Ökobewegung besonders einflussreich.

Die ersten Monate der Besetzung im Frühjahr 1981 waren vor allem mit Entrümpelungs- und Reparaturarbeiten in dem sechsstöckigen Fabrikgebäude ausgefüllt. Im Herbst gründeten die Frauen den Trägerverein Frauenstadtteilzentrum Kreuzberg – Schokoladenfabrik e. V. Bald darauf wurde im Rahmen dieses Vereins die Ökogruppe Die Wüste lebt ins Leben gerufen.

Es kam nach der Besetzung sehr schnell zu einem Kontakt mit der IBA, deren Direktor sich bei der Eigentümerin für den Verbleib des Projekts einsetzte. Die GSW war als Verhandlungspartner weniger schwierig

Eingang zum Frauenzentrum Schokoladenfabrik, kurz Schokofabrik, 2018

als der private Besitzer im Falle der Regenbogenfabrik. Die Gesellschaft verzichtete auf den Abriss und im Frühjahr 1982 wurde zunächst ein einjähriger, in den folgenden Jahren dann jeweils verlängerter Nutzungsvertrag abgeschlossen. 1987 kam es zu einem längerfristigen Mietvertrag. Für die Herrichtung von Wohnungen und Nutzungsräumen verschiedener Art waren erhebliche Bauarbeiten erforderlich. Die Beantragung öffentlicher Fördermittel wurde nicht als Problem betrachtet, da die

Im Hamam der Schokofabrik, 1989

Anbindung an die Frauenbewegung Schutz gegen Vereinnahmungen bot. Mit der Planung und Beaufsichtigung der Umbauten wurden vier Architektinnen beauftragt. Die erforderlichen Gelder erhielt das Zentrum aus dem Modellmittelprogramm des Bundes und des Landes Berlin. Im ehemaligen Verwaltungsgebäude entstanden außer einem Büro mehrere Wohnungen für Frauen und Kinder sowie Räume für die Kinderbetreuung, im Dachgeschoss wurde ein Gewächshaus eingerichtet. Den

Hauptteil des Zentrums bildete das ehemalige Fabrikgebäude mit zahlreichen Gruppenräumen, Werkstätten, einer Sportetage, Ausstellungsräumen in der Kunstetage und einem Café als Treffpunkt. 1988 kam das Hamam hinzu, ein türkisches Gemeinschaftsbad für Frauen mit einer alten Tradition im Orient. Im Jahr 2004 wurde das Zentrum nach Gründung einer Genossenschaft, in der zahlreiche Frauen eine finanzielle Einlage haben, von der GSW erworben.

Die behutsame Stadterneuerung der Internationalen Bauausstellung (IBA) und die Kreuzberger Hausbesetzungen zu gleicher Zeit

Zu der Verhinderung der vom Senat ursprünglich vorgesehenen Kahlschlagsanierung und Neubebauung in Kreuzberg haben sowohl die Hausbesetzungen als auch die Tätigkeit der Internationalen Bauausstellung (IBA) entscheidend beigetragen. Es ist später unterschiedlich beurteilt worden und soll hier offenbleiben, welcher Anteil der wichtigere gewesen ist, aber es ist schwer vorstellbar, dass nur eine dieser beiden Triebkräfte die neue stadtteilerhaltende Entwicklung ermöglicht hätte.

Die IBA war eine Gründung des noch SPD-geführten Senats mit dem zum linken SPD-Flügel gehörenden Bausenator Harry Ristock. Sie reagierte mit ihrem Altbauteil, der neben dem Bereich der neuen Architektur vorgesehen war, auf die Betroffenenproteste und -aktionen im Kreuzberger Stadtteil SO 36. Dort sollte das Programm unter dem Motto „Behutsame Stadterneuerung" mit einem Ausstellungsziel im Jahr 1984 als sogenannte IBA-Altbau (im Unterschied zum Neubauteil der IBA an anderen Stellen in der Stadt) zur Anwendung kommen. Der Planungsdirektor dieses IBA-Teils, Hardt-Waltherr Hämer, war von 1979 an Architekt und Hochschullehrer an der HdK. Er hatte zuvor im Charlottenburger Sanierungsgebiet um den Klausenerplatz herum mit seinem Architekturbüro die Erneuerungen dirigiert und als Gegner einer Kahlschlagsanierung die Erhaltung von Bausubstanz, die preiswerte Modernisierung von Wohnungen und die Planung gemeinsam mit der Bewohnerschaft zum Leitfaden des Programms gemacht.

Derartige Prinzipien entsprachen grundsätzlich auch den Vorstellungen der Instandbesetzer in Kreuzberg SO 36, aber es kam dennoch immer wieder auch zu erheblichen Differenzen zwischen ihnen und der IBA. Zu dem zwiespältigen Verhältnis zwischen beiden bemerkt Julius Posener, ein zu jener Zeit weithin bekannter Hochschullehrer für Architektur in Berlin und Ehren-

Mietshaus am Fraenkelufer 38, das Hinrich und Inken Baller im Zuge der behutsamen Stadterneuerung für die Internationale Bauausstellung 1987 konzipierten, 2014

vorsitzender des Werkbundarchivs, in seinem Vorwort zu einer Buchveröffentlichung von 1981 (nachdem er zuvor Hämers „neue Stadtchirurgie" am Klausenerplatz anerkennend erwähnt): „Nun, die Instandbesetzer konnten auch mit der IBA nicht ins Reine kommen – und die IBA nicht mit den Hausbesetzern. Eine Organisation wie die IBA muss planen: so schmerzlos wie möglich, kaum merklich, um es einmal so zu sagen; und in ständiger Konsultation mit denen, für die sie planen will; aber letztenendes planen. Die Instandbesetzer wollten sich auf keinen Fall ‚verplanen‘ lassen, sie wollten frei bleiben, ihre eigenen Pläne durchsetzen und diese Pläne in der Aktion selbst reifen lassen.“[36]

Die IBA hatte eben trotz ihrer Versicherungen, auf die im Stadtteil Ansässigen zu hören und sie in den Veränderungsprozess einzubeziehen, doch auch sehr stark eigene Planungsvorstellungen, die von allgemeineren Gesichtspunkten gespeist wurden und nicht auf alle lieb gewordenen nachbarschaftlichen Gewohnheiten im Hof und ums Haus herum und schon gar nicht auf alle Visionen der Besetzergruppen von einer neuen Art des Zusammenlebens eingehen konnten. Die Kommunikation der IBA mit der Anwohnerschaft war zudem im östlichen Kreuzberg aufgrund des hohen Anteils von Ausländern sowie von alten und verarmten Menschen, denen Stadtplanungsdebatten relativ fern lagen, wesentlich schwieriger als es die Diskussionen im Charlottenburger Sanierungsgebiet mit einer im Durchschnitt jüngeren und eher mittelständischen Bevölkerung gewesen waren. Kreuzberg erwies sich wieder einmal als besonders sperrig. In der oben erwähnten Publikation von 1981 schreibt der Verfasser Bernd Laurisch, der bereits an den frühen Kreuzberger Instandbesetzungen aktiv beteiligt war, dann auch zum IBA-Problem: „In diesem Kreuzberger Bereich steht die IBA immer zwischen zwei Lagern: Senat und Eigentümer auf der einen und die Betroffenen und Mieter auf der anderen. […] Der positive Einfluß der IBA beschränkt sich aber auf diesen planerischen Teil der Stadterneuerung, denn sie ist kein Bauträger. Das sind die Wohnungsbaugesellschaften, die dazu ‚überredet‘ werden müssen, diese Planung auch in ihren Häusern durchzuführen.“[37]

Solche Versuche der Überredung sowie auch Vermittlung über die Bezirksverwaltung mit zum Teil unterbrechenden Gerichtsverfahren zogen sich oft so lange hin, dass bestimmte von der IBA zum Erhalt vorgesehene leer stehende Häuser immer mehr verfallen wären, was dann für die Baugesellschaften oder die privaten Eigentümer zur gewünschten Abrissgenehmigung geführt hätte, wenn Instandbesetzergruppen den Verfall nicht vorher gestoppt hätten.

Der Begriff der Sachzwänge war in solchen Zusammenhängen ein häufig benutzter, von den Mieterinitiativen heftig kritisierter Begriff. Laurisch schreibt in seiner hier mehrfach erwähnten Publikation zu einem Zeitpunkt, als die Hausbesetzerbewegung noch ihre Hochphase erlebte und mit dem Hinweis auf die Straße, in der er selbst als Besetzer aktiv war: „Wie gerade das Beispiel der Cuvrystraße zeigt, kann die IBA als Planungsbüro politische Entscheidungen beeinflussen und sogar Häuser vor dem Abriß retten – auf dem Papier. Sie ist überhaupt erst auf den Plan gerufen worden, als die Wohnungen schon instandbesetzt waren und konnte sicherlich das politische Potential mit ausnutzen. Andererseits wäre es falsch, wenn sich die Instandbesetzer auf die IBA verlassen würden. Die praktischen Aktionen vor Ort sind zur Rettung der Häuser unerläßlich und die können offenbar nur die Instandbesetzer leisten.“[38]

Unruhige Sommerwochen, Grunewaldspaziergang

Nach der Neuwahl zum Abgeordnetenhaus am 10. Mai 1981 und der Einsetzung des CDU/FDP-Senats einen Monat später änderte sich für die Besetzerszene die Situation nicht sofort grundlegend. Der neue Senat gab bekannt, dass er an der Berliner Linie des vorherigen von der SPD geführten Senats festhalten wollte, die bedeutet hatte: Keine neuen Besetzungen, Räumung nur bei einem Verwendungsnachweis durch die Eigentümer und Verfolgung von Straftaten im Zusammenhang mit Besetzungen. Es waren zu diesem Zeitpunkt nach Bekanntgabe noch des vorangehenden Senats 165 Häuser besetzt, davon über die Hälfte in Kreuzberg. 43 besetzte Häuser waren geräumt worden, die Gesamtzahl von Besetzungen lag also bei rund 200 Häusern. Im Juni und Juli 1981 kam es häufig zu Konflikten; die Ursachen waren zum Teil neue drastische Gerichtsurteile, auf die Demonstrationen und auch Krawalle folgten.

Weit entfernt von Kreuzberg, aber mit viel Kreuzberger Beteiligung, spielte sich eine besonders aufsehenerregende Aktion ab, eine Demonstration von nahezu 5 000 Leuten durch das gehobene Villenviertel Grunewald unter dem Motto „Demonstranten besuchen Spekulanten." Der Zug führte direkt an 22 Häusern vorbei, deren Eigentümer zuvor identifiziert und als Immobilienspekulanten gebrandmarkt worden waren. Die Plakate enthielten eine Lageskizze, auf denen die entsprechenden Anwesen exakt eingezeichnet waren. Über das öffentliche Echo schon nach der Ankündigung dieser Aktion schrieb Bernd Laurisch als Teilnehmer aus der Kreuzberger Hausbesetzerszene in seiner im gleichen Jahre erschienenen Buchpublikation: „Zur Demonstration hatte die bürgerliche Presse mit ‚mobilisiert', denn schon Tage vorher wurde darüber berichtet. Das sei eine neue Qualität von Demonstration und ‚Individualterror'. […] Diese Demonstration konnte man nicht verbieten, sie hätte doch stattgefunden. Die Presse hatte das Ganze schon zu sehr hochgespielt."[39] Die einzelnen Grundstücke erhielten massiven Polizeischutz. Es gingen Fensterscheiben zu Bruch, im Übrigen kam es aber nicht zu den vorausgesagten Ausschreitungen. Die Aktion rückte besitzbezogene städtische Gebietsaufteilungen recht öffentlichkeitswirksam in den Blick.

Partnerschaften in besetzten Häusern

Eine neue Entwicklung innerhalb der Hausbesetzerbewegung bedeutete das Angebot von Partnerschaften für besetzte Häuser. Als erste Initiative hatte Mitte Juni das Stadtteilzentrum Kreuzberg Patenschaften für zwei besetzte Häuser in der Lausitzer Straße übernommen und sich dann dafür eingesetzt, dass sich Organisationen oder prominente Persönlichkeiten als Partner für besetzte Häuser anbieten. Diesem Appell folgten die Martha-Kirchengemeinde in Kreuzberg, eine größere Anzahl von Professoren, der Studentenausschuss ASTA und andere Einrichtungen wie ÖTV-Betriebsgruppen und der Berliner Mieterverein, Abgeordnete sowie Ortsgruppen der Alternativen Liste und sogar der Kreisverband Schöneberg der SPD. Akademische Vorlesungen wurden in besetzten Häusern abgehalten, und eine sehr spektakuläre pressewirksame Aktion war am 22. Juli 1981 der Einzug von 43 Hochschullehrern, Künstlern, Journalisten, Pfarrern und Prominenten in besetzte Häuser, um weiteren Räumungen und gewaltsamen Konflikten vorzubeugen.

Neue Offensiven: Räumungsankündigungen gefolgt vom TUWAT-Aufruf

Ende Juli 1981 ging der Senat in die Offensive und kündigte an, in naher Zukunft neun Häuser räumen zu lassen, weil alle Voraussetzungen dafür erfüllt seien. Dieser Schritt wurde gegenüber der Öffentlichkeit jedoch nicht explizit als Kampfansage dargestellt, sondern als Kompromiss und Lösungsversuch. So wurde von dem Bausenator Ulrich Rastemborski gleichzeitig angeboten, mit den Besetzern vorher über Ersatzwohnraum zu verhandeln, den Abriss eines bestimmten Hauses nicht zu genehmigen und vorgesehene Luxusmodernisierungen zu verhindern. Während ein großer Teil der Medien einschließlich zum Beispiel der *ZEIT* recht lobend auf diese Vorschläge reagierte, zeigte eine kritische Überprüfung, dass sie sich hinsichtlich einer Kompromissbereitschaft durchweg als recht hohl erwiesen. Die angeführten Ersatzwohnräume befanden sich in bereits besetzten Gebäuden, und bei den zur Räumung vorgesehenen Häusern waren durchaus nicht alle Voraussetzungen erfüllt, zum Teil waren selbst Eigentumsgesellschaften als Besitzer solcher Häuser gegen eine Räumung.

Die Besetzerszene ließ sich nicht beirren und startete eine Art Gegenoffensive, indem sie am 9. August die Durchführung des TUWAT-Spektakels verkündete. Das Motto verwies zurück auf den TUNIX-Kongress im Jahr 1978 in der Technischen Universität, der sich als eine Zusammenkunft der Verweigerer und Aussteiger aus der bestehenden kapitalistischen Gesellschaft verstanden hatte, der „nix" Tuenden unter den herrschenden Zwängen, wenngleich nicht in einem resignativen Verständnis, sondern als Anstoß für Alternativen. Das TUWAT-Motto betonte demgegenüber das sich Einsetzen, das „wat tun" hier und jetzt und den Aufbau neuer betont politischer Widerstandsformen innerhalb der langfristig zu überwindenden Verhältnisse. Dabei war in den Ankündigungen von einer Offensive die Rede.

In der mit aufrufenden Zeitschrift *radikal* heißt es Anfang August 1981 zum Beispiel in einer Erklärung der Initiatoren: „TUWAT ist geplant als eine offensive Aktion. In einer Stadt, in der seit Jahren die Macht und das Geld konzentriert sind, sollen sich für 4 Wochen die Geldlosen zu einem mächtigen Treffen zusammenfinden. Es soll ein Austausch von Ideen werden und eine Erprobung unserer Fähigkeiten. Wir wollen mal wieder sehen, daß wir viele sind im Widerstand zu Herrschaft und Konsum, die ihre fantastischen Tagträume leben und erleben. Ausgangspunkt des TUWAT-Spektakels im jetzigen Stadium ist die vom Senat angekündigte Räumung von 9 besetzten Häusern, die als Angriff auf unseren Zusammenhalt geplant ist, um unseren Widerstand zu zerschlagen. Drehen wir den Spieß um und gehen wir in die Offensive."[40]

Das Echo in den Medien und den Verlautbarungen des Senats auf diese Ankündigungen war beträchtlich und reichte von vehementen Beschimpfungen mit entsprechenden Vokabeln in der vom Springer-Verlag monopolisierten Boulevardpresse bis hin zu düsteren Prophezeiungen eines heißen Herbstes in den eher das Bildungsbürgertum ansprechenden Medien.

In der hier angeführten Ausgabe der *radikal* wurde das Medienecho dementsprechend zusammengefasst und aus TUWAT-Sicht kommentiert: „,Ekel, Abscheu und Chaosfurcht schütteln das offizielle Berlin', so tönt der SFB-Kommentator aus dem Äther, ,Terroristen überfallen unsere Stadt', quillt aus Springers bunt bedrucktem Klopapier und die CDU fühlt sich von der ,Beendigung des demokratischen Lebens' bedroht. Fünf – nicht mal besonders originelle – Buchstaben lassen die Mächtigen dieser Stadt aufheulen, als hätten sie das Damokles-Schwert über ihrem Haupt erst jetzt bemerkt. Das TUWAT-Spektakel verschlägt den Politikern ihre sonst so ausgefeilte Sprache. Lediglich dümmliches Geblubber wie ,faschistoides Gesindel' entweicht noch ihren blutleeren Lippen. Wir werden es nicht leicht haben, die Erwartungen ihrer Pogromstimmung anheizenden

Während des TUWAT-
Spektakels, August 1981

Propagandamaschinen zu erfüllen. Wir sollten vor allem drüber reden, ob wir das wollen."[41] Aus diesem Diskussionsvorschlag ergeben sich im weiteren Verlauf des programmatischen Artikels Appelle zu einem Hinausgehen über die unmittelbar auf Berlin bezogenen Konflikte des Häuserkampfes und zur Einbeziehung von Themen der Anti-Atomkraft-Bewegung, der Friedensbewegung und anderes mehr.

Dabei wird, im Unterschied zu den hochgradig argumentativen theorieorientierten Protestäußerungen der 68er-Bewegung, das kulturelle Element besonders akzentuiert. So heißt es in dem gleichen TUWAT-Manifest: „Neben dem aktiven Widerstand gegen den Staat gilt es ihnen unsere Kultur vorzusetzen, unsere Musik zu spielen, zu der wir tanzen und demonstrieren. Die Zeichen unserer Sprache verändern die Architektur und machen sie zu Anschlagtafeln unserer Gedanken. Wir haben noch Platz zu spielen, und was sie Chaos nennen, ist die Spirale der Sinne, die sich in den Hirnwindungen schlängelt."[42]

Das stadtgeografische Zentrum des TUWAT-Spektakels lag ungeachtet seiner dezentralen Konzeption mit Programmangeboten in verschiedenen Bezirken sehr deutlich in Kreuzberg. Die TUWAT-Zentrale mit einer Anmeldungs- und Vermittlungsstelle befand sich in der Waldemarstraße in SO 36, eröffnet wurde der Kongress im Kreuzberger Nordwesten im Tempodrom, das zu dem Zeitpunkt noch aus einem großen Veranstaltungszelt bestand, und nicht weit davon entfernt war das bereits geschilderte Kunst und Kultur-Centrum Kreuzberg (KuKuCK) der wichtigste Ort für größere Diskussionen und kulturelle Ereignisse während dieser Wochen. Das TUWAT-Programm, das Interessierte sich im Internet anschauen können, hatte einen beeindruckenden Umfang.[43] Die reale Erfahrung war jedoch die, dass die Zahl der Teilnehmenden und insbesondere die der von außerhalb Angereisten weit hinter den Erwartungen zurückblieb.

Folgenreicher Einbruch im September 1981

Der 22. September 1981 erscheint in rückblickenden Darstellungen der Berliner Hausbesetzerbewegung als ein besonders geschichtsträchtiges Datum. Verschiedene Medien brachten in der Folgezeit Erinnerungsartikel, wenn runde Jahreszahlen erreicht waren, so zum Beispiel noch 30 Jahre später, am 22. September 2011, die *Berliner Zeitung*. Es gab an dem Tag der acht (nicht mehr neun, wie Ende Juli 1981 vom Senat angekündigt) gewaltsamen Räumungen auf der Seite der Protestierenden ein Todesopfer, dessen Name, Klaus-Jürgen Rattay, sich dem öffentlichen Gedächtnis ähnlich einprägte wie in den Zeiten der West-Berliner Studentenbewegung der Name von Benno Ohnesorg. Die Verbindung zwischen beiden wurde nach dem ereignisreichen Tag im September 1981 in der Presse auch sofort hergestellt, dabei von Gegnern der Hausbesetzerszene mit der Tendenz, gerade die Nichtvergleichbarkeit zu betonen und damit einer befürchteten emotionalen Stärkung der Bewegung entgegenzuwirken. Die Bezugsetzung zwischen Benno Ohnesorg und Klaus-Jürgen Rattay ist, retrospektiv bewertet, in anderer Hinsicht jedoch kaum adäquat. Im Unterschied zu 1967 ging von dem Ereignis diesmal nicht ein wichtiger Impuls für den starken Aufschwung einer Bewegung aus, sondern es enthielt, trotz einer unmittelbar folgenden großen Solidaritätswelle, bereits Determinanten, die zum allmählichen Niedergang führten.

Der Hauptaktionsort lag an diesem Herbsttag nicht in Kreuzberg mit seiner besonderen Konzentration und Infrastruktur der Hausbesetzerszene, sondern in Schöneberg, wo es im Sanierungsgebiet um den Bülowbogen und den Winterfeldplatz herum ebenfalls eine Reihe von besetzten Häusern gab. An der Kreuzung Potsdamer Straße/Bülowstraße war der 18-jährige Klaus-Jürgen Rattay mittags unter die Räder eines Linienbusses geraten und regelrecht zermalmt worden. Eine Gruppe von protestierenden Demonstranten, zu der Rattay gehört hatte, war von einer vehement prügelnden Polizei in Richtung Kreuzung getrieben worden, während sich der Verkehr in der Potsdamer Straße noch ohne irgendwelche Absperrungen fortbewegte.

Das nahe gelegene Haus Bülowstraße 89, aus dessen Umfeld die demonstrierenden Besetzer vertrieben worden waren, hatte vor der Räumung ein selbstverwaltetes Lokal beherbergt, Bobby Sands Pub genannt aus Solidarität mit zeitgleichen Widerstandsaktionen in Irland. Nach der Räumung dieses Gebäudes sowie auch der sieben anderen vorgesehenen von seinerzeit insgesamt 157 besetzten Häusern war es der Ort, an dem Innensenator Heinrich Lummer in der Pose eines siegreichen Feldherren, so wurde es von einigen Berichterstattern empfunden, eine Pressekonferenz abhielt. Die inzwischen dann doch für den Autoverkehr gesperrte Kreuzung Bülowstraße/Potsdamer Straße zog an dem Nachmittag zahlreiche Menschen aller Altersgruppen an, nachdem verschiedene Radiosender über die Vorfälle berichtet hatten. Im Umfeld des Erinnerungsmals aus hinterlegten Blumen, das die eingetrocknete Blutlache auf der Kreuzung Bülowstraße/Potsdamer Straße allmählich verdeckte, standen viele Diskussionsgruppen und Mahnwachen um die Unfallstelle herum, während sich die Polizei noch eine Weile im Hintergrund hielt. Es erschien wie selbstverständlich, dass in einer derartigen Ausnahmesituation die Straßenfahrbahnen für eine friedliche Versammlung vorübergehend freigehalten wurden. Nicht so dachten offenbar die für den Polizeieinsatz Zuständigen. Unerwartet für die Anwesenden dröhnten plötzlich Lautsprecheransagen los und gingen gleich darauf in Pfiffen und Protestrufen unter. Die von polizeilicher Seite nachträglich behauptete dreifache Aufforderung, sich von der Kreuzung in Richtung Kurfürstenstraße zu entfernen, wurde offensichtlich von niemandem mehr vernommen, wie unter anderen aus Zeugenaussagen bei einem später um sachliche Rekonstruktion bemühten Tribunal unter dem Vorsitz von Uta Ranke-Heinemann, der Tochter des früheren Bundespräsidenten Gustav Heinemann, übereinstimmend hervorging. Die Menschen liefen nur noch in eine Richtung, zufällig anwesende Passanten wie Demonstranten, suchten Zuflucht in Hauseingängen und Läden und versuchten Luft zu holen nach der Tränengasattacke. Verletzte wurden später mit Unfallwagen abtransportiert.

In den Stunden danach sprach es sich mit einem erstaunlich schnellen Verbreitungseffekt lange vor dem Internetzeitalter herum, dass noch am gleichen Abend ein Trauer- und Protestmarsch stattfinden sollte. Bereits nach Einbruch der Dunkelheit versammelten sich etwa 10 000 Menschen und zogen zum Ort des zwischenzeitlich zertrampelten Mahnmals an der Potsdamer Straße. Der Umzug, der Teilnehmende verschiedener Generationen über die Hausbesetzerszene hinaus einschloss, verlief bis zum Zielpunkt friedlich, aber im Anschluss daran kam es wieder zu Polizeieinsätzen, zu Ausschreitungen und Straßenkämpfen bis zum Morgen. An den folgenden Tagen gab es Solidaritätsdemonstrationen in verschiedenen westdeutschen Städten.

Insgesamt agierte die Polizei mit einer Härte, über die auch der liberalere Teil der Medien nicht ohne Weiteres hinweggehen konnte, zumal sich diesmal alles vor einer breiteren Öffentlichkeit und nicht nur im Blickfeld der als Chaoten diskriminierten Gruppen abgespielt hatte, und mitunter zeigten sie sogar Verständnis für gewalttätige Reaktionen. „Wenn die Polizei", so der *Spiegel* in seiner Ausgabe von Ende September 1981, „mit Tempo sechzig in die Demonstranten hineinkarriolt, wie in Berlin geschehen, greifen nicht nur die Anarchos zum Pflasterstein."[44]

Zu den Gründen für die gesteigerte Härte gehörten möglicherweise die häufigen Einsätze und zusätzlichen Belastungen der Polizei seit Dezember 1980, als es, wie zuvor geschildert, am Kreuzberger Fraenkelufer zur Eröffnungsschlacht im Häuserkampf gekommen war. Ein anderer Impetus für das polizeiliche Verhalten ging vermutlich aber auch von dem neuen Geist aus, der nach dem West-Berliner Regierungswechsel im Mai und insbesondere der Besetzung des Innensenatorpostens mit dem rechtslastigen Heinrich Lummer angesagt war. Im Unterschied zu den Konfrontationen im vorangehenden Dezember konnte jetzt vom mächtigen Aufschwung einer Bewegung als Folgewirkung nicht die Rede sein, eher schlichen sich unterschwellig Ohnmachtsgefühle ein angesichts der entschlossenen Wahrnehmung des staatlichen Gewaltmonopols und des ungleichen Kräfteverhältnisses.

Niedergang der Bewegung und Fragen der langfristigen Auswirkung

In der Zeit nach dem 22. September 1981 war Kreuzberg wieder der Ort besonderer Anstöße für die Besetzerbewegung, diesmal schon in dem Bemühen, ihrer unverkennbar erlittenen Schwächung entgegenzuwirken. Nach einem entsprechenden Vorstoß des Kreuzberger Besetzerrates beschloss die Bezirksverordnetenversammlung am 7. Oktober 1981 auf der Grundlage eines Antrages der SPD-Fraktion, dass der Senat zu einem Räumungsstopp gedrängt werden sollte, solange Beratungen über Lösungen mit den Besetzern stattfinden würden. Der Beschluss hatte keinen verpflichtenden Status, bewirkte aber, dass mehrere senatseigene Gesellschaften erklärten, in der nächsten Zeit keine Räumungen für die in ihrem Besitz befindlichen Häuser zu verlangen. Der CDU-Senat, dem nach seinem vielfach kritisierten Beitrag zur Konfliktverschärfung Ende September sowie zur Entwicklung eigener Strategien ein Zeitaufschub nicht ungelegen kam, stimmte diesem Vorschlag nach einigen internen Differenzen zu und ließ verlauten, bis Ostern 1982 auf Räumungen zu verzichten. Somit setzte zunächst, wie es in einer umfassenden Dokumentation und Kommentierung der Ereignisentwicklung in einer Werkbund-Publikation heißt, ab Oktober 1981 eine allgemeinere Atempause ein.[45] Neue Besetzungen wurden jedoch nicht zugelassen. Als im November des Jahres von Seiten der Besetzerbewegung der Versuch einer neuen Offensive unternommen wurde, war die Polizei sofort zur Stelle und machte neun soeben erfolgte Besetzungen rückgängig.

Von Kreuzberg aus erfolgte eine Weile später auch eine Aktion auf der Hausbesetzerebene in ihrer Gesamtheit. Die Intention war in diesem Falle die Verhinderung einer Spaltung, die bereits seit längerer Zeit aufgrund zweier unterschiedlicher Positionen als Gefahr immanent war, jetzt aber akute Formen annahm, nachdem das den Zusammenhalt fördernde Stärkegefühl der euphorischen Phase der Bewegung geschwunden war. Auf der einen Seite standen diejenigen, die zu Verhandlungen über legalisierende Nutzungsverträge auch mit zumeist problematischen Auflagen bereit waren, die Legalos, wie sie genannt wurden, auf der anderen Seite die Nichtverhandler. In einer Erklärung der nach den jeweiligen Kreuzberger Stadtteilen benannten Besetzerräte K36 und K61 wurde eine Strategie der wechselseitigen Unterstützung von Verhandlern und Nichtverhandlern vorgeschlagen, um die Spaltung zu überbrücken.

Modelle für legalisierte Besetzungen

Die Zahl der Verhandlungsbereiten nahm jetzt zu in Häusern, in denen Nutzungsverträge durchsetzbar erschienen, und sie konnten für diejenigen, die zu dem Zeitpunkt keine andere Unterkunft hatten, zur Existenzabsicherung beitragen. Ein Teil dieser verhandlungsbereiten Fraktion erfuhr den Verlauf des Jahres 1982 (bis zum neuen Konfliktausbruch im Spätherbst), ungeachtet der relativen Schwächung der Gesamtbewegung, durchaus noch als eine recht konstruktive Periode, in der es nicht lediglich um Nutzungsverträge bei den überwiegend senatseigenen Gesellschaften als Besitzer der betroffenen Häuser ging, sondern um die Diskussion neuer Modelle der Übernahme und der Selbstverwaltung. Unter Rückgriff auf historische Bewegungen und insbesondere auf britische Erfahrungen aus jüngerer Zeit wurden, wie in der bereits zuvor herangezogenen

Werkbund-Publikation berichtet wird, „[…] eine ganze Reihe von Vorschlägen hervorgebracht: Selbsthilfemodelle, Erbpacht, Treuhandträger, Stiftungen, Genossenschaftsmodelle. Die geforderte ‚Gesamtlösung‘ scheint bei der Vielfalt der Ideen als ‚Summe von Einzellösungen‘ entsprechend der unterschiedlichen Vorstellungen der einzelnen Besetzer möglich zu sein."[46] Über solche Diskussionen hinaus wurden auch konkrete Schritte unternommen. Die kurz zuvor entstandene Einrichtung Netzbau etwa erklärte sich bereit, für 25 besetzte Häuser Erbpachtverträge abzuschließen und in der gleichen Phase wurde der Trägerverein Selbstverwaltete Häuser in Kreuzberg (S.H.I.K) gegründet.

Cuvrystraße 25, 1985

Autonomenplenum Kreuzberg und Anti-Reagan-Demo

Ein andere vorwiegend Kreuzberger Gruppierung, die einen entschiedenen Gegenpol zur Legalo-Seite innerhalb des Besetzermilieus bildete, waren die Autonomen. Ihre Anhänger trafen sich im Winter 1981/82 im Mehringhof, um sich über Aktionsschritte im Häuserkampf zu verständigen, und auf einer größeren Zusammenkunft unter dem Titel Autonomenplenum Kreuzberg ging es um den Ausbau eigener Organisationsstrukturen auch über die Besetzerbewegung hinaus. Der Häuserkampf war für sie nicht mehr der Hauptinhalt politischen Engagements, sondern nur ein Element in größeren Protestzusammenschlüssen, zu denen auch die Anti-AKW-Bewegung und die Antikriegsbewegung gehörten. Ihre betont militanten Aktionen waren von ihrem Grundverständnis her, anders als bei Bürgerinitiativen etwa zur Verhinderung einer Autobahnbresche, nicht nur auf einzelne, obgleich ebenfalls zu unterstützende Projekte bezogen, sondern richteten sich grundsätzlicher gegen systembedingte soziale Hierarchien, Einschränkungen der Lebensentfaltung und die ganze Welt bedrohende Entwicklungen. Stadtgeografisch war Kreuzberg für sie zum favorisierten Umfeld einer räumlichen Identität geworden, wie sich bereits im oben genannten Titel der Veranstaltung andeutete. Sie hatten ihren Aufstieg und ihre Selbstfindung zwar im Zuge der Hausbesetzerbewegung erfahren, standen mit deren Zerfall aber nicht vor dem eigenen Aus, wie sich in späteren Ereigniszusammenhängen zum Teil recht spektakulär zeigen sollte.

Im Juni 1982 wurden die Fraktionierungen in den besetzten Häusern noch einmal durch solidarische Aktionen überdeckt, als es während des Besuchs des amerikanischen Präsidenten Ronald Reagan zu großen Protestdemonstrationen und speziell im Fall der besetzten Häuser zum sogenannten Lappenkrieg kam. Gegen den Präsidenten gerichtete Plakatierungen und Transparente waren verboten worden. Daran hielten sich die Besetzenden nicht. Fantasievolle Stofftransparente, gegen den Besuch gerichtete Lappen, hingen an den Fassaden von besetzten Häusern und führten zu Daueraktionen der Polizei, um sie wieder zu entfernen.

Polarisierungen und Niedergang

Zu den Polaritäten innerhalb der Häuserkampffronten kam auch eine auf der Senatsebene hinzu, personifiziert durch den Bausenator Rastemborski einerseits und den Innensenator Lummer andererseits. Ersterer zeigte mehr Zurückhaltung als bisher von der CDU erwartet worden war, plädierte für Verhandlungen statt Räumungen, sprach von einvernehmlichen Lösungen, die in Aussicht stünden und ließ im Februar 1982 ein Hearing mit der IBA durchführen. Die Grundsätze einer behutsamen Stadterneuerung für Kreuzberg wurden auf seine Veranlassung hin vom Senat als Leitlinie übernommen. Innensenator Lummer war dagegen Vertreter einer harten Linie, plädierte im Sommer 1982, nach dem Reagan-Besuch, bereits wieder für neue Räumungen und setzte alles daran, dass zumindest ein Teil der Hausbesetzerszene kriminalisiert wurde, so dass dann auch ständig polizeiliche Durchsuchungen möglich waren. Mögen die divergierenden Methoden auch tatsächlich unterschiedlichen persönlichen Meinungen und Lösungsvorstellungen entsprochen haben, so erwiesen sie sich gerade in ihrer Differenz als eine wirksame Strategie der staatlichen Machtausübung. Es war auf diese Weise besser möglich,

das Besetzermilieu zu spalten, den einen Teil durch Verhandlungen hinzuhalten, um den inzwischen kleineren, nicht nachgiebigen dagegen umso wirksamer hinauszubefördern zu können aus den betreffenden Häusern.

Vom Spätherbst 1982 an bestimmte Innensenator Lummer wieder deutlicher die Vorgehensweise. Nachdem Bausenator Rastemborski, zu dem Zeitpunkt zumindest begrenzt noch ein Befürworter auch von größeren Lösungen, am 20. Oktober die Senatszustimmung zum Ergebnis einer monatelang geführten erfolgreichen Verhandlung bekannt gegeben hatte, startete Lummer einen Gegenschlag, der alles wieder durchkreuzte. Dem erreichten Konsens zufolge sollten 26 Häuser der Neuen Heimat unter Beteiligung eines Trägervereins des DGB den Besetzern in Erbpacht übertragen werden. Lummers Attacke bestand darin, dass eines dieser Häuser und ein besetztes Nachbarhaus aus unverständlichem Anlass, mit dem die Mehrzahl der dort Ansässigen überhaupt nichts zu tun hatte – es ging um die Entwendung von 50 DM – auf seine Anweisung hin geräumt wurden. Kurz darauf erfolgten auch noch andere von ihm auf den Weg gebrachte Räumungen.

Das Jahr 1982 bedeutete für die Besetzerbewegung insgesamt die Periode ihres beginnenden Niedergangs in der ursprünglichen radikaldemokratischen Ausrichtung sowie auch die einer Institutionalisierung des Widerstandes durch Legalisierungsmodelle, Partnerschaftsorganisierung, betreuende Einrichtungen wie die Erneuerungskommission, Kooperation mit Bezirksamt und IBA gegen die Senatspolitik und anderes mehr. Rein quantitativ hatten die Hausbesetzungen in ihrer Gesamtheit immer noch einen beträchtlichen Umfang. Ihre Zahl wurde Ende des Jahres 1982 mit 102 Häusern angegeben, nachdem die offizielle Spitzenzahl in der Hochphase anderthalb Jahre zuvor, von den sofort geräumten abgesehen, bei 165 gelegen hatte.[47] Über 70 von diesen 102 Häusern galten als legalisiert beziehungsweise verhandlungsbereit, aber selbst in ihnen bestand jetzt teilweise eine Verunsicherung, da die Nutzungsverträge in der Regel noch relativ kurzfristig waren und nichtige Anlässe ausreichten, um polizeiliche Räumungen durchzusetzen.

Im Lauf des Jahres 1983 wurden nicht verhandelnde Häuser nach und nach geräumt, darunter im Juni in Kreuzberg zwei unter den Namen Besetzereck (in der Oranienstraße) und der Turm (am Leuschnerdamm) besonders bekannt gewordene. Die Niederlage war unter den Besetzergruppen, die sich als standhaft gebliebene begriffen, nicht mehr zu übersehen. In einem Papier zur Perspektivdiskussion des Besetzerrates Ende Mai 1983 hieß es realistisch: „Unsere Strukturen haben die Krisenzeit der Bewegung nicht überlebt." Mit dem Eingeständnis verband sich jedoch keine Resignation, und es wurde als Devise ausgegeben, man solle „[…] die ‚selbstbestimmten' Häuser in Kreuzberg und anderswo nicht mehr als den Inhalt, sondern als Ausgangsbasis für weitergehenden Widerstand ansehen. […] Damit kommende Bewegungen erfolgreicher verlaufen, ist es wichtig, die Geschichte und Inhalte unserer Häuserkampfbewegung mit allen Stärken, Schwächen und Fehlern aufzuarbeiten." Es sei erforderlich, vergleichbare Entwicklungen auch in anderen Bewegungen zu diskutieren und „die Verbreiterung unseres Kampfes gegen dieses System anzupacken."[48]

Im Frühjahr 1984 gab es nach Angaben des Senats in Berlin noch 18 besetzte Häuser, davon sechs in Kreuzberg.[49] Im Spätherbst waren es dann nur noch zwei, eins in Schöneberg in der Mansteinstraße, das legalisiert wurde, und eins in Kreuzberg in der Reichenberger Straße 63a, das als letztes nicht verhandelndes am Widerstand festhielt. Es wurde am 25. Oktober 1984 geräumt.

Nachträgliche Beurteilungen des Häuserkampfes

Zur Frage, was die Häuserkampfbewegung und die sie einleitenden Kreuzberger Instandbesetzungen erreicht oder nicht erreicht haben, existieren unterschiedliche Ansichten. Die eher kritischen Kommentare haben oft weitergehende sozialpolitische und kulturelle Visionen zum Hintergrund gehabt, etwa eine größere Dauerhaftigkeit von Freiräumen mit anderen Lebensformen und der Überwindung bestehender Eigentumsverhältnisse vor Ort als Vorwegnahme künftiger historischer Entwicklungen – Erwartungen somit, die mit dem Aufschwung der Bewegung verknüpft gewesen waren und sich nicht erfüllten.

Anerkennende Rückblicke beziehen sich zumeist konkret auf die bauliche Entwicklung im Stadtteil, auf das, was an destruktiven profitorientierten Sanierungsvorhaben verhindert wurde und was an die Nachbarschaft fördernden Strukturen mit Zustimmung der Betroffenen erhalten und weiterentwickelt worden ist. Inwieweit diese Rettung ein Verdienst der Hausbesetzerbewegung war, blieb allerdings umstritten. Manche äußerten die Ansicht, der Erhalt

Satirische Darstellung der Hausbesetzerszene in Gerhard Seyfrieds 1990 erschienenem Buch *Flucht aus Berlin*

von SO 36 sei nahezu allein ein Verdienst der IBA und deren Programm der behutsamen Stadterneuerung gewesen. Der bekannte Stadtsoziologe Hartmut Häußermann bestätigte dagegen entschieden die Wirksamkeit der Hausbesetzerbewegung nicht nur für den Kreuzberger Stadtteil, sondern für die gesamte damalige Stadtplanung in West-Berlin. In den von ihm zusammen mit Andreas Kapphan verfassten Buch *Berlin: von der geteilten zur gespaltenen Stadt?* heißt es dazu: „1980/81 waren ungefähr 160 Häuser besetzt, und bei den Versuchen, diese zu räumen, lieferten sich Hausbesetzer und Polizei zum Teil dramatische Straßenschlachten [...]. Stadterneuerung als Abrißpolitik war danach politisch diskreditiert. Dass mit öffentlichen Mitteln Wohnungen abgerissen werden sollten, für die es eine Nachfrage gab, war in der Öffentlichkeit nicht mehr glaubwürdig zu begründen. Die Hausbesetzungen und die mit ihnen verknüpften Straßenschlachten hatten gezeigt, daß diese Politik nicht mehr ohne gewaltförmige Konflikte weiter zu führen war. Zudem hatten sich zahlreiche Architekten, Stadtplaner und Intellektuelle auf die Seite der Hausbesetzer gestellt."[50]

Nicht erfasst und auch kaum empirisch belegbar sind in einem solchen Fazit die möglichen Nachwirkungen und Anstöße, die es darüber hinaus auch ohne materielle Manifestationen wie der Verhinderung eines Kahlschlages gegeben hat. Haben die zahlreichen Diskussionen über Autonomie und direkte Demokratie etwa während der TUWAT-Wochen, die Experimente mit neuen Lebensformen, mit Ansätzen zur Selbstverwaltung in größeren Gruppen, mit Tendenzen zur entschiedenen Enthierarchisierung und Dezentralisierung sowie zur Organisierung von Gemeineigentum irgendeine Bedeutung für gegenwärtige und künftige gesellschaftliche Entwicklungen gehabt? Dazu ist einerseits sicherlich festzustellen, dass sich mit der politisch durchgesetzten Unterdrückung der Bewegung nach einer besonders in Kreuzberg bestehenden Ausnahmesituation recht ernüchternd bestätigte, dass die gegenwärtige Gesellschaft mit ihren fest gefügten Institutionen, ihren begrenzten, aber oft attraktiv erscheinenden liberalen Spielräumen und ihren mächtigen Agenturen der Meinungsbeeinflussung gegen ernsthafte Einbrüche gut gewappnet ist. Der in Kreuzberg zentrierte Berliner Häuserkampf hatte sich einschließlich seiner soziokulturellen Experimente (etwa im KuKuCK) so sehr ausgeweitet, dass er aus staatlicher Sicht nicht mehr nur ein Ringen um Sanierungspläne, um vermeidbaren oder nicht vermeidbaren Wohnungsleerstand und dergleichen darstellte, sondern eine Bedrohung der bestehenden Ordnung war, so dass, entsprechend der Lummer-Position, ein Schlusspunkt gesetzt werden musste. Eine solche politische Linie dominierte zunehmend in der Periode der neoliberalen Wirtschaftskonsolidierung in der westlichen Welt, und auch Kreuzberg konnte in dieser Hinsicht keine befreite Insel sein, obgleich zuvor, so in der bereits dargestellten Phase der sogenannten Tendenzwende, recht erfolgreich einige Staudämme errichtet worden waren und eben in den Jahren, in denen die Eiserne Lady Margret Thatcher ihr „Tina – There is no alternative"[51] verkündete, die in Kreuzberg besonders stark verortete alternative Bewegung ihren Aufstieg erlebte. Andererseits ist zu betonen, dass die Zeit der Hausbesetzungen in Berlin nicht vergessen ist, und dies gilt für Kreuzberg in besonderer Weise, wo verschiedene aus Besetzungen hervorgegangene Einrichtungen bis heute wichtige Treffpunkte darstellen. Für bestimmte oppositionelle Initiativen besonders im mietenpolitischen Bereich gelten die Aktivitäten von damals mit ihren konkreten Forderungen ebenso wie mit ihren allgemeineren basisdemokratischen Vorstellungen als ein wichtiges politisches und kulturelles Erbe. Es hat in jüngerer Zeit Veranstaltungen zur Gentrifizierung, zur Verhinderung von Zwangsräumungen sowie zu den Aussichten von eventuellen neuen Besetzungen gegeben, bei denen der Berliner Häuserkampf von 1980/81 neben späteren Besetzungen in Barcelona ausdrücklich einen Programmpunkt darstellten. Ein wichtiger Faktor für diese Art von Nachwirkung ist vermutlich, dass die Kämpfe der frühen 1980er-Jahre aufgrund ihrer Teilerfolge nicht als eine totale und alle weiteren Aktivitäten lähmende Niederlage in die Erinnerung eingegangen sind.

KREUZBERGER 1.-MAI-KONFRONTATIONEN AB 1987

Vorgeschichte der Umzüge und anschließenden Feste zum 1. Mai in Kreuzberg

Die Tradition der alternativen 1.-Mai-Demonstrationen mit Abschlusskundgebungen in Kreuzberg nahm ihren Anfang in einer besonders konfliktgeladenen, aber auch aufbruchfreudigen Zeit im Jahr 1968. In den Medien wurde die Gegenveranstaltung zu dem von Gewerkschaften und Regierung getragenen jährlichen Massenereignis als sensationelle Neuentwicklung wahrgenommen. Der *Tagesspiegel* meldete anschließend in einer Schlagzeile: „Am 1. Mai 1968 drei Kundgebungen im geteilten Berlin." Es folgen drei gesonderte Artikel, von denen der erste über die große offizielle Kundgebung auf dem Platz der Republik vor dem Reichstag berichtet, der zweite über die in Neukölln beginnende und in Kreuzberg endende Demonstration und „Maikundgebung der außerparlamentarischen Opposition", wie sie in dem Artikel genannt wird, und der dritte relativ knapp über die 1. Mai-Veranstaltung auf dem Marx-Engels-Platz mit Reden von Regierungsvertretern der DDR-Regierung und einer vorbeiziehenden Militärparade.[1]

Die politische Atmosphäre war zu diesem Zeitpunkt unter anderem nach dem gut zwei Monate zurückliegenden international beachteten Vietnamkongress in der Berliner TU und während der noch andauernden Aufrufe gegen die Notstandsgesetzgebung der Bonner Regierung generell von Protest und Widerstand gezeichnet, hatte in Berlin aber zusätzlich noch eine besondere Brisanz durch unmittelbar zurückliegende Ereignisse erhalten. Die Schüsse auf Rudi Dutschke am Kurfürstendamm lagen am 1. Mai 1968 erst knapp drei Wochen zurück, und in den Tagen nach dem Attentat hatte es einen Sturm auf den Springer-Verlag in Kreuzberg mit heftigen Auseinandersetzungen gegeben. Diese Ereignisse wurden auf allen drei Kundgebungen, so selbst auf der in Ost-Berlin, in Reden erwähnt.

Auf der großen offiziellen Kundgebung, die laut Pressemeldungen über 100 000 Menschen vor dem Reichstag zusammenführte und sich, wie bereits in den Vorjahren, nicht zuletzt als nach Osten hin gerichtete Bekräftigung westlicher Freiheitsideale verstand, wurden die neue Protestbewegung und die jüngsten Unruhen in West-Berlin mit unterschiedlichen Akzentuierungen kommentiert. Der Berliner DGB-Vorsitzende Walter Sickert sprach in seiner Rede von „fanatisierten Jugendlichen" und im Zusammenhang mit den Protesten von der Notwendigkeit einer noch größeren Popularisierung des bestehenden „sozialen Rechtsstaates", um allen Umsturzparolen den Boden zu entziehen. Der SPD-Vorsitzende und damalige Bundesaußenminister Willy Brandt äußerte sich in seiner Rede etwas differenzierter und signalisierte laut *Tagesspiegel*-Bericht Verständnis für „die Ungeduld der Jüngeren" und für diejenigen, die die Gegenwart an „neuen Möglichkeiten messen". Reformen seien notwendig, „aber Eiferer", so betonte er andererseits, „führen ins Unglück."[2]

An der in Kreuzberg endenden APO-Kundgebung, die von einem Sozialistischen Mai-Komitee organisiert worden war, nahmen, so heißt es in dem erwähnten *Tagesspiegel*-Artikel, „nach Schätzung der Polizei und unserer Reporter zwischen 20 000 und 25 000 überwiegend jugendliche Demonstranten teil."[3] Es wird von kleineren, aber harmlos bleibenden Scharmützeln berichtet, von einer guten Zusammenarbeit zwischen selbst gestellten Ordnern und der Polizei sowie von einer bemerkenswerten Mischung unterschiedlicher politischer Orientierungen. An der Spitze des Zuges gingen unter anderen der bekannte SDS-Aktivist Wolfgang Lefevre wie auch SED-Mitglieder und es gab andererseits auch mitgeführte Anti-SDS-Bekundungen wie „Berlin 68 hat

Das Kreuzberger 1.-Mai-Fest auf dem Lausitzer Platz war 1984 noch ein friedliches Ereignis

zwei Dummacher – SDS und Bild". Die Parolen auf den großen Transparenten waren in erster Linie diejenigen, die in jener Zeit auf Demonstrationen der Studentenbewegung mitgeführt wurden, so Proteste gegen die vorgesehenen Notstandsgesetze und die amerikanische Kriegsführung in Vietnam. Der eingeladene italienische Verleger Giangiacomo Feltrinelli bekannte sich in seiner Rede zu einem militanten Widerstand gegen herrschende Gewalt. Zugleich war ungeachtet der gewerkschaftskritischen Einstellung berücksichtigt worden, dass dieser 1.

Mai als Tag der Arbeit in einer langen Tradition stand. Zu den Rednern auf dem Hohenstaufenplatz gehörten daher der Generalsekretär der schottischen Bergarbeitergesellschaft, der Betriebsratsvorsitzende der Ford-Werke und ein Betriebsratsmitglied der Daimler-Benz-Werke.

In der Folgezeit fanden außerparlamentarische 1.-Mai-Demonstrationen weiterhin ihren Abschluss in Kreuzberg, wenngleich mit Ausnahmen und Unterbrechungen. So führte in einem Jahr diese Art von Demonstration durch den Wedding, in einem anderen demonstrierte ein

Teil in der Nähe des Klausenerplatzes in Charlottenburg und andere linksorientierte Gruppierungen, die sich von den etablierten Gewerkschaften absetzten und besonders betont den Vorsitzenden Sickert attackierten, schlossen sich mit lautstark intervenierenden Protestbekundungen der jetzt zum Schöneberger Rathaus führenden offiziellen Demonstration an. Dies geschah insbesondere im Block der relativ links positionierten Gewerkschaft Wissenschaft und Erziehung (GEW), die aus dem DGB ausgeschlossen worden war.

Abgesehen von diesen Ausnahmen entwickelte sich die außerparlamentarisch-oppositionelle 1.-Mai-Demonstration bald zur festen Tradition. Ursprünglich fing sie in der Neuköllner Karl-Marx-Straße an und fand ihren Abschluss auf dem Kreuzberger Hohenstaufenplatz, dehnte sich jedoch bald vorrangig auf Kreuzberger Viertel aus. So begann die Demonstration vom Mai 1970 um elf Uhr auf dem Karl-Marx-Platz, zog durch Reuterstraße und Sonnenallee zum Kottbusser Damm, um dann auf der Kreuzberger Seite, wie etwa in der linken Zeitung *Agit 883* einige Tage vorher angekündigt wurde, die folgenden Straßen und Plätze zu durchschreiten: Urbanstraße, Graefestraße, Kottbusserbrücke, Mariannenstraße, Naunynstraße, Adalbertstraße, Oranienstraße, Oranienplatz, Dresdener Straße, Kottbusser Damm und Hohenstaufenplatz mit der Schlusskundgebung dort um 13:00 Uhr.[4]

Generell bildete sich eine in der öffentlichen Wahrnehmung mit Kreuzberg verbundene 1.-Mai-Tradition heraus. Ein verstärkendes Element war dabei das populäre Fest auf dem Mariannenplatz und dann auch auf dem Lausitzer Platz im Anschluss an die Kundgebungen. Wenn in jüngerer Zeit in den Medien wie etwa in der *Berliner Zeitung* und im *Tagesspiegel* zu dem fälligen Datum chronologische Überblicke abgedruckt wurden, die eine Entwicklung des Kreuzberger 1. Mai mit den Krawallen von 1987 beginnen lassen, dann ist dies ein historischer Irrtum, der in seiner Tendenz offenbar von bestimmten Vorstellungen beeinflusst wurde, die sich im Lauf der Zeit verfestigt haben.[5]

Dass die oppositionelle 1.-Mai-Kundgebung bereits in den Jahren vor 1987 mit einer – in diesem Fall durchaus gewaltfreien – Kreuzberger Protestkultur assoziiert wurde, lässt sich mit direkt zitierten Erinnerungen von Rio Reiser zeigen. Er schreibt über die Demonstration und das Abschlussfest von 1971 in seiner Autobiografie: „Am ersten Mai verfrachteten ‚Ton Steine Scherben' ihre Verstärker auf einen Lkw und beschallten den Demonstrationszug mit ihren Kampfliedern. Danach ging's auf den Mariannenplatz. Dort hatten Jugendzentrum, Basisgruppe und Stadtteilgruppe, Freunde, Sympathisanten und Familienangehörige ein Fest angekündigt. Die Massen strömten, das Wunder von Kreuzberg zu sehen: echte Arbeiter, die Verbrüderung des Proletariats mit der Intelligenz. Das musste begossen werden. Schon nach zwei Stunden gab's Nachschubprobleme bei Bier, Teepunsch und Grillwürstchen, auch auf dem Hanfsektor entstanden Engpässe. Damit hatten wir nebenbei das Stadtteilfest erfunden, das nachher von allen Parteien übernommen wurde. Eine andere Folge des Festes war, dass sich immer mehr Revolutionäre aus den Charlottenburger oder Wilmersdorfer Zirkeln nach Kreuzberg wagten."

Weiterhin schreibt er über seine Wahrnehmung des 1. Mai in jenem Jahr: „Spätestens nach dem LKW-Auftritt bei der Mai-Demonstration '71 hatten die ‚Scherben' Klang und Rang als *die* Band aus dem aufmüpfigen Kreuzberg."[6]

Proteste gegen vorangehende Durchsuchungsaktionen der Polizei am 1. Mai 1987 und ekstatische nächtliche Endphase der Krawalle

Die erwähnte 1.-Mai-Fete – mittlerweile nicht mehr auf dem Mariannenplatz, sondern auf dem Lausitzer Platz –, die bisher ein vergnügtes friedlich verlaufendes Massenereignis mit linksorientierter politischer Akzentsetzung an den Infoständen gewesen war, erhielt im Jahr 1987 eine besondere Bedeutung als Ort ausbrechender Konflikte. Vorangegangen war eine polizeiliche Durchsuchung des alternativen Zentrums Mehringhof am frühen Morgen des 1. Mai. Dabei wurden über 200 000 Flugblätter gegen die in diesem Jahr geplante Volkszählung beschlagnahmt. Der Protest gegen die mit detaillierten Fragen verbundene demografische Erfassung war weitverbreitet, und Einsätze wie der im Mehringhofkomplex in Kreuzberg 61 stießen erwartungsgemäß auf scharfe Kritik.

Die militanten Aktionen als Reaktion darauf gingen zunächst von der autonomen Szene aus, die, wie zuvor berichtet, in der Hausbesetzerzeit ihren Aufschwung erfahren und danach weiterhin politisch aktiv geblieben war. Nachmittags um 16:00 Uhr wurde von einigen ihrer Mitglieder am Rand des Lausitzer Platzes ein unbesetzter Streifenwagen der Polizei umgestürzt. Das Fest wurde deswegen noch nicht unterbrochen. Der Wagen und die hinzugekommenen Polizeibeamten wurden von Neugierigen umringt, von denen etliche, so wurde danach berichtet, ein gewisses Verständnis für die Aktion äußerten. An anderen Stellen des Platzes nahm das Fest seinen Fortgang, wenngleich offenbar in einer angespannten Atmosphäre. Der Polizeieinsatz vom frühen Morgen wurde noch eingehender als zuvor zum Gesprächsgegenstand auf dem Gelände. Gegen 19:00 Uhr wurde von Angehörigen der Autonomenszene auf dem Festgelände eine spontane Protestdemonstration gegen die Mehringhof-Durchsuchung in Gang gesetzt. Bereitschaftseinheiten der Polizei rückten an und forderten die organisatorisch Verantwortlichen

dazu auf, das gesamte 1.-Mai-Fest auf dem Lausitzer Platz zu beenden. Die Reaktion darauf war eine Weigerung der Festteilnehmer auch außerhalb des Demonstrationszuges und eine deutlich signalisierte Widerstandshaltung gegen die Anordnung. Zu einer besonderen Eskalation des Konflikts kam es, als die 250 Personen starke Polizeieinheit Tränengasgranaten einsetzte, die auch zahlreiche an den Auseinandersetzungen Unbeteiligte traf und hier und da zurückgeworfen wurden. Die gewaltbereiten Gruppen erhielten in dieser Situation eine relativ breite Unterstützung auch von denjenigen, die bisher nichts mit ihnen zu tun gehabt hatten und ihnen kritisch gegenüberstanden.

Im nächsten Stadium der Auseinandersetzungen wurden Steine geworfen, die nicht nur die Gegenseite der Konfliktfront trafen. Panik brach aus und Flüchtende wie auch militante Aktive bewegten sich weg vom Lausitzer Platz. Aufgeheizte Aktionen verlagerten sich jetzt in Straßen der Umgebung in SO 36. Barrikaden wurden errichtet und an einigen Stellen Brände gelegt. Die Polizei verstärkte ihre Einsatzkräfte auf eine Zahl von 400, konnte die Aktionen in ihrer Gesamtheit und ihrer ständigen Bewegung jedoch nicht mehr kontrollieren und zog sich in der Nacht zeitweise ganz zurück. In den Berichten und Auswertungen war später von einem rechtsfreien Raum in Kreuzberg SO 36 während dieser Nacht die Rede.

Zu einer besonders drastischen Entwicklung der Krawalle und Zerstörungen kam es, als der Supermarkt Bolle in der Nähe des Kottbusser Tors ausgeplündert und später in Brand gesetzt wurde. Als die Feuerwehr anrückte, um den Brand zu löschen, wurde sie mit Steinen beworfen und zog sich wieder zurück. Ein Feuerwehrauto wurde zurückgelassen und später angezündet. Der Supermarkt brannte völlig nieder, und seine Ruine erinnerte noch längere Zeit an dieses besondere Kreuzberger 1.-Mai-

Lausitzer Platz, Ausgangspunkt der Krawalle, 1. Mai 1987   Während der Krawalle am 1. Mai 1987

Ereignis. Die Plünderungen dehnten sich in der Nacht auch auf andere Supermärkte in der Umgebung aus. Erst morgens gegen drei Uhr rückte die Polizei wieder an, jetzt mit besonderen technischen Ausrüstungen wie Panzerwagen, Wasserwerfern und Räumfahrzeugen. Mit den Wasserwerfern gelang es, einige Brände zu löschen, die sich von Baucontainern sowie einem Feuer im U-Bahnbereich auszudehnen drohten. Ein Abschnitt der Skalitzer Straße wurde geräumt. Um diese Zeit ließ die Energie der Konfliktbeteiligten nach, viele waren angetrunken, andere verließen den Ort und die Krawallnacht fand allmählich ihr Ende.

Über lokale, soziale und politische Zugehörigkeiten der an den Aktionen Beteiligten konnten nachträglich keine exakten Angaben gemacht werden, aber in den Reportagen von Journalisten, die Augenzeugen der Ereignisse gewesen waren, wurde mit recht großer Übereinstimmung die Wahrnehmung wiedergegeben, dass nicht nur Angehörige einer bestimmten oppositionellen und alternativen Szene, sondern auch Teile der „normalen" im Umfeld ansässigen Bevölkerung zumindest in den späteren Phasen des Konfliktgeschehens aktiv mitgemacht hatten. Die *taz* sprach von einer Arbeitsteilung „zwischen Autonomen auf den Barrikaden" und verschiedenen „Altersschichten bis hin zu Müttern mit Kopftuch beim Ausräumen der Supermärkte."[7] Die hier mit dem Wort „Kopftuch" signalisierte Beteiligung des türkischen Bevölkerungsteils, der sich aus politisch motivierten Konfrontationen in Kreuzberg eher heraushielt, wurde in den Reportagen ebenfalls betont.[8]

Szenen vom
1. Mai 1987
in Kreuzberg

Die ausgebrannte Bolle-Filiale gegenüber dem U-Bahnhof Görlitzer Bahnhof, 2. Mai 1987

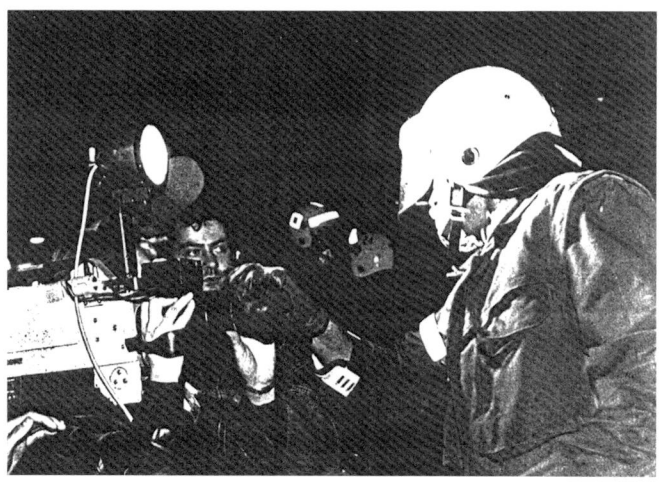

Behinderung der Presse durch Polizeibeamte in der Nacht des 1. Mai 1987

Aufräumarbeiten am Heinrichplatz nach den nächtlichen Krawallen vom 1. und 2. Mai 1987

„Kreuzberg war Ekstase" lautet eine Überschrift in der *taz* vom 8. Mai 1987.[9] In anderen aktuellen Zeitungsartikeln und nachträglichen Berichten werden andere Begriffe gebraucht, die etwas von der besonderen Atmosphäre in der Mainacht in SO 36 nach dem zeitweiligen Rückzug der Polizei ausdrücken sollen – Rausch, Orgie, Euphorie. Die Stimmung war in dieser Phase offenbar eher fröhlich und ausgelassen als wütend.

Am U-Bahnhof Görlitzer Bahnhof, so wurde von Beobachtern berichtet, schlugen mehrere 100 Menschen rhythmisch mit Steinen gegen das metallene Hochbahngerüst. Die Klänge, die von einem Radioreporter aufgenommen worden waren, gingen dann unter dem Begriff „Hönkel" in die öffentliche Diskussion ein, und nachträgliche Analyseversuche wurden scherzhaft als Hönkelforschung etikettiert.

Günter Kokott: *Der 1. Mai 1987 an der Oberbaumbrücke*, Aquarell, 1987

Allgemeinere Dimensionen der Kreuzberger Ereignisse vom 1. Mai 1987 vor dem Hintergrund der 750-Jahrfeier in Berlin

Nach den überraschend heftigen Unruhen in den Abend- und Nachtstunden des 1. Mai in Kreuzberg folgten über Wochen hinweg zahlreiche Kommentare und Versuche der Aufarbeitung in den regionalen und überregionalen Medien sowie Debatten in politischen Parteien, parlamentarischen Gremien und verschiedenen Organisationen über Gründe für die Heftigkeit der Krawalle. Dabei war eine Polarisierung zwischen entschieden individueller moralischer Schuldzuweisung und zumindest andeutungsweiser Berücksichtigung von besonderen sozialen Verhältnissen im Kreuzberger Stadtteil SO 36 zu verzeichnen.

Die vom CDU-geführten Senat kommenden Verlautbarungen waren vorrangig auf einzelne Gewalttätige sowie auf bestimmte Szenen wie die der Autonomen fokussiert. Hervorgehoben wurde dabei gerne auch das Bekenntnis zu einer gesamtberliner Identität und das Abweichen dieser „kriminellen" Individuen und Gruppen davon. Die Aktionen der letzteren Gruppierung wurden vorrangig mit politischen Motiven in Verbindung gebracht, das Verhalten der anderen Beteiligten in jener Nacht dagegen mit sozialen. Als aktueller Hintergrund für den im Ansatz aufruhrartigen Frustausbruch wurde in verschiedenen Medien die mit großem Aufwand vorbereitete Berliner 750-Jahr-Feier ins Spiel gebracht. Die taz etwa hatte in ihrer Ausgabe vom 4. Mai 1987 Schlagzeilen wie „Feuriger Festauftakt", „Berlin feiert – Kreuzberg brennt" und „Feuriger Festauftakt der Anti-Berliner". Mit dem letzteren Begriff wurde der von der CDU gestellte Regierende Bürgermeister Eberhard Diepgen ironisch zitiert, der laut Pressemeldungen unmittelbar nach der Krawallnacht geäußert hatte, er lasse sich seine 750-Jahr-Feier „von Anti-Berlinern nicht kaputt machen."[10]

Die in der Eröffnungsphase befindliche Jubiläumsfeier war seit längerer Zeit als West-Berliner Vorzeigeprojekt mit einem hohen Zuschuss für zahlreiche kulturelle Veranstaltungen wie auch für verschiedene Baumaßnahmen vorbereitet worden und wurde von nicht wenigen kritischen Stimmen als überzogen und protzig angeprangert, wenngleich teilweise auch recht interessante und darunter durchaus systemkritische Projekte gefördert wurden. In manchen Kommentaren wurde dabei schon eine Weile vor den 1.-Mai-Ereignissen der Kontrast zwischen den aufwändigen öffentlichen Investitionen für die Jubiläumsvorbereitungen mit einem Budget von über 1,8 Milliarden DM und andererseits den sozialen Verhältnissen in manchen Bezirken thematisiert. Dezidiert geschah dies unter anderen in Publikationen der im Abgeordnetenhaus vertretenen links-grünen Partei Alternative Liste und besonders auch in ihrer bezirksbezogenen Zeitschrift *Kreuzberger Stachel*, die monatlich kostenlos in den Straßen verteilt wurde.

Wenn in einem solchen Blatt wie auch in verschiedenen anderen Stadtteilzeitungen darauf hingewiesen wurde, dass einiges von den hohen Jubiläumsinvestitionen zumindest in Ansätzen zur Milderung dringender Mängel in Kreuzberg hätte beitragen können, dann stieß das dort vermutlich auf erhebliche Zustimmung und steigerte die Aversion gegen die Festlichkeiten auf hoher Ebene, zu denen in Kürze auch internationale Prominenz erwartet wurde. Dass Kreuzberg unter sozialen Gesichtspunkten ein besonderer Problembezirk war, ließ sich auf der Grundlage von offiziellen Erhebungen nicht anzweifeln, und für den Stadtteil SO 36 traf dies noch einmal verschärft zu. Er stand in der Einkommensskala an unterster Stelle innerhalb West-Berlins, und die dort Wohnenden lebten mehrheitlich unter dem amtlich definierten Existenzminimum. Wieweit ein damit einhergehender Groll die 1.-Mai-Krawalle mit angestoßen hat, ließ sich nachträglich nicht mit Bestimmtheit angeben, aber wahrscheinlich gehörte er zu den motivierenden Faktoren.

Kreuzberger 1.-Mai-Turbulenzen und Befriedungsversuche nach 1987

Zu den langfristigen Auswirkungen der Krawallnacht von 1987 gehörte, dass die von zahlreichen insbesondere jüngeren Beteiligten als spannend und rauschhaft empfundenen Ereignisse in Erinnerung blieben und zu alljährlichen Erwartungen für den 1. Mai in SO 36 führten. Nicht nur eine politisch renitente Szene, sondern auch sogenannte Krawalltouristen wurden angelockt, vielfach Jugendliche, die sich einmal im Jahr in Kreuzberg pubertär austoben wollten. Verschiedene Medien, die warnend und zugleich sensationslüstern in großer Aufmachung bevorstehende Straßenschlachten voraussagten, trugen vermutlich nicht unwesentlich zu solchen Erwartungen bei. Selbst in Stadtführern wurden sie im Kapiteln über Kreuzberg als ein Kennzeichen von SO 36 angeführt.

Es gab in den Folgejahren einige besonders stark aufgeheizte Kreuzberger 1.-Mai-Turbulenzen mit hohen Zahlen an Festnahmen und Verletzungen, so noch gut sechs Monate vor dem Mauerfall im Jahr 1989, als der nur für eine kurze Zeit amtierende erste rot-grüne Senat eigentlich darauf gesetzt hatte, den Konflikt durch Zurückhaltung der Polizei zu entschärfen. Zu einem Gipfel der Aggressionen kam es wiederum mit einer entgegengesetzten Strategie im Jahr 2001, nachdem die von Linksautonomen organisierte Revolutionäre 1.-Mai-Demonstration auf Anordnung eines CDU-Innensenators zum ersten Mal verboten worden war. Die Eskalation in Kreuzberg konnte trotz eines Rekordaufgebots an Polizeikräften unter Zuhilfenahme von Einheiten aus verschiedenen Bundesländern nicht verhindert werden. Eine neue Strategie kam ab 2003 mit dem sogenannten Myfest zur Anwendung, entwickelt vor allem von Silke Fischer, einer ehemaligen engagierten Hausbesetzerin. Sie war inzwischen aktives SPD-Mitglied und wohnte in einem mit dem Ende der Besetzung legalisierten Gemeinschaftshaus in der Oranienstraße. Davor war die Grundlage für eine solche Entwicklung bereits von dem für sein Engagement

bekannten Professor Peter Grottian in Gesprächen mit der damaligen Bezirksbürgermeisterin Cornelia Reinauer geschaffen worden. Die Intention der wortspielerisch in zwei Sprachen benannten und damit eine multikulturelle Atmosphäre signalisierenden Konzeption des Myfestes war die fröhlich-festliche Besetzung eines Raumes, der am 1. Mai immer wieder ein Ort von Krawallen bis hin zum Barrikadenbau gewesen war. Der zur Tradition gewordene radikal-oppositionelle 1.-Mai-Umzug, inzwischen Revolutionäre Maidemonstration genannt, sollte damit nicht unterbunden werden und es bestand die Schwierigkeit, dafür eine Strecke freizugeben, die ohne Kollisionen mit den Festlichkeiten durch das Gelände in der Umgebung der Oranienstraße führte. Nachdem die Idee bei den behördlichen Instanzen auf Zustimmung gestoßen war, übernahm der Bezirk die organisatorische Verantwortung, und der Senat gewährte die benötigten finanziellen Mittel für Vorbereitungsarbeiten, Bühnen und Sicherheitsvorkehrungen. Das Fest wurde in der Folgezeit sowohl in Kreuzberg als auch weit darüber hinaus populär, zog Massen von mehreren 100 000 Menschen an, bot eine Vielfalt an Musik auf den bis zu 20 Bühnen zwischen Kottbusser Tor und Mariannenplatz und erwies sich insgesamt als stabilisierend für den Fortgang der Kreuzberger 1.-Mai-Ereignisse, obgleich gewalttätige Kollisionen nicht völlig verbannt werden konnten. Sie flammten in einzelnen Jahren unterschiedlich stark auf und meldeten sich insbesondere im Jahr 2009 mit besonderer Vehemenz zurück; es kam zu Straßenschlachten mit der Polizei und zahlreichen Verhaftungen. Danach setzte sich der Trend zu weniger und nur punktuell ausbrechender Gewalt fort.

Das Myfest blieb dennoch nicht problemlos. Es war zu riesig, zu laut und zu schmutzig geworden in dem eingegrenzten städtischen Raum im Umfeld der Oranienstraße. In den Nachmittagsstunden des Maifeiertags wurden die bewachten Zugänge zeitweise für ein nachrückendes Pu-

Fantasievoller Appell zur Befriedung des 1. Mai in Kreuzberg, 2005

blikum gesperrt, was zu einer inoffiziellen Ausdehnung in das Stadtteilumfeld führte. Im Jahr 2015 kam es zu einem Umdenken. Der von Jahr zu Jahr wachsende Zustrom von Menschen in das vorgegebene Myfest-Gelände sowie quasi wildwüchsig in die weitere Umgebung einschließlich auch des Görlitzer Parks verlangte nach neuen Ansätzen der Regulierung. Zudem hatte das Fest seine politischen Impulse mehr und mehr zugunsten eines großen Partyevents verloren, obgleich es vom Bezirk Jahr für Jahr als politische Veranstaltung bei der Versammlungsbehörde des Senats angemeldet wurde, um so Versicherungsbedingungen zu erfüllen und die vorgesehene Bereitstellung von Polizeikräften zu ermöglichen. Eine deutliche politische Akzentuierung hatte lediglich noch das außerhalb des eingegrenzten Geländes veranstaltete 1.-Mai-Fest auf dem Lausitzer Platz, das wesentlich von der Partei Die Linke getragen wurde.

Eine für das Jahr 2016 vorgesehene Neuausrichtung des Myfestes mit stärkeren politischen Akzentsetzungen wurde zunächst durch einen Konflikt zwischen dem Bezirk und dem Senat blockiert. Der von der CDU gestellte zuständige Innensenator Frank Henkel weigerte sich, den Bezirk als Veranstalter zu akzeptieren. Eine Lösung wurde dadurch gefunden, dass die bisher organisatorisch aktive Myfest Crew einen Verein gründete und das Fest in ihrem Namen als politische Veranstaltung anmeldete. Zu den mit dem Senat ausgehandelten Voraussetzungen für eine Genehmigung gehörte eine wesentliche Reduzierung von Ständen und Musikdarbietungen. Die Anzahl der Bühnen etwa wurde von 18 im Jahr 2015 auf jetzt acht verringert, und einige bisher mit Ständen gefüllte Straßen wurden ausgespart, um Schneisen für Rettungsfahrzeuge zur Verfügung zu haben. Neben dem musikalischen Angebot gehörten an verschiedenen Stellen, so etwa am Heinrichplatz, politische Debatten zu Themen wie Gentrifizierung, Rassismus, Volksentscheide und Flüchtlingspolitik zum Programm. Um 18:00 Uhr war die Musik auf allen Bühnen aus Respekt vor der Revolutionären 1.-Mai-Demonstration für eine Weile abzuschalten. Sogar direkt durch das Myfest-Gelände hindurchzuziehen war Letzterer von dem veranstaltenden Verein angeboten worden, aber das hatte die Polizei abgelehnt, und auch ein Einspruch gegen das Verbot beim Verwaltungsgericht war nicht erfolgreich gewesen. Die Autonomen und andere zum Kern der Revolutionären Demo Gehörenden gingen dann zumindest symbolisch gegen die behördliche Restriktion an; sie zogen mit einigen Tausend Beteiligten in den Myfest-Bereich hinein und wurden von der zurückhaltend reagierenden Polizei auch nicht daran gehindert. Danach schlugen sie einen Bogen hin zum Moritzplatz, wo der größere Teil des Demonstrationszugs wartete, und es ging gemeinsam auf der genehmigten Strecke um das Myfest herum.

Insgesamt bewährte sich das neue Konzept aus Sicht der Bezirksverwaltung, das Fest verlief friedlich und der Massenandrang war kontrollierbar. Im Mai 2018 kam neu hinzu, dass der Bezirk im Görlitzer Park ein Mai-Görli benanntes Fest veranstaltete. Mit einer Umzäunung, zahlreichen kontrollierten Eingängen und zwei Bühnen sollte so eine erneut zu erwartende wilde Feierei auf dem Gelände in geordnete Bahnen geleitet werden. In den vorangehenden Jahren waren dort insbesondere illegale Technopartys mit großer Lautstärke und starken Verschmutzungsfolgen veranstaltet worden.

Auf dem nicht weit entfernt ablaufenden Myfest war das erforderliche politische Themenangebot in dem Jahr nur noch sehr begrenzt wahrnehmbar. Selbst die Revolutionäre-18:00-Uhr-Demo präsentierte sich zum ersten Mal in reduzierter Version, indem sie keine Bögen mehr nach Neukölln hineinschlug, sondern vom Oranienplatz direkt zum Schlesischen Tor zog.

Die radikale Protestkultur fand an dem Tag indessen mit einer anderen Aktion weit entfernt eine stärkere öffentliche Beachtung. Der Grunewaldspaziergang aus der Hausbesetzerzeit hin zu den schicken Villen mit Adressen von Immobilienbesitzern wurde wiederentdeckt. Zu dem Scherzprotestzug mit dem satirischen Motto „Wo eine Villa ist, ist auch ein Weg" waren nur einige Hundert Teilnehmende erwartet und 400 angemeldet worden, doch es kamen nach offiziellen Angaben gut 3 000 und nach den Schätzungen der Organisierenden sogar etwa 5 000 Menschen. Weil der sonst friedliche Umzug wegen einiger Schmierereien auf Autos längere Zeit von der Polizei angehalten worden war, konnte die Zusage, das Ereignis um 17:00 Uhr abzuschließen, um dann noch rechtzeitig zur Kreuzberger 18:00-Uhr-Demo zu gelangen, nicht eingehalten werden. Ob sich hier neue Entwicklungen anbahnten, die zu einer weiteren Entpolitisierung und auch Vereinnahmung der 1.-Mai-Tradition in Kreuzberg selbst führen würden, wurde unterschiedlich beurteilt. Die *taz* etwa äußerte sich über die Kreuzberger 1.-Mai-Aktivitäten unter dem Aspekt politischer Widerständigkeit recht kritisch und der Verfasser des Artikels betonte das oppositionelle Potenzial des wiederentdeckten Grunewaldspaziergangs umso stärker: „Dass der Tag keine Niederlage für die politische Linke wurde, ist der Demo im Grunewald zu verdanken. Etwa 3 000 Menschen, jung wie alt, fanden den Weg hinaus ins ‚Problemviertel'. Satirisch ummantelt, war es ihnen dabei ernst mit ihren gepinselten Forderungen: ‚Enteignungen – warum nicht?' hieß es da oder auch: ‚Alles allen'. […] Die antikapitalistische Stoßrichtung war dabei nicht weniger pointiert als unter der schwarzen Kapuze in Kreuzberg. Für die kommenden Jahre sollte das ein Beispiel geben: Raus aus Kreuzberg und den Ritualen, hinein in neue Viertel und inhaltliche Auseinandersetzungen. Es gibt nichts zu verlieren. (Außer die Ketten)."[11]

Ist das ein Abschied vom renitenten Kreuzberger 1. Mai und vielleicht von einer Kreuzberger Aufmüpfigkeit im weiteren Sinne? Solche Schwanengesänge hat es häufiger gegeben – schon vor Jahrzehnten, wie in dem folgenden Kapitel zu dokumentieren ist, und es bleibt abzuwarten, wie es künftig in Kreuzberg um den Tag nach der Walpurgisnacht bestellt ist.

VERÄNDERUNGEN IN DER ZEIT NACH DEM MAUERFALL – ABGESÄNGE AUF DEN MYTHOS KREUZBERG UND NEUE VERNETZUNGEN

Nach dem Fall der Mauer im November 1989 endete die Grenzlage Kreuzbergs, die, wie hier in früheren Kapiteln bereits angeführt, mit zu den Ursachen für seine besondere Entwicklung und Atmosphäre gerechnet wurde. Da Kreuzberg SO 36 mit seinem Terrain nach drei Seiten hin an die Mauer grenzte und somit wie eine städtische Halbinsel empfunden werden konnte – weit weg von dem etablierten Metropolenzentrum um den Kurfürstendamm herum –, schienen hier die Bedingungen für die Herausbildung einer alternativen und zum Teil auch resistenten Kultur besonders günstig zu sein. Diese Situation war jetzt mit einem Schlag nicht mehr gegeben und die Frage mochte naheliegen, ob die Kreuzberger Besonderheit damit ihr Ende gefunden hatte. Veränderungen ergaben sich auch dadurch, dass sich in einigen Stadtteilen im bisherigen zur DDR gehörenden Berlin interessante Treffpunkte und kleine kulturelle Zentren neu bildeten oder in Ansätzen zuvor schon bestanden hatten, die denen in der alternativen Szene Kreuzbergs nicht unähnlich waren. In Prenzlauer Berg hatte es solche Entwicklungen schon in der späten DDR-Phase gegeben, und manches davon wurde in West-Berlin und der Bundesrepublik noch vor der Wende erstaunt wahrgenommen. In Artikeln über die Szene von Prenzlauer Berg berichteten westliche Journalisten, die sich in dem Ostbezirk umgeschaut und einschlägige Treffpunkte besucht hatten, über Ost-Punks und Freaks in Hinterhöfen, über Galerien auf Dachböden und Theatervorstellungen in Altbauwohnungen.

Zur Erkundung der Gründe für eine besondere Konzentration alternativer kultureller Aktivitäten gerade in diesem Bezirk sind stadtgeschichtliche Erklärungsfaktoren mit heranzuziehen. Der Prenzlauer Berg hatte sich in den ersten Jahrzehnten des 20. Jahrhunderts ähnlich wie der Wedding und wie das östliche Kreuzberg zu einem ausgesprochen proletarischen Wohngebiet innerhalb Berlins entwickelt. Im Unterschied zu anderen Bezirken dieser Art gab es in Prenzlauer Berg indessen, abgesehen von der großen Gasanstalt an der Danziger Straße, kaum irgendwelche Industriebetriebe, so dass von Strukturen, die der legendären Kreuzberger Mischung in den Blöcken vergleichbar gewesen wären, hier kaum etwas wahrzunehmen war. Dafür war die Dichte der bewohnten Mietshäuser besonders groß. Werner Hegemann führte in seinem 1930 erschienenen berühmten Buch *Das steinerne Berlin* für seine Schilderung der überbelegten „Mietkasernenstadt" vorrangig Beispiele aus Prenzlauer Berg an, so explizit ein Haus mit mehreren lichtlosen Hinterhöfen in der Schönhauser Allee.[1]

Das Fehlen von Industriebetrieben mochte ein Grund dafür gewesen sein, dass dieser Bezirk im Unterschied zu verschiedenen anderen im Zweiten Weltkrieg keine Flächenbombardierung erlebte. Daraus ergab sich für eine spätere Zeit, dass hier keine Grundstücke für Neubauten zur Verfügung standen, sofern keine Abrisse vorgenommen wurden. Die vorhandenen Altbauten hatten in den Nachkriegsjahrzehnten einen hohen Instandsetzungsbedarf, der von den zuständigen Ost-Berliner Behörden wenig beachtet wurde, denn die begrenzten finanziellen Ressourcen waren seitens der staatlichen Planungsinstanzen der DDR vor allem dafür bestimmt, dem großen Wohnungsmangel so schnell wie möglich durch die Errichtung von Plattenbauten außerhalb der Stadtkerne wie in Berlin in Marzahn, in Hellersdorf oder zum Teil in Hohenschönhausen zu begegnen. Dorthin zogen dann auch aus Prenzlauer Berg zahlreiche vor allem jüngere Familien mit Kindern, die in den zunehmend verwahrlosenden Altbauquartieren nicht

Kreuzberg

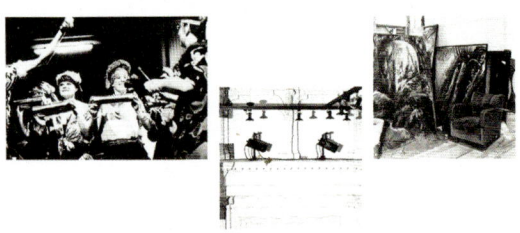

Prenzlauer Berg

Umschlagvorderseite der Publikation *Kreuzberg – Prenzlauer Berg. Annähernd alles über Kultur*, 1990

mehr länger wohnen mochten. Damit bietet sich ein Vergleich mit dem Stadtteil SO 36 in Kreuzberg an, wo es ebenfalls einen Wegzug von jüngeren Familien und aufstiegsorientierten Berufstätigen aus maroden Altbauten mit Ofenheizung und Außentoilette in bessere Stadtteile oder Trabantenstädte wie Gropiusstadt und das Märkische Viertel gab.

Auch in Prenzlauer Berg ergab sich, ähnlich wie in Kreuzberg, infolge der Abwanderung ein erschwingliches Angebot von Räumen für Personen, denen es weniger um einen als bürgerlich erachteten Wohnkomfort

denn um die Entfaltung kreativer und gemeinschaftsorientierter Aktivitäten ging. Begünstigt wurde die Ausbreitung einer alternativen Szene dadurch, dass die zuständigen Verwaltungsinstanzen in den 1980er-Jahren in ihren Kontrollmöglichkeiten überfordert waren und schlichtweg den Überblick darüber verloren hatten, welche Wohnungen leer standen und wer in welchem Haus wohnte. Es war hier wegen des großen Leerstands zudem leichter als in anderen Gegenden Ost-Berlins, offiziell eine Wohnberechtigung zu erhalten, und wer zu einer angemeldeten Sanierung der Wohnung bereit war, konnte mit einem behördlichen Zuschuss als „Hilfe zur Selbsthilfe" rechnen. In einer Publikation zur Geschichte des Bezirks Prenzlauer Berg heißt es dazu: „Wer erfinderisch war und selbst Hand anlegte, konnte hier nicht nur Wohnraum für den eigenen Bedarf, sondern darüber hinaus auch Freiräume für eine der staatlichen Allmacht entzogene Lebensform mit Gleichgesinnten durchsetzen."[2] Zu öffentlich finanzierten Stadterneuerungen kam es in dem Bezirk nur im Falle von einigen Prestigeobjekten mit dem Blick auf die 750-Jahr-Feier, so am Kollwitzplatz mit einer Totalsanierung der davon abzweigenden Husemannstraße und an der Danziger Straße mit der Anlegung des Thälmannparks nach dem gegen starke Proteste dort erfolgten Abriss der denkmalgeschützten ehemaligen Gasanstalt.

Die Wahrnehmung von Gemeinsamkeiten zwischen den kulturellen Aktivitäten in beiden Bezirken fand auch auf behördlicher Ebene ihren Niederschlag, und es kam bald nach dem Fall der Mauer zu einer direkten Kontaktaufnahme zwischen dem Kreuzberger Kunstamt und dem Kulturamt in Prenzlauer Berg. Die Gespräche, zu denen auch weitere Interessierte herangezogen wurden, führten sogar zu der Idee, eine Art besonderer Partnerschaft zwischen den beiden Bezirken herzustellen, und sie wurde in Ansätzen auch organisatorisch vorbereitet. Langfristig hatte das Projekt keinen Bestand, da es insgesamt eine zu geringe Unterstützung fand und dann auch bekannt wurde, dass im Zuge der Berliner Verwaltungsreform andere Bezirksverbindungen vorgesehen waren.

Immerhin war der Plan zunächst so seriös, dass er zu einer Buchpublikation unter dem Titel *Kreuzberg – Prenzlauer Berg. Annähernd alles über Kultur* führte. Herausgegeben wurde das großformatige, umfangreiche Werk mit zahlreichen Illustrationen vom Kunstamt Kreuzberg und die Einführung hatte dessen Leiterin Krista Tebbe verfasst. Sie schreibt darin zu dem gemeinsamen Kulturkatalog mit einer, wie sie es sieht, antizipatorischen Bedeutung für die jetzt vereinigte gesamte Stadt, dass die Funktionen beider Stadtteile vergleichbar seien. Wegweisend ist für sie in diesen Ausführungen eine tendenziell „dezentrale Kulturarbeit" in Hinblick auf die Förderung von Projekten und Initiativen. Diesem Begriff kam zu jenem Zeitpunkt generell eine wichtige kulturpolitische Bedeutung zu, so etwa im Programm der Partei Alternative Liste und mit besonderem Gewicht wiederum in deren Kreuzberger Bezirksgruppe. In Tebbes Vorwort wird auf das außergewöhnliche kulturelle Potenzial der beiden besonders dicht besiedelten und sozial benachteiligten Altbaubezirke verwiesen, zugleich aber auch auf mögliche Gefährdungen. Zu Ersterem schreibt sie bezogen auf Kreuzberg: „Der ärmste Bezirk im westlichen Berlin ist kulturell der reichste. […] Der Stadtteil mit der höchsten Bebauungsdichte, einem ungewöhnlich hohen Anteil an Bausubstanz aus der Zeit vor 1914, mit den wenigsten Grünflächen, dem höchsten Arbeiteranteil, den meisten Kindern, der größten Abhängigkeit von staatlichen Sozialleistungen, einem Drittel Bewohner ohne deutschen Paß – dieser Stadtteil bietet den meisten Platz für Kunst."[3] Die letzte Feststellung wird anschließend von ihr durch einige statistische Angaben konkret belegt, so etwa, dass Recherchen zufolge „67 Prozent aller freien Theatergruppen in West-Berlin mit Kreuzberg zu tun haben, da wohnen, proben oder auftreten."[4] Ähnlich werden die überdurchschnittlich hohen Zahlen von Kunstschaffenden und anderen kulturell Tätigen sowie Galerien und Spielstätten angeführt, zu denen das Buch selbst im Katalogteil dann nähere Angaben mit Adressen enthält. Sorgenvoll blickt sie auf den Wegfall der Randlage des Bezirks sowie auf die strukturellen Veränderungen im Produktions- und Dienstleistungsbereich, durch die etwa Hightech-Betriebe an bisher preiswerten Fabriketagen interessiert sind, die von künstlerisch Schaffenden bisher zu moderaten Preisen als Ateliers angemietet worden waren und jetzt im Bereich höchster Immobilienverwertbarkeit liegen.

Der im September 1990 neu eingesetzte Leiter des Kulturamtes von Prenzlauer Berg, Thomas Flierl, teilt in seinen Ausführungen in dem Buch Tebbes Ambivalenz in der Bewertung der gegenwärtigen Situation und möglicher künftiger Entfaltungsmöglichkeiten des kulturellen Schaffens. „Mit dem Zusammenbruch des administrativen Systems", so schreibt er über die jüngste Entwicklung in Prenzlauer Berg, „konnten die Nischen verlassen werden. Nun könnten sich viele Projekte frei entwickeln und ausdifferenzieren, wenn nicht der ökonomische Druck auf die sozialen Existenzbedingungen der KünstlerInnen und Kulturinitiativen ständig und unkalkulierbar wachsen würden."[5] Dabei wird nach seinen Befürchtungen die „Restitution der ursprünglichen Eigentumsverhältnisse" in den Wohnhausblöcken in Prenzlauer Berg und „die Freigabe der Mietpreise für Gewerberäume in privaten Häusern vielen der ca. 500 bildenden KünstlerInnen kurz- oder mittelfristig die Existenzgrundlage entziehen." Allerdings äußert er sich nicht grundsätzlich pessimistisch, hat einen Wandel „mit offenem Ausgang" im Blick und schreibt: „Mit der Kultur im Prenzlauer Berg könnte sich die Gewißheit einer lebenswerten und selbstbestimmten Zukunft für die BewohnerInnen dieses Bezirkes verbinden."[6] Ein ermutigender Schritt in diese Richtung war sicherlich die Übernahme der ehemaligen Schultheißbrauerei mit historischen sanierungsbedürftigen Gebäuden durch die Treuhandanstalt im Jahr 1990 und dann die Gründung der KulturBrauerei gGmbH noch im selben Jahr. Auch nach Eigentümerwechseln in späterer Zeit konnte die vielfältige kulturelle Nutzung des Geländes fortgesetzt werden.

Generell ist indessen anzumerken, dass im Kontext der Überlegungen über die Zukunft des Bezirks und der kulturellen Aktivitäten in ihm offenbar nicht erwartet wurde, dass sich die überfällige Reparatur der verwahrlosten Altbauviertel beträchtlich auf die Zusammensetzung der ansässigen Bevölkerung auswirken würde. In einer Publikation zur Geschichte des Bezirks von 1994 heißt es im Einführungstext: „Der Bezirk gilt mittlerweile als das ‚größte Sanierungsgebiet in der Mitte Europas'."[7] Zu den Folgen gehörte ein häufig kommentierter Gentrifizierungsprozess mit beträchtlichen Verdrängungen auch von Einrichtungen einer Off-Kultur, die es nicht selten nach Kreuzberg verschlug wie, um hier konkret ein Beispiel anzuführen, im Falle eines von Pamela Schobeß und Lars Döring in der Kreuzberger Obentrautstraße auf dem sogenannten Dragonerareal wiedereröffneten Livemusik-Clubs, der nach der Abwanderung aus Prenzlauer Berg im Jahr 2011 auch den Namen wechselte und jetzt der Gretchen Club wurde. Der Grund waren drastische Gewerbemieterhöhungen in Prenzlauer Berg gewesen. Nach einigen Jahren ergaben sich auch am neuen Ort wieder Verdrängungsdrohungen, denen jedoch im Rahmen eines Engagements zusammen mit untereinander vernetzten Kreuzberger Initiativen mit Widerstand begegnet wurde, der nicht ohne Erfolg blieb.[8]

Trendgebundene Thematisierungen eines Mythos Kreuzberg

Die oben zitierten konkreten Angaben der Kunstamtsleiterin Krista Tebbe zu der im Vergleich mit sämtlichen anderen Bezirken in West-Berlin sehr hohen Anzahl von freien Theatergruppen in Kreuzberg ebenso wie von Galerien, kleinen Aufführungsstätten und verschiedenen alternativen Einrichtungen könnten als Beleg dafür angeführt werden, dass der Ruf Kreuzbergs als ein recht besonderer Bezirk reale Grundlagen hatte und nicht nur auf einer Legendenbildung beruhte, nicht nur als ein von außen erzeugter Mythos zu bewerten war, obgleich in den Medien manches fantasievoll hinzugedichtet worden sein mochte, wenn über den inzwischen auratischen Stadtteil berichtet wurde. Gerade aber der seit einer Weile stark im Trend liegende Mythosbegriff wurde zu jenem Zeitpunkt häufig verwendet, wenn über Kreuzberg geschrieben oder gesprochen wurde, und er ging sogar in die Titel von Buchpublikationen und akademischen Arbeiten über den Stadtteil ein. Bereits relativ früh war dies der Fall in einer von Ursula Vorwerk verfassten Diplomarbeit mit dem sprechenden Titel: *Mythen in Texten und Bildern über Berlin-Kreuzberg. Die Anwendungsmöglichkeit der Methode Roland Barthes' in der kulturellen Bildungsarbeit mit Jugendlichen und Erwachsenen.* Es handelte sich um eine 1983 vorgelegte Diplomarbeit im Fachbereich Erziehungs- und Unterrichtswissenschaften der FU Berlin.

Wer den Mythosbegriff des französischen Linguisten und Kulturwissenschaftlers Roland Barthes heranzog, musste die Bedeutung der zeichenhaften Konstruktion betonen und ihrer Differenz zur empirischen Realität. Der Mythos ist nach Barthes in erster Linie eine Aussage, eine Weise des Bedeutens, die durch unbewusst bleibende Motive gelenkt sein kann und nicht vorrangig durch das Objekt bestimmt wird, in dem hier behandelten Fall also nicht primär durch die konkret wahrnehmbaren subkulturellen Aktivitäten in Kreuzberg. Allerdings entsteht er Barthes zufolge in der Regel nicht durch reine Erfindung, sondern gründet in begrenztem Umfang auf realen historischen und örtlichen Vorgaben.

Die erste Buchpublikation mit dem Titel *Mythos Kreuzberg* entstammte nicht etwa der Sphäre der Universität, sondern erschien im Jahr 1991 „im Auftrag des Bezirksamts Kreuzberg von Berlin", wie es explizit auf der Titelseite heißt.[9] Der Herausgeber des Buches mit

Umschlagvorderseite der im Auftrag des Bezirksamtes Kreuzberg veröffentlichten Publikation *Mythos Kreuzberg*, 1991

einer solchen Renaissance verholfen haben, daß man das Wort schon gar nicht mehr hören mag, ist am gängigsten wohl die einfache Begriffsbestimmung eines Roland Barthes als Spiegelung der gesellschaftlichen Wirklichkeit in Massenmedien und anderswo, als Klischeevorstellung, die sich neben den klaren Bedeutungsinhalten der Worte in ihnen als ein mythologischer, ideologischer Hintersinn ausdrückt."[10] Die These von der Konstruiertheit des Mythos, die bei Roland Barthes allerdings komplizierter mit der Verwendung von sprachwissenschaftlichen Begriffen wie „Signifikat", „Signifikant" und anderen mehr formuliert ist, musste verantwortlichen Personen im Bezirksamt Kreuzberg zu diesem Zeitpunkt besonders entgegenkommen, denn der Ruf des Bezirks als ein sehr besonderer hatte seit den Ereignissen vom Mai 1987

Bezirksbürgermeister Günter König (SPD), hier 2001 im BVV-Saal des Rathauses, schrieb ein kritisches Geleitwort für *Mythos Kreuzberg*

einem Umfang von über 250 Seiten war Stefan Krautschick, der im Bezirksamt für die Öffentlichkeitsarbeit zuständig war, und es enthielt ein Geleitwort vom damals von der SPD gestellten Bezirksbürgermeister Günter König. Krautschick verstand die Publikation, die aus einer Dokumentation von Pressestimmen und Kommentaren einzelner Personen wie etwa Baustadtrat Orlowsky bestand, nicht als Beitrag zu einer theoretischen Mythosdebatte, knüpfte jedoch an den erwähnten, im Trend liegenden Diskurs an und begann sein Herausgebervorwort mit einem Verweis auf Roland Barthes: „Von allen Spielarten, die dem Begriff ‚Mythos' neuerdings zu

eine entscheidende Wende erfahren: Kreuzberg war jetzt nicht mehr in erster Linie alternativ und ein kulturelles Experimentierfeld, sondern stand in hohem Maße für Krawall und Chaos. Bürgermeister König geht in seinem Geleitwort auf diese Veränderung ein, indem er auf einen Artikel des *Spiegel* aus dem Jahr 1987 verweist, der die Kreuzberger Szene „in die Nähe krimineller Machenschaften" rückt. Bis dahin, so fügt er hinzu, „wurde in den Medien ‚die Alternative' Kreuzberg gepflegt, die Alternative zum bürgerlichen Leben."[11]

Eine weitere Publikation des Bezirksamtes Kreuzberg, die 1993 erschien, wollte dagegen von einer hemmenden Beschäftigung mit dem Mythos Kreuzberg wegkommen, was der aus mehreren Sätzen bestehende Titel in einem emphatischen Appell zum Ausdruck bringt: *Kreuzberg gestern heute übermorgen. Ein neues Kreuzberg braucht das Land! Keine neuen Mythen! Entdeckt Kreuzberg neu!.*[12] Die Beiträge in dem Buch entsprangen einem Essaywettbewerb für Journalisten, zu dem der damals amtierende Bezirksbürgermeister Peter Strieder (SPD) angesichts der Umbruchsituation in den Jahren nach dem Mauerfall aufgerufen hatte. Als Verantwortliche für die Redaktion, den Titelentwurf und das Layout wird in dem Impressum die spätere Kreuzberger Bürgermeisterin Monika Herrmann genannt. Erwartet worden waren fantasievolle Zukunftsperspektiven als mögliche Grundlage für Debatten. „Wir brauchen Utopien und Menschen, die bereit sind, diese Utopien umzusetzen", hatte Bürgermeister Strieder in seinem Aufruf geschrieben.[13] Das Ergebnis war dann offenbar nicht so wie erwartet. „Doch schien die Mythos-Versuchung stärker gewesen zu sein als die Neugier", heißt es etwas ernüchtert in Monika Herrmanns redaktionellem Vorwort zu 15 veröffentlichten Wettbewerbsbeiträgen, die, so schreibt sie weiter, „zum Teil düstere Bestandsaufnahmen" enthielten, „kaum sonnig visionär, eher apokalyptisch trüb."[14] Unverkennbar ist in mehreren von ihnen der Wunsch nach der Fortdauer einer Kreuzberger Identität.

Die auf Kreuzberg bezogene Mythendiskussion ließ sich nicht so leicht verbannen. Eine weitere Buchpublikation mit dem Titel *Mythos Kreuzberg* erschien im Jahr 1998 im Frankfurter Campus-Verlag. Das Werk war von der Verfasserin Barbara Lang 1996 als Dissertation an der Berliner Humboldt-Universität eingereicht worden. Es beruft sich in seiner theoretischen Fundierung ebenfalls auf den Mythosbegriff von Roland Barthes und ist ganz auf Abgesang eingestimmt. Mythen stellen Roland Barthes zufolge keine statischen Phänomene dar, sondern sind in die Geschichte eingebunden und haben eine Entstehungs- wie auch Verfallszeit. Letztere hat nach der Prognose dieser Arbeit für Kreuzberg mittlerweile begonnen. Für den Veränderungsprozess, den Kreuzberg durchlaufe, dient der Verfasserin das Wort „Metamorphose" als zentraler theoretischer Begriff und für die letztliche Begrenztheit der Terminus „Liminalität".[15]

Zu den allgemein erwarteten Folgen der nach dem Mauerfall und der neuen Innenstadtlage einsetzenden Gentrifizierung werden in der Einführung der Arbeit Pressestimmen aus den frühen 1990er-Jahren zitiert, so aus der *Berliner Zeitung* vom 17. August 1991: „Der ‚Schmuddelbezirk' wird zu einer ersten Adresse"[16] und eine ähnliche Prophezeiung aus der *taz* vom 7. November 1992: „Richtig schick wird es hier und richtig teuer."[17] Zu diesen Fällen merkt Barbara Lang in ihrer einige Jahre danach abgeschlossenen Arbeit selbst an, dass der Zeithorizont für solche Ausblicke ein verfrühter war. „Ein kurzer Blick in die Statistik genügt", so schreibt sie, „um die behaupteten Veränderungen Lügen zu strafen." Sie führt Zahlen dafür an, dass Kreuzberg in Bezug auf Sozialhilfeberechtigte in Berlin „in absoluter Führung" liege und dass das Durchschnittseinkommen im Bezirk niedriger sei als das in der gesamten Stadt.[18]

Die neue Innenstadtlage und der damit etwas langsamer als von manchen vermutet einhergehende Gentrifizierungsprozess werden in der Arbeit nicht als die einzigen Bedingungsfaktoren für Kreuzbergs Metamorphose angeführt. Ein wichtiger Faktor ist der Verfasserin zufolge auch ein kultureller Veränderungsprozess bereits seit den frühen 1980er-Jahren, der diesen besonderen Bezirk nicht ausspart und vor allem in der jungen Generation Kreuzbergs aufmüpfige Alternativität zum Verschwinden bringen wird. Gemeint ist damit die Tendenz hin zu einer politisch angepassten Lifestyle-Kultur insbesondere in der jungen „Generation X", auch „89er-Generation" sowie „Love-Parade-Jugend" genannt. Sie wurde, so heißt es im Abschlusskapitel der Arbeit, „im Kontext postmoderner Lebenseinstellungen sozialisiert; Pluralität und Heterogenität gehören daher zu ihren Grunderfahrungen. [...] Insofern versteht sich die Generation X – ganz im Gegensatz zur alternativen Generation – auch nicht mehr als Gegenentwurf zur bestehenden Gesellschaft, vielmehr wird von ihr das Bestehende als Teil der Vielfalt akzeptiert und integriert."[19] Der „Mythos Kreuzberg" wird jetzt, so eine der Thesen des Buches von Barbara Lang, bereits unübersehbar durch den „Mythos Mitte" abgelöst, also durch eine mythengespeiste Anziehungskraft des früheren Ost-Berliner Bezirks Mitte. Sie begründet und schildert diesen Wechsel wie folgt: „Ähnlich wie der ‚Mythos Kreuzberg' wurde auch der ‚Mythos Mitte' maßgeblich durch eine visuelle und diskursive Repräsentation ins Leben gerufen und so entstanden, parallel zum Abgesang auf Kreuzberg, Wiegenlieder für ein neues Utopia: ‚Nie wieder Kreuzberg', erklärte Modedesignerin Claudia Skoda gegenüber dem Stadtmagazin *Tip* und nannte als neues Dorado das ‚Scheunenviertel', wo sie fortan leben und arbeiten will. Postkarten, auf denen der morbide Charme Kreuzbergs zur Schau getragen wurde, präsentieren nun Hinterhofidyllen und Fassadenkunst aus Mitte."[20]

Auch dem Mythos Mitte ist eine Liminalität vorgegeben, und im Vergleich zu Kreuzberg sogar in einer Variante der Beschleunigung: „War der Mythos Kreuzberg zumindest noch auf Dauer gedacht und konzipiert, trägt das neue Utopia den schnelleren Verfallszeiten Rechnung, Mobilität, Beschleunigung und Delokalisierung, gewissermaßen das Kennzeichen unserer Zeit, finden auch in der Phantasie- und Wunschwelt ihren Niederschlag."[21]

An dieser Stelle erscheint es angemessen, vom Ende des Untersuchungszeitraums der Arbeit um 1995 einen kurzen Blick um etwa zwei Jahrzehnte nach vorne zu werfen, um hier schon anzudeuten, dass sich solche Prognosen für Kreuzberg zu einem beträchtlichen Teil nicht bestätigt haben. Zwar ist ein fortschreitender Gentrifizierungsprozess, auf den in den Ausblicken von Langs Arbeit hingewiesen wird, nicht von der Hand zu weisen, und er löst in letzter Zeit in Kreuzberg insbesondere auch im Bereich des Gewerbes Besorgnis aus. Es hat jedoch, und dies rund zwei Jahrzehnte nach der wissenschaftlich gestützten Voraussage eines baldigen und bereits sichtbaren Endes Kreuzberger Alternativität, große und in einigen Fällen erfolgreiche Widerstandsaktionen in dem Stadtteil gegeben, auf die im Folgenden noch einzugehen sein wird. Diese in letzter Zeit wieder gewachsene Renitenz, die bisher ebenfalls zum Ruf eines besonderen Kreuzbergs gehörte, des Gallischen Dorfes in Berlin, wie es in übertriebener Weise immer wieder etikettiert wurde, geht in der Arbeit weitgehend unter zugunsten von Zuschreibungen wie Rückzugsnische, Experimentierfeld für andere Lebensformen und dergleichen. Wer bei einigen der besonders massenhaft unterstützten Widerstandsaktionen gegen Zwangsräumungen sowie auch Gewerbeverdrängungen in SO 36 in den 2000er- und 2010er-Jahren zugegen war, hat nicht übersehen können, dass besonders viele junge Menschen daran teilgenommen haben. Anzeichen für eine postmoderne Lifestyle-Kultur waren bei solchen Ereignissen sicherlich nirgends wahrnehmbar.

Zu dem letztgenannten Phänomen ist anzumerken, dass, verglichen mit der langen Tradition Kreuzberger Widerstandskultur schon seit Ton Steine Scherben, ihre Liminalität relativ schnell wirksam geworden ist. Die postmoderne Atmosphäre dieser Generation-X-Kultur war besonders in neuen New-Wave-Lokalen präsent. Auch in Kreuzberg wurden einige davon gegründet, aber nicht besonders viele, und sie befanden sich manchmal, wie etwa in der Oranienstraße, in unmittelbarer Nähe von prall gefüllten Lokalen, in denen junge Menschen, darunter Gruppen von Autonomen, einem ganz anderen Stil anhingen, der sich in Anarchoparolen, wild anmutenden Wanddekorationen und geräuschvoller Punkmusik oder einem Politrock im Stil von Ton Steine Scherben ausdrückte. Sie überdauerten zumeist die stilvollen New-Wave-Lokale, die eine Zeitlang angesagt waren und dann vergleichsweise schnell wieder verschwanden.

Mythosdefinitionen hatte es verschiedentlich auch vor dem zeitweise stark im Trend liegenden Konzept von Roland Barthes gegeben, und es folgten weitere Diskussionen dazu in Publikationen der jüngsten Zeit. Ein Bestimmungsmerkmal, das in ihnen häufig hervorgehoben wird, ist das des Andersseins, der Alterität. Der Mythos vom Paradies etwa bezieht sich auf die Vorstellung von einer früheren Welt, die sich grundsätzlich unterschied von der späteren uns vertrauten mit ihrer Sündhaftigkeit und ihren Mühen. Die Verwendung des Begriffs „Mythos Kreuzberg" suggeriert unter diesem Aspekt einen Unterschied zwischen dem einen Bezirk und dem übrigen Berlin, der jedoch so grundlegend nicht existiert. Das Alltagsleben in Kreuzberg hat vieles mit dem in anderen Stadtteilen gemein, wenngleich eine Konzentration von Besonderheiten, von alternativen Entwicklungen über einen längeren Zeitraum hinweg nicht zu leugnen ist und sich nachweisen lässt. In der vorliegenden Arbeit wird daher der Mythosbegriff bewusst nicht zur Kennzeichnung von Entwicklungen und Erscheinungen verwendet; es geht um Besonderheiten, die partielle Übereinstimmungen mit dem als normal Empfundenen nicht ausschließen.

Kontaktausweitungen: Der grenzübergreifende Luisenstadtverein

Wenngleich der Bezirk Prenzlauer Berg, wie im vorangehenden Kapitel ausgeführt, bereits vor dem Fall der Mauer und auch längere Zeit danach besonders im Fokus eines Interesses an nicht etablierten und aufmüpfigen kulturellen Aktivitäten gestanden hatte, so gab es in dieser Zeit durchaus auch an anderen Stellen im Ostteil Interessantes zu entdecken, insbesondere im Bezirk Mitte, auf den in Barbara Langs Buch *Mythos Kreuzberg* besonders verwiesen wird, so etwa in der Auguststraße und am Hackeschen Markt, neugierig beäugt von West-Berliner und gerade auch Kreuzberger Seite. Künstlerisch Schaffende, die in Kreuzberg ihre Wohnungen und Ateliers hatten, besuchten jetzt besonders zahlreich die oft neu gegründeten Präsentationsorte und beteiligten sich aktiv an Ausstellungen. Auch Kreuzberger Off-Theater zogen in den Ostteil, um vor neuen interessierten Kreisen aufzutreten, manchmal in spontan dafür eingerichteten Räumen in Häusern, in denen die Eigentumsverhältnisse noch ungeklärt waren. Damit ist indessen bereits angedeutet, dass es nicht einfach um einen Trendwechsel ging, der jetzt die neuen interessanten Orte im Ostteil mit dem Etikett „angesagt" versah und die Off-Kultur in Kreuzberg mit dem des „passé". Solche Vereinfachungen, zu denen es eine Zeitlang hier und da tatsächlich kam, übersahen nicht nur die langfristige Herausbildung von kreuzbergspezifischen kulturellen Entwicklungen mit ihren wichtigen räumlichen Zentren, sondern sie ignorierten auch die zahlreichen neu hergestellten Kontakte im künstlerischen wie auch in einem weiteren soziokulturellen, auf die Stadt bezogenen Bereich, die sich für beide Seiten als bereichernd erweisen konnten.

In manchen Fällen führte der Austausch zur Neugründung von bezirksübergreifenden Projekten und Vereinigungen, von denen eine im Folgenden exemplarisch vorgestellt werden soll. Einen Anlass dafür bietet nicht zuletzt auch die Rolle, die Pfarrer Klaus Duntze, über dessen Engagement in vorangehenden Kapiteln unter anderen im Kontext der *Strategien für Kreuzberg* oder dem Bethanien-Komplex berichtet wurde, dabei als Mitiniti

Gründungssitzung des Bürgervereins Luisenstadt in der Stadtteilbibliothek Oranienstraße, Februar 1991

Der dreiköpfige Vorstand des Luisenstadt-Vereins: Klaus Duntze, Frauke Mahrt-Thomsen, Frank Eberhardt (v.l.n.r.), Februar 1991

ator spielte. Von ihm kam der Vorschlag, einen Luisenstadtverein zu gründen. Die Luisenstadt, die sich seit dem 18. Jahrhundert über eine lange Zeit hinweg zu einem relativ geschlossenen identitätsstiftenden städtischen Gebiet herausgebildet hatte, wurde später im Zuge der Verwaltungsreform zu einem Teil dem Bezirk Kreuzberg zugeschlagen, während der nördliche Teil dem Bezirk Mitte angehörte und somit nach der Teilung Berlins und dem Bau der Mauer auf der Ost-Berliner Seite angesiedelt war. Über die erste Versammlung zur Gründung des Luisenstadtvereins am 6. Februar 1991 schrieb die später in den Vorstand gewählte Kreuzberger Bibliotheksleiterin Frauke Mahrt-Thomsen in der Zeitschrift *Kreuzberger Stachel*: „Fast einhundert BürgerInnen, darunter erfreulich viele aus Mitte, bekannte Vertreter der Kreuzberger Szene, Planer und Bezirkspolitiker kommen und diskutieren über den Umgang mit der Mauerwüste, über die Gestaltung des Luisenstädtischen Kanals, des Engelbeckens und anderer Grünflächen, über den Verbleib der Wagenburg und die wachsenden Verkehrsprobleme."[22]

Die eine und die andere Seite waren aus der Sicht der Versammelten jetzt nicht der Osten und der Westen, wie sie gerade in dieser Zeit ständig einander gegenübergestellt wurden, sondern eine lokale Basis im Kontrast zu berlinübergreifenden Instanzen, die eine Vereinigung von oben vorantrieben. Nach dem Konzept des neu zu gründenden Vereins sollten die vor Ort Ansässigen, so heißt es in Mahrt-Thomsens Artikel, „so viel wie möglich mitreden bei der städtebaulichen Entwicklung ihres neu über den Mauerstreifen zusammengewachsenen Stadtteils und sich kräftig zur Wehr setzen gegen eine Metropolenplanung, die an den lokalen Interessen vorbeigeht." Dabei wurde bewusst an die Tradition eines früheren Luisenstädtischen Bürgervereins angeknüpft, dessen Mitglieder bekannt waren „für ihr demokratisches und aufmüpfiges Verhalten."[23] Die Organisierung grenzüberschreitender Zusammenschlüsse nahm auf gesamtberliner Ebene indessen einen anderen Verlauf als hier angedacht, wie im Kapitel über die Bezirksfusion zu zeigen sein wird.

ÖKOLOGISCH AUSGERICHTETE KREUZBERGER AKTIVITÄTEN UND PROJEKTE

Die langjährige Konzentration alternativer Aktivitäten und Einrichtungen in dem Bezirk sowie die starke Position der Partei Bündnis 90/Die Grünen auf kommunalpolitischer Ebene verlieh der Kreuzberger Spezifik auch eine naturverbundene ökologische Dimension. Aus den Jahren vor dem Fall der Mauer ließe sich in einer umfassenderen speziellen Darstellung dazu auf verschiedene Pflanzaktionen sowie Verkaufsstellen mit ökologischem Anspruch hinweisen. Als konkretes Beispiel sei hier der besonders ins Auge fallende Kinderbauernhof in SO 36 angeführt, eine Einrichtung mit Spielplätzen und offenen Gehegen für Haustiere mitten im dicht bebauten Viertel in der Nähe der Adalbertstraße.

Ein Kinderbauernhof in städtischer Umgebung in SO 36, Anfang der 1990er-Jahre

Die Protestaktion Oberbaumbrücke

Bald in der Zeit nach der Wiedervereinigung kam es zu einer gemeinsamen großen Aktion ökologisch orientierter Gruppen im Verbund mit dem Verein SO 36, der Kreuzberger Bezirksgruppe von Bündnis 90/Die Grünen als Nachfolgepartei der Alternativen Liste und Bevölkerungsteilen im Umfeld eines vorgesehenen innerstädtischen Verkehrsstroms zwischen Ost und West. Die Oberbaumbrücke, die bis 1989 als relativ wenig benutzte Grenzübergangsstelle ein weithin sichtbares Symbol für die Trennung zwischen den beiden Welten gewesen war, sollte jetzt nach der Sanierung und einem vierspurigen Straßenausbau im neuen innerstädtischen Ring ihrer autogerechten Zusammenführung dienen. Von den dagegen protestierenden Initiativen wurden Gutachten eingeholt, die voraussagten, dass Grenzen der vor einer Weile verabschiedeten Verkehrslärmschutzverordnung entlang der Strecke im östlichen Kreuzberg überschritten würden und dass die zwischen der Oberbaumbrücke und dem Halleschen Tor Wohnenden mit einer weiteren Verunreinigung der Luft

Die Oberbaumbrücke,
hier zu Ostern 1972, war
vor dem Fall der Mauer ein
wenig frequentierter auto-
freier Grenzübergang
zwischen Ost und West

durch Autoabgase sowie mit erhöhten Unfallgefahren zu rechnen hätten.

Im Frühjahr 1992 wurde ein Bürgerbegehren mit Unterschriftensammlungen an verschiedenen Stellen wie etwa vor dem Kreuzberger Rathausgebäude auf den Weg gebracht, mit dem nicht nur ein Abstandnehmen von dem Konzept, sondern eine Förderung der Nutzung öffentlicher Verkehrsmittel in dem Bereich verlangt wurde. Die Brücke wurde mit weithin sichtbaren Transparenten behängt wie etwa einem mit der Forderung: „Kein Auto über diese Brücke! Sondern: Straßenbahn, U-Bahn, Fahrradfahrer und Fußgänger!" Es kam zu Kundgebungen dort wie auch vor dem Rathaus in der Yorckstraße. Letztlich führten diese Aktionen nicht zu den gewünschten Ergebnissen. Der CDU-geführte Senat lehnte eine Wiederherstellung der ehemaligen Straßenbahnverbin-

dung über die Oberbaumbrücke ab, weil dies zu Behinderungen des Autoverkehrs führen könnte, und selbst die Verlängerung der U-Bahn-Linie 1 bis zur Warschauer Straße wurde auf eine ungewisse Zukunft verschoben, da die Gelder dafür fehlten.

Die Erfolglosigkeit des Protestes in diesem Falle führte indessen nicht zu einer wahrnehmbaren Resignation, eher hatten die Aktivitäten das Zusammenkommen und einen Widerstandswillen gestärkt, zumal sich die befürchteten Auswirkungen in der Folgezeit bestätigten. Der Verkehrsstrom vom Schlesischen Tor durch die Skalitzer und Gitschiner Straße zum Halleschen Tor und darüber hinaus blieb mit Lärmbelästigung, Umweltverschmutzung und Fehlen von Fahrradwegen in verschiedenen Abschnitten über Jahrzehnte hinweg ein Ärgernis.

Protesttransparent auf der Kreuzberger
Seite der Oberbaumbrücke, 1992

Oberbaumbrücken-Aktion vor dem Eingang des
Kreuzberger Rathauses, 1992

Informationsstand der Grünen/Alternative Liste in der
Yorckstraße zum Bürgerbegehren für die Verhinderung
eines Verkehrsstroms über die Oberbaumbrücke, 1992

Beschlagnahme eines Transparents mit der Forderung
einer autofreien Oberbaumbrücke, Mehringdamm/Ecke
Yorckstraße, 1992

Der Görli

Ein Kinderbauernhof entstand in der Folgezeit auch im Görlitzer Park, im Kreuzberger Jargon Görli genannt, ebenso wie ein kleiner See. Dieser 14 Hektar große Park entstand in den frühen 1990er-Jahren, nachdem es Ende der 1980er-Jahre eine Ausschreibung seitens des Bezirks dafür gegeben hatte. Er wurde nach dem Abriss der Gleisanlagen und Gebäuden des früheren Görlitzer Bahnhof dort angelegt. Ein Engagement für eine Begrünung und Nutzung dieses Geländes unter anderen für Kinderspieleinrichtungen hatte es bereits in den späten 1970er- und frühen 1980er-Jahren gegeben und auch die Anfänge des Kinderbauernhofs dort gehen in diese Zeit zurück. Zu einer aufsehenerregenden fehlerhaften Weitergestaltung des Görli kam es gegen Ende der 1990er-Jahre, als die künstlerische Nachbildung der türkischen Sinterterrassen von Pamukkale, die in gut gemeinter Absicht den Respekt für den türkischen Bevölkerungsteil signalisieren sollte, am Hang hinter dem Spreewaldbad eingebaut worden war. Ungeeignete Baumaterialien und ausgebliebene Entwässerungen führten bald zu starken Beschädigungen, so dass die Anlage aus Sicherheitsgründen gesperrt werden

Abriss der nach dem Vorbild der Sinterterrassen im westanatolischen Pamukkale errichteten Brunnenanlage wegen Materialschäden, 2009

Der stark besuchte östliche Teil des Görlitzer Parks, 2018

musste und im Herbst 2009 dann sogar einschließlich der noch nicht zerbröckelten Skulpturen abgetragen wurde. Der Park befand sich zu diesem Zeitpunkt insgesamt in einem so unbefriedigenden Zustand, dass das Bezirksamt Friedrichshain-Kreuzberg eine Ideenwerkstatt zur Verschönerung des Parks ins Leben rief. Zu den Vorschlägen gehörte das Anlegen einer Obstbaumwiese in freiwilliger Arbeit, deren Ernte in späterer Zeit allen Parkbesuchern zur Verfügung gestellt werden sollte.

Der Görlitzer Park kann auch noch in anderer Hinsicht als Beispiel dafür angeführt werden, dass ein in guter Absicht mit viel Engagement geschaffenes Projekt gelegentlich zu nicht vorhergesehenen problematischen Entwicklungen führen kann. Er wurde in Berlin in jüngerer Zeit bekanntlich mit Drogenhandel assoziiert. Die verschiedenen Maßnahmen dagegen wie die Taskforce Görlitzer Park oder das Entfernen von Hecken, die als Drogenverstecke dienen konnten, führten nur zu unzureichenden Erfolgen. Einige Erwartungen verbinden sich mit dem vom Bezirk angestoßenen Parkrat Görlitzer Park, dessen Satzung im Juni 2018 unterzeichnet und der im September des gleichen Jahres mit einer Beteiligung von über 1 200 Stimmen gewählt wurde. Seine Intention ist es, zwischen unterschiedlichen Bedürfnissen und Interessen zu vermitteln.

Der Park am Gleisdreieck und die Rolle von Initiativenbündnissen zwischen Kreuzberg und Schöneberg

Ebenfalls auf einem ehemaligen Bahngelände entstand im äußersten Westen von Kreuzberg und darüber hinaus auf Schöneberger Terrain der Park am Gleisdreieck. Auch für seine Realisierung spielte Druck von engagierten Initiativen eine entscheidende Rolle, in diesem Fall nicht nur solchen aus Kreuzberg, sondern auch aus Schöneberg mit besonders intensiv beteiligten Einzelnen wie Norbert Rheinlaender, Matthias Bauer, Christian Schmidt-Hermsdorf und anderen mehr, die sich langjährig um den Aufbau von Vernetzungen zwischen aktiven Gruppen bemühten.

Der Wunsch nach einem Park auf dem Gelände, das sich infolge der Teilung Berlins und der offiziellen Zuständigkeit der Ost-Berliner Reichsbahn für die Gleisanlagen dort zu einer grünen Brache entwickelt hatte, war in Kreisen der Bevölkerung bereits in den 1970er- und 1980er-Jahren geäußert worden. Die ersten konkreten Schritte in eine solche Richtung erfolgten nach dem Mauerfall dann zunächst auf Verwaltungsebene, als das Land Berlin aus Klimaschutzgründen in der Pflicht stand, eine grüne Ausgleichsfläche für den Bau des Potsdamer Platzes nachzuweisen. Die relativ große dafür vorgesehene Fläche wurde im Lauf der folgenden Jahre durch den Verkauf an Investoren für Bebauungszwecke immer stärker reduziert. Gegen eine solche Tendenz kämpften Initiativen mit öffentlichen Kundgebungen, Presseerklärungen und anderen Protestformen an. In manchen Phasen ergaben sich düstere Perspektiven für solche Widerstände, so etwa, als von Verwaltungs- und Investorenseite ernsthaft erwogen wurde, dort ein Riesenrad mit einem reinen Vergnügungspark nach Tivoli-Vorbild drumherum einzurichten. Diese Option war später vom Tisch, als für das Riesenrad ein anderer Standort in der Nähe des Bahnhof Zoologischer Garten vorgesehen wurde, was dann wegen eines finanziellen Defizits letztlich auch nicht zu realisieren war.

Es hatte nicht verhindert werden können, dass ein Teil des Terrains auf Kreuzberger Seite zu Bebauungszwecken veräußert wurde, aber es kam schließlich zu öffentlichen Ausschreibungen für das noch relativ ausgedehnte verbliebene Parkgebiet mit Freizeiteinrichtungen für das städtische Umfeld. Der Ostpark auf Kreuzberger Gebiet wurde dann im Jahr 2010 und der zu Schöneberg gehörende und jenseits der Eisenbahnstrecke liegende Westpark im Jahr 2013 eingeweiht – recht elegant und nicht mit jenem Anteil von natürlichem Wildwuchs, wie ihn die Initiativen anvisiert hatten, aber doch auch mit interessanten Angeboten und von der Bevölkerung in der näheren und weiteren Umgebung stark besucht.

Den an der Durchsetzung und Gestaltung des Parks interessierten Initiativen, die sich im Jahr 1998 zur Aktionsgemeinschaft Gleisdreieck zusammenschlossen, ging es in ihren Vorstellungen nicht um einen konventionellen Park mit den üblichen, sicherlich nicht unattraktiven Freizeiteinrichtungen, sondern um einen stark ökologisch ausgerichteten sowie um einen mit besonderen Möglichkeiten der öffentlichen Teilnahme und der weiteren Mitgestaltung auch nach der Fertigstellung und Eröffnung. Naturschutz und der Beitrag zur Reduzierung der städtischen Luftverschmutzung waren bereits eine Leitvorstellung der relativ früh beteiligten Initiativen gewesen. Sie hatten gegen Ende der 1970er-Jahre als Alternative zur damals vorgesehenen und dann durch massive Widerstandsaktivitäten erfolgreich verhinderten Stadtautobahnplanung Westtangente das Konzept Grüntangente entworfen, das als Grundgerüst verschiedene Biotopverbindungen zwischen größeren Grünflächen im West-Berliner Raum herstellte und dabei auch das von der vorgesehenen Autobahndurchbrechung betroffene ehemalige Bahngelände am Gleisdreieck einbezog. Sie sollte eine klimasichernde Funktion für die Innen-

Mitglieder der Aktionsgemeinschaft Gleisdreieck im Gespräch mit Bürgermeister Franz Schulz, der die Position und das Konzept der Kreuzberger Bezirksverwaltung vor der Ausschreibung für einen Park erläutert, 1998

stadt haben. Darüber hinaus ging es bei den ökologischen Perspektiven spezieller um Naturschutz vor Ort, um die Erhaltung einer Spontanvegetation, die während der langen Zeit des Zustands einer stadtplanerisch unbeeinflussten Brache entstanden war, um Regionen einer grünen Wildnis. Damit verbunden wurden Vorstellungen von gärtnerischen Projekten in der Nachbarschaft dieser Vegetationsinseln mit Möglichkeiten einer öffentlichen Beteiligung.

Eine engagierte Instanz zur Erringung des anvisierten Naturparks war neben den genannten Initiativen und oft in gemeinsamen Aktionen mit ihnen das Bezirksamt Kreuzberg (nach 2001 dann das von Friedrichshain-Kreuzberg). Es ließ bereits in den 1980er-Jahren einen Landschaftsplan zum Park auf der Fläche der ausgedehnten Gleisgelände des ehemaligen Potsdamer Güterbahnhofs (dem Bereich des heutigen Westparks) und des ehemaligen Anhalter Güterbahnhofs (dem heutigen Ostparkbereich) mit dem Konzept einer weitgehenden Erhaltung der Spontanvegetation erarbeiten. Es wurde von der Senatsverwaltung für Stadtentwicklung für die künftige Bundesgartenschau (BUGA 95) übernommen. Zu einer Realisierung kam es indessen nicht wegen neuer Bedingungen nach der Maueröffnung.

Als das Bezirksamt 1998 einen ähnlich ausgerichteten Bebauungsplan vorlegte, wurde der durch den Einspruch der eigentumsrechtlich zuständigen Eisenbahn Immobilien Management (EIM) gestoppt. Auch die Nachfolgegesellschaft Vivico blieb eine schwierige kapitalorientierte Kontrahentin bei zähen Auseinandersetzungen. Ein Übergabevertrag zwischen ihr und dem Senat wurde endlich im Jahr 2005 geschlossen und aufgrund spezieller aufschiebender Schwierigkeiten erst 2007 konkret umgesetzt.

Bereits eine Weile zuvor begann für die am Naturpark Interessierten eine besonders konstruktive Phase des gemeinsamen Experimentierens und Anstoßens von Projekten mit ökologischen und basisdemokratischen Visionen. Baustadtrat Franz Schulz, der in der folgenden Amtsperiode dann Bürgermeister von Friedrichshain-Kreuzberg wurde, hatte von der Vivico für den Interimszustand eine 6 000 Quadratmeter große Fläche nahe der Einmündung zur Hornstraße als Zwischennutzungsbereich für engagierte Gruppen und Einrichtungen ausgehandelt. Die AG Gleisdreieck organisierte sich jetzt als Parkgenossenschaft und gab einen wesentlichen Anstoß für verschiedene Aktivitäten auf dem Gelände. Der Südost Europa Kultur e. V. legte einen interkulturellen Garten an, Aktive der in unmittelbarer Nähe ansässigen Kindertagesstätte der Christuskirchen-Gemeinde errichteten eine Bewegungsbaustelle für Kinder, die Künstlerin Alex Toland schuf einen Naturlehrpfad für Wildkräuter, Studierende beteiligten sich mit Kunstaktionen. Einbezogen in dieses Aktionsfeld war auch der bekannte Künstler Ben Wargin, der auf dem Gelände seinen Anhalter Garten (benannt nach dem Anhalter Güterbahnhof) mit einem dazugehörigen Ausstellungsraum in einem ehemaligen Eisenbahnschuppen eingerichtet

hatte. Es kam damals auch zu zahlreichen Festen und Gesprächsrunden auf dem Gelände.

Mit der Entstehung des Parks nach den Plänen des Atelier Loidl, das als Sieger aus dem Wettbewerb hervorgegangen war, konnte diese fantasievolle Aktionsperiode keine Fortsetzung finden. Den Planern, die wegen der bevorzugten Attraktion des weiten Landschaftsausblicks keine Rücksicht auf die vorhandene Vegetation nehmen wollten, konnten in zahlreichen, projektbegleitenden Gesprächen immerhin 17 Bauminseln abgerungen

Ben Wargin am Eingang des zu seinem Anhalter Garten gehörenden Ausstellungsraums während eines Interviews, das Marlies Mehrbrodt mit ihm führte, 2003

Das Informationsschild in der Nähe des Eingangs zum Park an der Möckernstraße zeigt zwei große grüne Bereiche, den Westpark und den Ostpark, die durch die verbliebene Eisenbahnlinie voneinander getrennt sind; der untere Zipfel liegt südlich von der Yorckstraße und den Yorckbrücken, 2018

werden und dem Wildwuchs wurde außerdem ein winziges umzäuntes Wäldchen zugestanden. Kritikwürdig blieb in den folgenden Beratungs- und Entscheidungsprozessen insbesondere auch der geringe Grad an demokratischen Beteiligungsmöglichkeiten außerhalb der etablierten Verwaltungsinstitutionen. Partizipation wurde von der Senatsverwaltung in erster Linie als Anhören von Meinungen, nicht aber als Mitentscheiden verstanden.

Die AG Gleisdreieck hat ungeachtet der Nichterfüllung mancher Erwartungen ihre aktive Begleitung des Geschehens nicht aufgegeben, da der Park am Gleisdreieck auch in der schließlich realisierten Version ein von unten errungenes lebendiges Stück grüner Landschaft mit zahlreichen interessanten Angeboten innerhalb des Stadtzentrums darstellt. Norbert Rheinlaender hatte bereits im Jahr 2011, als der Ostpark in Betrieb genommen wurde, in einem Artikel in der Kiezzeitschrift *Kreuzberger Horn* verkündet, dass die AG Gleisdreieck das „Planungskapitel" auch nach der Fertigstellung des Parks nicht abschließen möchte, da er „idealerweise immer im Werden begriffen sein soll. Dafür bereitet sie sich auf eine aktive Rolle in der Parkpflege vor, in der weitere AnwohnerInnen Planungs-, Gestaltungs- und Pflegeaufgaben verantwortlich übernehmen und durch ihre Anwesenheit zu einer sozialen Kontrolle beitragen."[1]

In einem Artikel in der gleichen Zeitschrift vom Herbst 2018, der eine Bilanz zur Nutzung des West- und des Ostparks zieht, bekräftigt er dieses Interesse und unterstreicht die Rolle des „Nutzerbeirats", der sich mit den Problempunkten des Parkalltags befasst und Ergänzungen einfordert.[2] Sein Fazit enthält neben der Auflistung von Mängeln durchaus auch positive Beurteilungen, so etwa, wenn er schreibt, dass der Park trotz des starken Besuchs im Vergleich mit den „Übernutzungserscheinungen" im Görlitzer Park bisher kaum Zerstörungen aufweise oder dass durch den Einsatz von engagierten Ansässigen für den gewachsenen Baumbestand dann doch eine abwechslungsreiche Landschaft „für Klima und Auge" entstanden sei.[3]

Die Prinzessinnengärten

Auch das Kreuzberger Projekt im Umfeld des Moritz-platzes an der Prinzessinnenstraße, von der es seinen Namen übernahm, entstand auf einer Brachfläche, und ähnlich wie in bestimmten Perioden der Entwicklung des Gleisdreiecksparks ging es auch hier in Verbindung mit der ökologischen Ausrichtung um einen Ort des Mitei-nander-Tätigseins, des gemeinsamen Lernens und der Entfaltung vielfältiger Aktivitäten. Zur Kennzeichnung der Prinzessinnengärten werden in der Selbstdarstellung englischsprachige Begriffe wie „urban gardening" und „community gardens" verwandt, da das Konzept an his-torische Vorbilder in den USA angelehnt ist. Nachdem in den frühen 1970er-Jahren an der Lower East Side in New York der erste Community Garden gegründet worden war, fand er als Modell eine Vielzahl von Nachahmungen in den USA und dann auch weltweit in Havanna, Casa-blanca, London und in anderen Städten. In program-matischen Verlautbarungen und umfassenderen Dar-stellungen wird betont, dass das Urban Gardening nicht von Stadtflucht und Suche nach ländlicher Einfachheit und Naturidylle bestimmt ist, sondern dass gerade das städtische Leben in seiner akzeptierten Vielfalt und der Chance des Dazulernens im Kontext zahlreicher Impulse und interessanter Begegnungen eine wichtige Kompo-nente der Projekte bildet, die dann auf kreative Weise mit dem anderen Element, dem ländlichen Umfeld und der Wahrnehmung natürlicher Wachstumsprozesse sowie den Möglichkeiten des Pflanzens und Erntens in Ver-bindung gebracht werden.

Den Hauptanstoß für das Gartenprojekt hatten der Fil-memacher Robert Shaw und dann auch der Historiker Marco Clausen gegeben, die nach einer Vorbereitungs-zeit gemeinsam die Trägervereinigung Nomadisch Grün gründeten.[4] Robert Shaw war zum ersten Mal auf einer Reise nach Kuba auf Urban Gardening gestoßen. Dort waren in den 1990er-Jahren Brachen und Flächen am Rand von Havanna und anderer großer Städte von der sozialistischen Regierung zur Bewirtschaftung durch die Bevölkerung freigegeben worden, da nach dem Zusam-menbruch der UdSSR die Lieferung von billigem Öl als Rohstoff für den Betrieb der konventionellen Land-wirtschaft ausgefallen war. Ein großer Teil des Gemüse-bedarfs wurde jetzt durch Urban Gardening abgedeckt. Marco Clausen erfuhr im Dezember 2008 in Berlin von Robert Shaws Erfahrungen mit dem Modell in Kuba. Beide fassten dann den Plan der Gründung eines Ur-ban-Gardening-Projekts und holten sich in den ersten Monaten des Jahres 2009 Rat bei Kundigen in unter-schiedlichen Bereichen wie der Biologie, der Gärtnerei und Gartenpädagogik, der Umweltgruppen und auch der Betriebswirtschaft und der Lokalpolitik, um dann im weiteren Verlauf des Jahres vor allem nach einem in Frage kommenden Terrain Ausschau zu halten.

Wiederum war es, wie im Falle des werdenden Gleis-dreiecksparks, Franz Schulz, zuvor Baustadtrat und jetzt Bürgermeister von Friedrichshain-Kreuzberg, der mit seinem Einsatz wichtige Grundvoraussetzungen für die Realisierung des Vorhabens schuf. Er wies die beiden Gründer auf ein brachliegendes Gelände am Moritzplatz hin und brachte sie mit der Verwaltung der städtischen Liegenschaft zwecks Vermietung in Verbindung.[5] Die zunächst verlangte monatliche Miete von 10 000 Euro für das Grundstück von der Größe eines Fußballfeldes konnte schließlich auf 2 500 Euro heruntergehandelt werden. Die von Müll zugeschüttete Fläche war nach der Kriegszerstörung des belebten innerstädtischen Ge-bietes mit dem Wertheim-Kaufhaus mittendrin, später der Lage dicht an der Berlin trennenden Mauer sowie dann den Plänen für eine Stadtautobahn nicht wieder bebaut worden. Im Jahr 1984 hatte die Kreuzberger SPD eine als Guerilla Gardening bezeichnete Baum-pflanzaktion dort durchgeführt. Zu den Teilnehmen-den hatte auch Walter Momper gehört, der spätere Re-gierende Bürgermeister.

In den Prinzessinnengärten, 2018

Beeten. Unterstützung gab es auch von anderen Seiten, so etwa von Gartenbaubetrieben, die Arbeitsgeräte ausliehen oder von einem Kompostierbetrieb, der kostenlos nährstoffreichen Humus lieferte. Anschubfinanzierungen erfolgten danach durch eine Stiftungsgemeinschaft, durch Spenden und durch sogenannte Beetpartnerschaften. Es dauerte nicht lange, bis durch den Verkauf von Gemüse und Jungpflanzen, durch den Aufbau von Dachgärten an anderen Orten oder durch das Gastronomieangebot auf dem Gelände auch eigene Einnahmen erwirtschaftet werden konnten. Die Gartenanlage erfuhr dabei eine Entwicklung als Ort nicht nur des Säens, Pflanzens und Erntens, sondern auch der Diskussionen, der Workshops und der festlichen Ereignisse.

Da bei dem kurzfristigen Mietverhältnis die Bleibedauer zunächst nicht abzusehen war, wurde das Konzept des mobilen Gartens entwickelt. Transportcontainer, Stapelcontainer, Paletten und Pflanzsäcke gehörten zu den wichtigen Elementen der Prinzessinnengärten und prägten ihren Charakter. Zu Teilen konnte das mobile Beetsystem dann auch woanders besichtigt werden, so unter anderem bei einem Festival im Hebbeltheater in Kreuzberg, wo Pflanzbeutel, Kastenbeete und kleine Gewächshäuser aufgebaut wurden. Solche Aktionen machten sichtbar, das Säen und Ernten nicht nur auf Feldern und in Gärten, sondern auch an städtischen Orten mit versiegeltem Untergrund möglich ist. Zu den Grundprinzipien des Projekts, die sich hier nur unzulänglich andeuten lassen, gehören die Herstellung pflanzlicher Vielfalt gegenüber einer profitorientierten Monokultur, der Anstoß zum Selbermachen an einem Ort des Lernens, die gemeinschaftliche Tätigkeit mit wechselseitiger Beratung und dabei die Nachbarschaftsförderung, die Einsicht in Potenziale partieller Selbstversorgung in großstädtischer Umgebung sowie in die Möglichkeit, zumindest in Ansätzen und exemplarisch den bedrohlichen Umwelt- und Klimaentwicklungen entgegenzuwirken.

Im Sommer 2009 fanden sich nach einem informativen Presseartikel und einem Aufruf der beiden Gründer Robert Shaw und Marco Clausen zur Teilnahme an einer gemeinschaftlichen Aufräumaktion zu ihrem Erstaunen über 150 Interessierte ein und halfen bei der Beseitigung von Müll und der Vorbereitung für das Anlegen von

AUSWIRKUNGEN DER BEZIRKSFUSION FRIEDRICHSHAIN-KREUZBERG

Vorbereitungen und gesetzliche Regelung der Verwaltungsreform nach dem Mauerfall

Im Lauf der 1990er-Jahre wurde im wiedervereinigten Berlin eine Verwaltungsreform in Gang gesetzt, die zur administrativen Fusion von Bezirken und im Falle Kreuzbergs zur Zusammenlegung mit dem ehemals zu Ost-Berlin gehörenden Friedrichshain führte. Nach einer längeren Vorbereitungszeit und ersten beschlossenen Reformschritten im Jahr 1994 kam es im April 1998 zur Änderung der Verfassung von Berlin, derzufolge die Anzahl der Bezirke ab Januar 2001 von bisher 23 auf 12 reduziert werden sollte. Die Mehrzahl von ihnen wurde mit ein oder zwei anderen Bezirken jeweils zu einer größeren Verwaltungseinheit zusammengelegt. Das Hauptargument für die zahlenmäßige Reduzierung war die Einsparung von Verwaltungskosten, doch in der Berliner Bevölkerung hielt sich eine Zustimmung zu dem Schritt nach allgemeiner Wahrnehmung sehr in Grenzen, und dies traf für Kreuzberg offenbar ganz besonders zu. Es kursierte dort etwa die These, dass der finanzpolitisch sicherlich nachvollziehbare Fusionsplan manchen Akteuren in der Berliner Parteienlandschaft einen willkommenen Anlass bot, dem aufmüpfigen Kreuzberg durch die Zusammenlegung mit anderen Bezirken seine Identität zu nehmen und ihn damit zu disziplinieren. Eine solche Ansicht wurde auf satirische Weise in der hier bereits erwähnten Bezirksamtspublikation *Kreuzberg gestern heute übermorgen* von 1993 dargeboten. In dem von Robert Schneider verfassten Wettbewerbsbeitrag mit dem Titel *Interview mit einer Informantin. Szenario einer Realsatire* geht es um ein „merkwürdiges Strategiepapier aus der Berliner Innenverwaltung", zu dem die „lieber anonym bleibende Informantin" befragt wird. Ihrem Bericht zufolge gab es in der seit 1989 beim Innensenator tagenden Arbeitsgruppe zur Verwaltungsreform die Einschätzung, „dass es sich bei Kreuzberg um den ‚renitentesten' und der mittleren Verwaltungsebene am meisten Schwierigkeiten und Arbeit bereitenden, ja Widerstand leistenden Bezirk handelte." Das Strategiepapier mit dem Plan „zur Abschaffung Kreuzbergs" existierte dieser satirisch dargebotenen Aussage zufolge schon vor dem Mauerfall in den Schubladen der Senatsverwaltung und wurde nach 1989 wieder hervorgeholt, da es jetzt im Zuge einer Verwaltungsreform konkrete Realisierungschancen dafür gab.[1]

Zwangsehe Friedrichshain-Kreuzberg

Als zum Zeitpunkt der endgültigen Festlegung der Fusionen die administrative Vereinigung von Friedrichshain und Kreuzberg bekannt wurde, erreichten Unverständnis und Ablehnung noch einmal einen besonders hohen Grad. Die geografische Lage der beiden Bezirke sprach offensichtlich gegen eine solche Fusion. Sie haben keine gemeinsamen innerstädtischen Grenzen, sind durch die Spree voneinander getrennt und nur durch die Oberbaumbrücke verbunden. Es gab für die Zusammenlegung auch keine Argumente, die ausdrücklich auf Ge-

Nach der Bezirksfusion wurde das Bezirks-wappen geändert; das auf Karl Friedrich Schinkels Entwurf und die Denkmalspitze verweisende Kreuz wurde durch eine Silhouette der verbindenden Oberbaumbrücke ersetzt

meinsamkeiten verwiesen, sie gründete vielmehr auf politischem Kalkül und war nicht vorbereitet worden. Zuvor war über eine längere Zeit hinweg die Fusion der Bezirke Tiergarten, Mitte und Kreuzberg ins Auge gefasst worden, während Friedrichshain mit Lichtenberg zusammengelegt werden sollte. Aufgrund bestimmter politischer Kontroversen, die zur Verfehlung einer notwendigen Zweidrittelmehrheit im Abgeordnetenhaus hätte führen können, wurde im letzten Moment die Entscheidung für eine Verwaltungseinheit Friedrichshain-Kreuzberg getroffen.

Die Zusammenlegung der beiden Bezirke wird von Martin Düspohl in dem von ihm und dem Kreuzberg Museum im Jahr 2009 herausgegebenen Buch *Kleine Kreuzberggeschichte* rückblickend wie folgt kommentiert: „Die Fusion mit Friedrichshain – auf der anderen Seite der Spree gelegen und bis 1990 Teil der Ost-Berliner Stadthälfte – im Zuge der Berliner Bezirksreform wurde von vielen Kreuzbergern und Friedrichshainern als Zwangsehe empfunden." Er fügt indessen hinzu: „Das jahrelange Fremdheitsgefühl, manche Vorurteile und Ressentiments scheinen aber inzwischen überwunden zu sein [...]."[2]

Für die Überwindbarkeit setzte Düspohl selbst ein Zeichen, indem er als Leiter des Kreuzberg Museums

dessen Umbenennung in FHXB Friedrichshain-Kreuzberg Museum veranlasste. Die konkrete Vereinigung mit dem Heimatmuseum Friedrichshain und die Verlegung von dessen Ausstellungsobjekten aus den Räumen der Alten Feuerwache in der Marchlewskistraße 6 in das größere Gebäude des Kreuzberg Museums in der Adalbertstraße 95A war bereits im Jahr 2004 erfolgt. Solche gemeinsamen Einrichtungen mit Doppelnamen blieben jedoch eher eine Ausnahme. Die verschiedenen lokalen Initiativen und Aktivitäten hatten ihre Basis entweder in dem einen oder in dem anderen Bezirk und in Kreuzberg, so zumindest aus der Sicht der Medien, weiterhin mit einer vergleichsweise großen Aufmüpfigkeit.

Düspohl zitiert auf der gleichen Seite seines Buches, die seinen Kommentar zur Bezirkszusammenlegung enthält, zunächst indirekt und dann direkt aus einem *Tagesspiegel*-Artikel vom 5. Januar 2009, in dem der Verfasser Werner van Bebber einen kritischen Bezirksvergleich anstellt: „In Kreuzberg sei die Zahl derer, die sich mit der etablierten Politik anlegen und lieber selbst Politik machen, deutlich höher als in anderen Bezirken, stellt er irritiert fest: ‚Für Protest und Widerstand gibt es in Kreuzberg immer Gründe. Behördenhandeln ist verdächtig. Ob Bürobauten gebaut oder Bäume gefällt werden – darüber haben hier nicht irgendwelche Po-

Das Bezirksmuseum in der Adalbertstraße 95 A hat sich besonders darum
bemüht, aus der administrativen
Bezirksfusion zugleich eine Fusion der
Bestände, der Ausstellungen und der
kulturellen Programme zu machen;
auch der Name erfuhr eine Verschmel-
zung: Die Buchstaben F und H stehen
für Friedrichshain, im Fall von Kreuzberg steht vor dem B das in jüngerer
Zeit im Trend liegende X, 2018

litiker zu entscheiden. In Kreuzberg entscheidet das
Volk.'"[3]

Aus der Perspektive einer etwas späteren Zeit ließe
sich einer solchen Wahrnehmung entgegenhalten, dass
Kreuzberg nicht ganz so einzigartig dasteht, wie es hier
der Öffentlichkeit dargeboten wird. Mit der Erwähnung der Mainzer Straße, der Kreutzigerstraße und der
Rigaer Straße etwa lässt sich stichworthaft andeuten,
dass es gerade auch in Friedrichshain über längere Zeit
hinweg zu basisdemokratisch motivierten radikalen
Aktionen gekommen ist, die an die Hausbesetzerzeit
der 1980er-Jahre in Kreuzberg erinnern. Auch an die
langen Kreuzberger Nächte mögen manche sich hier
und da in Friedrichshain erinnert fühlen, insbesondere
in der Nähe des Boxhagener Platzes und speziell in der
Simon-Dach-Straße. Aber nach einer gemeinsamen
ortsbezogenen Identität in der neuen ausgeweiteten
Verwaltungseinheit dürfte vergeblich gesucht werden.
Das Wort „Kreuzberg" taucht in der Selbstbenennung
von Initiativen und Vereinen bis in die jüngste Zeit
hinein immer mal wieder auf, so in Wem Gehört Kreuzberg, Kreuzberg Hilft, Kiezbündnis am Kreuzberg und
anderen mehr, kaum aber der Doppelname außerhalb
von bezirklichen Einrichtungen.

Einladung zur Kreuzberger Abschiedsparty im Rathaus,
6. Dezember 2000

KREUZBERGER UNTERSTÜTZUNG FÜR GEFLÜCHTETE

Eine Kreuzberger Besonderheit fand auch im Zusammenhang mit Auseinandersetzungen um die Aufnahme oder das Abblocken von Geflüchteten starke Beachtung, und dies schon eine ganze Weile vor der angespannten Phase um das Jahr 2015 herum. Als der Bürgermeister von Friedrichshain-Kreuzberg, Franz Schulz, im Juli 2013 aus gesundheitlichen Gründen aus seinem Amt schied und im letzten Satz seiner Abschiedsrede im Rathaus dem Gallischen Dorf gute Wünsche mit auf den Weg gab, wurde er anschließend in einem Interview in der Kiezzeitschrift *Kreuzberger Horn* gefragt, was er vorrangig mit dem Etikett gemeint haben könnte, wenn er an die Jahre seiner Amtszeit denke. Als ein besonders aktuelles Beispiel nannte er daraufhin das Zeltlager auf dem Oranienplatz, das von Geflüchteten am 6. Oktober 2012 aus Protest gegen die Verweigerung des vollen Asylrechts errichtet worden war.[1] Nach einem vorangehenden Marsch von Würzburg nach Berlin war das Camp von anderen Bezirken abgeblockt worden. Bei einem etwas später stattfindenden Sitzprotest auf dem Pariser Platz vor dem Brandenburger Tor im Bezirk Mitte war die Polizei hart eingeschritten, um die Versammlung aufzulösen. Schulz sagte in dem Interview wörtlich mit Bezug auf das Camp auf dem Kreuzberger Oranienplatz: „Das gibt es nirgendwo in der Republik, auch das Münchener ist in der Zwischenzeit geräumt. Dass das auch in Berlin nicht möglich ist außer in Kreuzberg sah man, als dieser Sitzstreik begonnen werden sollte auf dem Pariser Platz und massiv der dortige Bezirk zusammen mit der Polizei ganz brutal vorgegangen ist. Das ist ein Thema, bei dem wir sagen: ja, da leisten wir Widerstand auch gegen eine Rechtsposition der Republik, weil wir solidarisch sind mit den Forderungen nach einem humanen Flüchtlingsrecht. Und

weil wir nicht wollen, dass diese Menschen wie Menschen zweiter Klasse behandelt werden. Dazu gibt es eine starke Solidarität und Unterstützung bei der Bevölkerung, sonst wäre das nicht möglich. Das Bezirksamt könnte das zwar dulden, aber es wäre nicht durchsetzbar, wenn die Bevölkerung das nicht mitträgt."[2]

Beschwerden von Leuten aus der Umgebung blieben indessen nicht aus und Probleme stellten sich längerfristig ein, zum Beispiel solche der Hygiene. Auch in Tageszeitungen, die sich in der Flüchtlings- und Asylfrage betont liberal gaben, wurde der Bürgermeister attackiert. In der *Berliner Zeitung* vom 11. Juli 2013 äußert die Verfasserin des Leitartikels zunächst eine gewisse Besorgnis um das Schicksal von politischen Flüchtlingen, geißelt die rechtspopulistische Abwehraktion im Bezirk Hellersdorf und kritisiert das Verhalten der kommunalpolitisch Verantwortlichen dort, um dann fortzufahren: „Nicht anders aber handelt Kreuzberg. Der Bürgermeister dort glaubt, besonders menschenfreundlich zu sein, wenn er seit vergangenem Herbst ein Flüchtlingscamp auf dem Oranienplatz nicht nur duldet, sondern unterstützt."[3] Das wird von ihr wegen der dort ungelösten Probleme scharf kritisiert.

Bürgermeister Schulz bemühte sich nach den entstandenen Konflikten am Oranienplatz und in der ihn überquerenden Dresdner Straße sehr intensiv um Vermittlungen. In dem hier angeführten Interview im *Kreuzberger Horn* berichtet er, es sei dann der Vorschlag gemacht worden, „[…] die Anwohnerinnen und Anwohner der Dresdner Straße einzuladen zu einem gemeinsamen schönen Fest auf dem Camp unter dem Motto, obgleich das jetzt vielleicht so ein bißchen schlicht klingt: ‚Wir sind Kreuzberg', und da war ich wieder richtig stolz auf unseren Bezirk."[4]

Informationszelt am Zugang zu dem Flüchtlingscamp, 2012

Bürgermeister Franz Schulz bei einer Zusammenkunft im Flüchtlingscamp auf dem Oranienplatz, 2012

Monika Herrmann, im Sommer 2013 Amtsnachfolgerin von Bürgermeister Schulz, bekannte sich zu den gleichen Prinzipien und bezeichnete das Camp als politisches Mahnmal, sah sich im November des Jahres aber doch nicht mehr in der Lage, das Camp mit etwa 80 Ausharrenden weiterhin bestehen zu lassen. Ein wesentliches Argument für die Aufhebung war eine unzureichende Kältehilfe mit Einbruch des Winters. Einen Tag vor der polizeilichen Räumung, die von ihr für den 24. November 2013 in Form der Amtshilfe angeordnet und öffentlich verkündet wurde, suchte sie noch einmal persönlich das Lager auf, um die dort Verbliebenen zur Aufgabe zu überreden sowie zur Wahrnehmung der angebotenen Ersatzunterkünfte in einem von der Caritas zur Verfügung gestellten Haus. Damit hatte sie nur bei einem Teil von ihnen Erfolg. Die anderen wollten so lange weiter auf dem Oranienplatz protestieren, bis ihre Forderungen nach einer rechtlichen Anerkennung entsprechend der EU-Richtlinien, nach einer Arbeitserlaubnis, nach einer Abschaffung der Residenzpflicht und des Stopps von Abschiebungen erfüllt sei. Der Versuch der Räumung am Sonntag, dem 24. November

2013 wurde durch eine Blockade von mehreren 100 Unterstützenden verhindert. Anschließend kam es zu einer Solidaritätsdemonstration.

In einer Pressekonferenz auf dem Oranienplatz, zu der die Organisation Asyl Berlin für den 25. November eingeladen hatte, wurden der Bürgermeisterin schwere Vorwürfe gemacht. Die Partei Bündnis 90/Die Grünen, der sie angehört, beanspruche, so wurde gesagt, für die Rechte der Geflüchteten zu agieren und trete sie hier mit Füßen. Damit trat wieder eine Konstellation zutage, die in ihrer spannungsgeladenen Dynamik noch eingehender zu reflektieren ist. Eine Bürgermeisterin, in einem Großteil der Medien sowie auch von anderen Verwaltungsstellen als eine kreuzbergtypische Radikale attackiert, wird von einer noch radikaleren, verwaltungsfeindlichen Seite kritisiert, mit der für eine Weile dann auch wiederum basisdemokratisch und emanzipatorisch ausgerichtete Bündnisse geschlossen werden.

Nach weiteren Verhandlungen und Räumungsdrohungen zog der kleine Teil der entschlossen Gebliebenen, die sich in dem Camp aufgehalten hatten, weiterhin nicht in die angebotenen Quartiere, sondern besetzte einen Flügel der leer stehenden Gerhart-Hauptmann-Schule in der Ohlauer Straße. Damit gab es einen anderen Ort in Kreuzberg, der im Zusammenhang mit der Flüchtlingsdiskussion eine starke öffentliche Beachtung fand. Es gab dramatische Situationen, als es dann doch zu einer Räumung kommen sollte, da Umbauarbeiten in der Schule zur Nutzung von Geflüchteten bevorstanden und einige an der Besetzung Beteiligte damit drohten, sich in die Tiefe zu stürzen.

Die Bürgermeisterin spricht in einem Interview, das im Frühjahr 2016 ebenfalls in der Kiezzeitschrift *Kreuzberger Horn* geführt wurde, rückblickend von „Grenzerfahrungen", die sie in dieser Situation in ihrem Amt gemacht habe und fügt hinzu: „Wenn Leute auf dem Dach stehen und sich runterzustürzen drohen, dann sind das ja Erlebnisse, die Kommunalpolitiker normalerweise nicht haben in ihrem Zuständigkeitsbereich. Wie entscheidet man jetzt, was ist richtig, was falsch?"[5] Zu den grundsätzlichen Entscheidungen bekennt sie sich weiterhin ebenso wie vor ihr Franz Schulz: „Es gab ja immer wieder die Idee, ob Oranienplatz oder Gerhart-Hauptmann-Schule, dass man sich ganz schnell davon löst, dass mit Polizei geräumt wird und fertig, dagegen haben wir uns letztendlich gewehrt und auch ich, weil ich es für falsch gehalten habe, denn es wäre keine Lösung gewesen. […] Unser Ziel war immer, dass die Menschen eine Alternative bekommen, aber in Berlin halt auch eine Chance erhalten, hier bleiben zu können."[6] Daraufhin plante der Bezirk in dem ehemaligen Schulgebäude dauerhafte Unterkünfte für Geflüchtete mit besonderer Schutzbedürftigkeit wie beispielsweise schwangere Frauen, während in einem anderen Flügel preiswerte Wohnungen für Geflüchtete mit wenig Geld entstehen sollten.

Es wäre weiterhin von verschiedenen Einrichtungen und Aktivitäten mit einer besonderen Konzentration in Kreuzberg zur Unterstützung von Geflüchteten zu

Tafeln mit Appellen am Rande des Camps, 2012

Veranstaltung im BVV-Saal des Rathausgebäudes mit Kreuzberg Hilft während der Kiezwoche 2016 im Yorck-/Großbeerenkiez; auf dem Podium rechts Friedrich Kauder, einer der Initiatoren der Organisation zur Unterstützung von Geflüchteten, am Mikrofon Hannah Lupper, links im Bild Maged Houmsi von der Kulturwerkstatt für Flüchtlingskinder Peace Train e.V.

Flyer für eine Ausstellung des Vereins Peace Train e.V., der sich 2015 im westlichen Teil von Kreuzberg als Kulturwerkstatt für Geflüchtete konstituierte

Programmankündigung für das von Peace Train e.V. veranstaltete Orient-Okzident-Art-Festival im Mai 2018

berichten wie die Initiative Kreuzberg Hilft, dann auch Aktivitäten in Verbindung mit Kirchengemeinden, so etwa die Einrichtung einer Flüchtlingskirche in der evangelischen Kirche St. Simeon in der Wassertorstraße oder Veranstaltungen in der Heilig-Kreuz-Kirche am Blücherplatz wie unter anderem im Februar 2016, als etwa 300 Personen zusammengekommen waren, um über Möglichkeiten zu sprechen, die andauernde La-

gersituation gänzlich aufzuheben und Modelle für ein Zusammenleben im städtischen Umfeld zu entwickeln. Ein stark beachtetes Projekt ist in jüngerer Zeit auch das von Geflüchteten aus Syrien, Afghanistan und Pakistan mit beruflichen Integrationsabsichten betriebene und vom Verein Be an Angel unterstützte Lokal Kreuzberger Himmel in Räumen der katholischen Kirche St. Bonifatius in der Yorckstraße.

Gesangsvortrag während des Orient-Okzident-Art-Festival in Räumen der Christus-Kirche in der Hornstraße, Mai 2018

WIDERSTÄNDE GEGEN VERDRÄNGUNG UND IMMOBILIENSPEKULATION IN KREUZBERG

Die Mietenentwicklung ist für die Fortsetzung und Neubelebung einer in Kreuzberg besonders verankerten Protestkultur von zentraler Bedeutung gewesen. Der Anstieg der Preise für Wohnungen und Gewerberäume erfolgte zwar nicht so rapide wie in den Medien wegen der neuen Innenstadtlage nach dem Mauerfall und in düsteren Prophezeiungen vorausgesagt, sparte als langfristige Tendenz den Bezirk jedoch nicht aus. Nicht vorgesehen war in den Dystopien und mythosorientierten Schwanengesängen, dass die Entwicklung nicht lediglich zu Verdrängungen führte, sondern auch zu neuen Bündnissen und renitenten Aktionen, die oftmals über den Bezirk hinaus Beachtung fanden. Einige von ihnen sollen in diesem Kapitel bis in die jüngste Zeit hinein exemplarisch herausgegriffen werden, wobei der Bogen zunächst in die 2000er-Jahre zurückgeschlagen wird.

Die Aktion Yorck 59 bleibt gefolgt von der Gründung des New Yorck im Bethanien-Gebäude

Im Juni 2005 wurde das Haus Yorckstraße 59, das ganz am westlichen Rand des Bezirks weit entfernt vom sonst eher renitenten SO 36 liegt, zum Zentrum eines stark beachteten Geschehens. Im Zuge einer riesigen Polizeiaktion wurden am 6. Juni große Teile des Wohngebietes bis hin zum Rathausblock abgesperrt, um die Zwangsräumung des Hauses gegen einen breit unterstützten Widerstand durchführen zu können. Schon länger zuvor hatte die Adresse in einer abgekürzten Form die Blicke überall in der Umgebung auf sich gezogen. Der Slogan „Yorck 59 bleibt" erschien auf unzähligen Plakaten, Transparenten und auf Mauern geschrieben, so etwa in großem Format unter den Yorckbrücken. Diejenigen, um die es ging, konnten dennoch nicht bleiben und setzten ihr gemeinschaftliches Projekt, wie im Folgenden noch auszuführen sein wird, an anderer Stelle in Kreuzberg fort.

Zur Vorgeschichte der Räumungsaktion gehört das Anmieten des Gebäudes mit seinen besonders zahlreichen Gewerberäumen durch eine kleine Gruppe und dann durch ein größeres Kollektiv im Jahr 1988 auf dem Höhepunkt der alternativen Kultur in Kreuzberg. Der Nutzungswechsel war, wie hier auch an anderen Beispielen gezeigt werden konnte, ein typischer, da der Bedarf an Räumen für kleinindustrielle Betriebe stark abgenommen hatte.

Bei dem Projekt, das im Jahr 1988 in der Yorckstraße 59 seinen Anfang nahm, handelte es sich um eine langfristig recht stabile Gemeinschaftsgründung mit zum Teil unterschiedlich ausgerichteten, aber zugleich eng miteinander kooperierenden Aktivitäten. Im Jahr 2004, als die Bedrohung für die im Hause Wohnenden und gemeinschaftlich Agierenden bereits akut geworden war, hieß es in einem Flugblatt: „Das Hausprojekt Yorckstraße 59 hat seit Dezember 1988 Mietverträge. Seitdem leben dort 60 Menschen (unter ihnen 10 Kinder, die mehrheitlich ab August im Kiez eingeschult werden) sowie verschiedene kulturelle und politische Projekte wie zum Beispiel die Antirassistische Initiative Berlin, das Radioprojekt Onda und Poonal (Infopool Lateinamerika). Schon mehr als 15 Jahre wird der 4-stöckige

Blick in den Hof des Gebäudes Yorckstraße 59 mit ehemaligen größeren Gewerberäumen, die in den Jahren vor der Zwangsräumung von verschiedenen Gemeinschaftsprojekten genutzt wurden, 2004

Im Juli 2004 veranstalteten die von der Kündigung und Verdrängung bedrohten Gruppen im Hof und auf dem Gehsteig vor dem Haus in der Yorckstraße ein YorckOpenAir-Fest, um die Öffentlichkeit auf ihre Situation aufmerksam zu machen

Hinterhofkomplex samt Hof kollektiv genutzt. Es finden Hoffeste statt, Veranstaltungen oder Filmabende. Die Veranstaltungsetage wird von allen BewohnerInnen des Hauses getragen und von verschiedensten Menschen und Initiativen dieser Stadt genutzt."[1]

Zu einer ersten ernsthaften Bedrohung des Projekts war es bereits in den Jahren 1994/95 gekommen, als die Eigentümergesellschaft Labani Grundstücks GmbH & Co. KG angekündigt hatte, die Miete für den Gewerberaumtrakt vervierfachen zu wollen. Ein solcher Preis wäre für die Kollektive nicht zu tragen gewesen und hätte bereits in den 1990er-Jahren die Vertreibung bedeutet. Es gab eine breite Kampagne dagegen, auch das Kreuzberger Bezirksamt wurde dafür gewonnen. Ein runder Tisch wurde organisiert, zu dem sich auch die Besitzerseite einfand, und eine Vertreibung konnte abgewendet werden, zumal es anfechtbare Praktiken auch auf der Seite der Eigentümergesellschaft gegeben hatte. Im Sommer 2003 meldete die Labani GmbH Insolvenz an. Das Haus Yorckstraße 59 wurde zwangsversteigert und gelangte auf diesem Weg in den Besitz des Hamburger Investors Marc Walter. Auch das Yorck-59-Kollektiv hatte ein Kaufinteresse gezeigt und versucht, das Haus mit Hilfe einer Genossenschaft, dem Freiburger Mietshäuser Syndikat, zu erwerben, aber das Angebot blieb erfolglos.

Im Zuge der Kampagne Yorck 59 bleibt gab es eine große Zahl von Protestaktivitäten in der Zeit vor der Räumung und eine starke Unterstützung nicht nur in einer Kreuzberger Szene. Auch mehrere Landes- und Bundestagsabgeordnete erklärten sich solidarisch ebenso wie die Bezirksverordnetenversammlung Friedrichshain-Kreuzberg. All diese Unterstützungen zeigten keine Wirkung bei dem Besitzer Marc Walter und der eng mit ihm verquickten Hausverwaltung Marweld, die ständig mit juristisch begründeten Anordnungen wie der Beseitigung von Werbematerialien vorpreschte. Der Besitzer wollte ohne mindestens eine Verdoppelung der Mieten die Verträge nicht verlängern.

Im Juni 2005 folgte die bereits erwähnte spektakuläre polizeiliche Räumung, die auch von mehreren 100 Blo-

YORCK59 bleibt!
Keine Räumung niemals!

**Eines der ältesten Hausprojekte Berlins
ist akut von der Räumung bedroht.**

YORCK59 BLEIBT!

YORCK59 BRAUCHT EURE UNTERSTÜTZUNG!

Das Hausprojekt in der Yorckstr. 59 in Berlin Kreuzberg
ist durch die bevorstehende Räumung akut bedroht!

Unterstützungsaufruf vom Frühjahr 2005

ckierenden in und vor dem Haus in der Yorckstraße nicht gestoppt werden konnte. Der Besitzer hatte die protestierenden Bewohnerinnen und Bewohner wegen Hausfriedensbruchs angeklagt – ohne ausreichende rechtliche Grundlagen, wie sich in einem länger andauernden juristischen Nachspiel zeigte, als die Vertreibung längst vollzogen war.

Einige Tage nach der Zwangsräumung folgte nach einer großen Demonstration und der berlinweiten Überklebung von Straßenschildern mit dem Namen Yorckstraße die Besetzung des leer stehenden Bethanien-Südflügels durch das Yorck-59-Kollektiv. Mit dem Gebäude am Mariannenplatz verbanden sich seit den Zeiten von Rio Reiser und Ton Steine Scherben, wie auch aus früheren Kapiteln der vorliegenden Arbeit zu ersehen ist, in Kreuzberg besondere Assoziationen, die in den Fortgang der Auseinandersetzungen um die neue Besetzung mit hineinspielten.

Auf eine unmittelbare polizeiliche Räumung wurde dort allein schon deshalb verzichtet, weil auf dem Mari-

annenplatz am Tage der Besetzung ein großes Fest stattfand und es vermutlich zu einem unkontrollierbaren Chaos gekommen wäre. Das Bezirksamt Friedrichshain-Kreuzberg unter Leitung der Bürgermeisterin Cornelia Reinauer von der linken Partei PDS war dann zu einer Duldung bis zum Abschluss von Verhandlungen bereit. Das New-Yorck-Kollektiv erklärte seinerseits, lediglich so lange bleiben zu wollen, bis ein angemessener Ersatz angeboten werde.

Für das gesamte Gebäude am Mariannenplatz, das inzwischen als Künstlerhaus Bethanien fungierte, war einem bereits weiter zurückliegenden Beschluss des Bezirks zufolge der Verkauf an einen privaten Investor vorgesehen. Eine Zäsur ergab sich im Verlauf der Verhandlungen zwischen dem Bezirk und New Yorck, als die neu gegründete Initiative Zukunft Bethanien (IZB) ein Bürgerbegehren gegen den vorgesehenen Verkauf des Bethanien an einen privaten Investor in Aussicht stellte. Ein potenzieller Käufer, mit dem der Bezirk bereits in Kontakt stand, brach daraufhin im August 2005 die Verhandlungen ab.

197

Das New Yorck im Südflügel der Bethanien-Anlage, 2005

... und seine Spuren im Jahr 2019

Es folgte eine schwierige, hier im Detail nicht nachzuzeichnende Verhandlungsperiode mit zum Teil unterschiedlichen Absichtserklärungen des Bezirks gegenüber dem New-Yorck-Kollektiv.

Das langfristige Ergebnis der damaligen Kontroversen und Annäherungen kann bis in die Gegenwart hinein besichtigt und erlebt werden. Es gibt in den Räumen als Treffpunkt das Anarchistische Infocafé mit aktuellen Programmen, es gibt ein Antikriegscafé, es werden Deutschkurse für Asylsuchende und andere aus verschiedenen Ländern Zugezogene angeboten, ferner auch Sozialberatungen und anderes mehr.[2] Zu betonen ist ganz besonders auch, dass einerseits die mietenpolitische Bewegung mit der Zwangsräumung in der Yorckstraße 59 und dem dort fortschreitenden Gentrifizierungsprozess mit dem Ausbau von Luxuslofts zwar eine Niederlage erfuhr, dass sie andererseits in Kreuzberg aber auch gestärkt wurde durch das neu motivierte Engagement des Kollektivs im Bethanien, das gerade bei Aktionen gegen Verdrängungen als teilnehmende Initiative sowie organisatorisch wesentlich beteiligt war.

Zwangsräumung in der Lausitzer Straße am 14. Februar 2013

Eine ähnlich umfangreiche und aufsehenerregende Zwangsräumungsaktion wie die zuvor geschilderte in der Yorckstraße 59 im Jahr 2005 erfolgte an einem kalten Februarmorgen des Jahres 2013 in der Lausitzer Straße 8 in SO 36. Sie wurde in Berichterstattungen wiederum mit einer spezifischen Kreuzberger Renitenz verbunden. Dass sie langfristig im öffentlichen Gedächtnis haften blieb, mag durch die ebenso umfassende wie spannungsreiche Darbietung der Ereignisse im Schlussteil des viel gezeigten Dokumentarfilms *Mietrebellen* von Gertrud Schulte Westenberg und Matthias Coers unterstützt worden sein.[3] Betroffene waren der türkischstämmige Malermeister Ali Gülbol und seine Familie, die seit 1996 in der zur Räumung vorgesehenen Wohnung lebten. Vorausgegangen war eine mehrjährige Auseinandersetzung um Mieterhöhungen. Nach einem Eigentümerwechsel war die monatliche Miete um knapp 100 Euro erhöht worden, ohne dabei die Mietspiegelgrenze zu übersteigen. Gülbol weigerte sich und machte geltend, dass er die Wohnung für etwa 20 000 Euro selbst saniert hätte und dafür vom Vorbesitzer die Zusage eines Verzichts auf Mieterhöhungen für die nächste Zeit erhalten habe. In den gerichtlichen Auseinandersetzungen fehlten Beweise für die Abmachungen, und der bisherige Eigentümer konnte sich an die genauen Bedingungen der Übereinkunft nicht mehr erinnern. Als Gülbol die zunächst verweigerten Nachzahlungen schließlich aufbrachte, kamen sie zu spät, die Wohnung war vom neuen Eigentümer gekündigt worden, und das gerichtliche Räumungsurteil war umzusetzen. Eine Revision wurde vom Landgericht nicht zugelassen.

Der genaue Termin war relativ lange vorher bekannt, und von mietenpolitisch Engagierten wurde mehrere Wochen lang zu einer Blockade des Hauseingangs und der Straße aufgerufen. Manche Protestbereite kamen, als der Termin herangerückt war, schon vor Mitternacht in einem Clubraum in dem Haus zusammen, wo ein kulturelles Programm geboten wurde. Diese sehr früh Anwesenden waren die Einzigen, die am Morgen dann den Hauseingang blockieren konnten. Danach wurde der ganze Abschnitt der Lausitzer Straße, an dem das betreffende Gebäude liegt, von Polizeikräften abgesperrt, so dass die größere Zahl der Protestierenden, die morgens gegen sechs oder sieben Uhr eintrafen, sich nur noch außerhalb der Absperrungen aufhalten konnten.

Auf die besonders spannungsgeladene Atmosphäre in der Zeit vor neun Uhr, als der gerichtlich angekündigte Übergabetermin heranrückte, folgten Wut und Enttäuschung im Umfeld der Blockade, denn es war inzwischen

Nur wer sich schon in der Nacht in Räumen des bedrohten Hauses in der Lausitzer Straße 8 befunden hatte, konnte, wie die hier Sitzenden, früh am Morgen die Eingangstür blockieren

Für die große Masse der später Eintreffenden war die gesamte Lausitzer Straße von der Reichenberger und der Wiener Straße her schon lange vor dem angekündigten Räumungstermin abgesperrt

Diejenigen, die in der Lausitzer Straße saßen, blockierten die Eingangstür mehrere Stunden lang in eisiger Kälte, bis sich herumsprach, dass die Polizei einen Trick angewendet hatte und der Schlüssel der betreffenden Wohnung längst übergeben worden war

die Mitteilung durchgesickert, dass die Schlüsselübergabe an eine Gerichtsvollzieherin ordnungsgemäß erfolgt war. Später war aus der Presse zu erfahren, dass die gerichtlich beauftragte Frau sich zur Tarnung eine Polizeiuniform angezogen hatte und dass sie von den Polizeikräften in einer sorgfältig vorbereiteten, trickreichen Aktion von der Wiener Straße her über Nachbargrundstücke, Hofgelände und nach dem Zerschneiden eines trennenden Maschendrahtzauns zu einem Hinterhauseingang des betreffenden Gebäudes Lausitzer Straße 8 geleitet worden war. Ali Gülbol übergab den Schlüssel, als er noch vor neun Uhr hörte, dass die Wohnungstür aufgebrochen werden sollte.

Die Möbel waren schon vor der Räumung im fünften Stock in der Wohnung der Eltern abgestellt worden, um, so Gülbol, nicht noch weitere Kosten tragen zu müssen.

Draußen kam es danach zu einer Protestdemonstration mit einigen Ausschreitungen. Insgesamt hatte es nach den Angaben der Organisation Bündnis gegen Zwangsräumungen etwa 1 000 Beteiligte an der Blockade gegeben. Es war für sie nicht um komplizierte Details der juristischen Auseinandersetzung gegangen, sondern die fünfköpfige Familie Gülbol stand stellvertretend für die Verdrängung von Einkommensschwachen durch profitorientierte Vermieter.

Kotti & Co

Zu einem besonderen Konzentrationspunkt mietenpolitischer und dann auch anderer widerständiger Aktivitäten im östlichen Teil von Kreuzberg entwickelte sich im darauffolgenden Jahrzehnt die Initiative Kotti & Co. Ihr Engagement hat eine starke öffentliche Beachtung gefunden, und im Jahr 2015 erschien im Leipziger Verlag Spector Books eine umfangreiche Buchveröffentlichung über sie mit dem Titel *Und deswegen sind wir hier Kotti & Co*.

Zusammengeschlossen hatte sich die Initiative im März 2011, als für einen großen Gebäudekomplex des sozialen Wohnungsbaus am Kottbusser Tor wiederholt Mieterhöhungen angekündigt wurden. Für die dort zahlreich ansässigen Geringverdienenden waren die neuen Mieten einfach nicht mehr bezahlbar. Damit drohte für die Betroffenen eine zunehmende Verarmung oder die Verdrängung aus einem Wohnumfeld, das gerade für den überwiegenden türkischstämmigen Bevölkerungsteil zu einer von ihnen wesentlich mitgestalteten Heimat geworden war. Das lokale Zentrum war der ausgedehnte Platz am Kottbusser Tor, im umgangssprachlichen Jargon Kotti genannt. Nach ihm gab sich die Initiative den Namen Kotti & Co. Sie stellte einen Forderungskatalog auf und überreichte ihn im November 2011 den für den Wohnungsbereich Zuständigen des Senats. Ein sehr konkretes Anliegen war für sie, dass die bis 2011 festgelegte Mietobergrenze in Höhe von 5,35 Euro pro Quadratmeter verbindlich blieb und dass die Mieterhöhung für 2012 zurückzunehmen war. Langfristig forderten sie eine Rekommunalisierung des sozialen Wohnungsbaus und eine Umsetzung der sozialen Pflicht, bezahlbaren Wohnraum für Ärmere zur Verfügung zu stellen.

Die Weigerung der Eigentümergesellschaften Hermes und GSW, sich mit Kotti & Co zu Gesprächen über eine Rücknahme von Mieterhöhungen zusammenzusetzen, bildete den entscheidenden Anstoß für eine aufsehenerregende Aktion am 26. Mai 2012. Am Pfingstwochenende wurde auf einer Gehsteigausbuchtung vor dem Südblock des Kottbusser Tors eine Holzhütte als Protestcamp unter dem Namen Gecekondu errichtet. Im Türkischen heißt das: „Über Nacht gebaut". Nach einer weit in die Vergangenheit zurückreichenden Tradition durfte nach osmanischem Recht eine Behausung, die in einer Nacht errichtet und fertiggestellt wurde, nicht von den Ordnungskräften beseitigt werden. In jüngerer Zeit werden in der Türkei Behausungen als Gecekondu bezeichnet, die von Menschen, die in den Metropolen keine andere Unterkunft finden, ohne Genehmigung an den Stadträndern aufgebaut werden.

Die Aktion fand auch außerhalb des Stadtteils beträchtlichen Zuspruch. In dem erwähnten Buch von 2015 heißt es dazu rückblickend: „Schnell sprach sich die Besetzung in der ganzen Stadt herum und zog viele Menschen an, die sie unterstützten. Denn unsere Besetzung geschah nicht im luftleeren Raum. Die Dynamik der Gentrifizierung und die Verdrängung der ärmeren Klassen zeigten sich schon seit einigen Jahren in zahlreichen Kämpfen unterschiedlichster Mieterinitiativen in der ganzen Stadt."[4]

Das Gecekondu hatte Bestand und wurde im Lauf der Zeit zu einer stabilen Hütte ausgebaut. Das war zu Beginn der Besetzung jedoch nicht abzusehen gewesen und niemand wusste, wie die Verwaltungsbehörden reagieren würden, war die Hütte doch auf einer öffentlichen Straße errichtet worden. Umso erstaunlicher mag es Außenstehenden anmuten, wenn in dem *Kotti & Co*-Buch berichtet wird: „Der Bürgermeister von Friedrichshain-Kreuzberg, Franz Schulz, kommt in den ersten drei Tagen jeden Morgen vorbei und bringt Brötchen zum Frühstück."[5] Diese sicherlich auch symbolisch gemeinte Unterstützungsaktion ist ein weiteres Beispiel für die zur Kreuzberger Tradition gehörenden Bündnisse zwischen Protestgruppen und Bezirksregierung auch im Fall von Aktionen, die den Charakter eines zivilen Ungehorsams haben.

Eine am Südblock des Kottbusser Tors aufgestellte Protesttafel mit dem Foto einer Kotti-&-Co-Demonstration, 2016

Die Protesttafel wurde ergänzt durch eine Tafel mit Forderungen

In Medienberichten über die Gecekondu-Errichtung wurde dementsprechend vielfach die Verbindung zur Spezifik von Kreuzberger Ereignissen hergestellt. Auch in dem Buch selbst ist eine Kreuzberg-Orientierung nicht zu übersehen. Im Einführungskapitel wird gleich im Bericht über den Beginn der gesamten Entwicklung bis hin zur Gecekondu-Gründung und darüber hinaus der Bezug zum Stadtteil entschieden hervorgehoben: „Im Herzen Kreuzbergs, am Kottbusser Tor, haben wir im April 2011 gemeinsam festgestellt, dass wir uns die Mieterhöhungen nicht mehr leisten können."[6] In den folgenden Kapiteln mit persönlichen Berichten von Ein-

zelnen, die sich der Aktion angeschlossen haben, deutet sich diese Kreuzbergidentität insbesondere bei Menschen mit türkischem Migrationshintergrund immer wieder an. So ist gleich in dem ersten Bericht, verfasst von der 42-jährigen Aynur Adigüzel und dem 51-jährigen Metin Güven, zu lesen: „Aynur: Ich will ja nicht aus Kreuzberg wegziehen. Metin: Nicht vom Kotti weg. Man trifft hier alle, nach dem Arbeiten, beim Einkaufen trifft man alle. Hier ist einfach alles."[7] Der Bericht des 47-jährigen Bürokaufmanns Tahir Sözen beginnt mit biografischen Angaben: „Ich bin seit 1974 in Berlin-Kreuzberg und hier aufgewachsen, habe hier geheiratet, habe hier meine

Kinder großgezogen. Ich habe zwei Töchter und einen Sohn. Durch die Jahre ist Kreuzberg unsere Heimat geworden."[8]

Kotti & Co ist in den folgenden Jahren mietenpolitisch überaus aktiv geblieben und auch öffentlich wahrgenommen worden. Ihre Forderungen und Aufrufe bezogen sich nicht nur auf Kreuzberg, sondern waren oft berlinweit ausgerichtet. Im August 2019 etwa meldete die Tagespresse einen Vorstoß der Initiative zur Begrenzung der Sozialmieten. In einem offenen Brief an die Stadtentwicklungssenatorin Katrin Lompscher und an Zuständige der drei Koalitionsparteien SPD, Bündnis 90/Die Grünen und Die Linke hatte Kotti & Co zwar unterstrichen, man begrüße den sogenannten Mietendeckel für Mietwohnungen des freien Marktes, fordere aber zugleich, den darin nicht inbegriffenen nahezu 100 000 Sozialwohnungen einen nachhaltigen Schutz zu gewähren, Mietsteigerungen zu verhindern und eine längst zugesagte, durchgreifend sozial orientierte Reform auf den Weg zu bringen.

Plakat von Kotti & Co mit Bekenntnis zu Kreuzberg, 2014

Das im Mai 2012 im Südblockbereich des Kottbusser Tors errichtete Gecekondu, 2014

Eine von Kotti & Co organisierte Lärmdemo im Umfeld des Kottbusser Tors, 2014

Die mit einem roten Herzen signalisierte Liebe zum Kotti, die immer wieder auf Transparenten und Plakaten von Kotti & Co erscheint, findet sich auch auf dem beeindruckenden Mauergemälde am Südblock des Kotti. Es wurde im Jahre

2012 von der argentinischen Künstlergruppe Pirqas Al Sur aus Buenos Aires geschaffen, die längere Zeit in Kreuzberg weilte und mit Kotti & Co politisch kooperierte, 2019

Bizim Kiez

Die Nachbarschaftsinitiative Bizim Kiez (auf Deutsch Unser Kiez) hat seit dem Sommer 2015 im Stadtteil um die Kreuzberger Wrangelstraße herum – bis dahin als Wrangelkiez bekannt – eine Vielzahl von oft stark besuchten Veranstaltungen organisiert und erlangte schon bald nach ihren Anfängen einen ähnlich hohen Bekanntheitsgrad wie Kotti & Co. Die meisten ihrer Aktivitäten bezogen sich auf das Thema Mietwucher und Gentrifizierung, aber es ging auch um die Stärkung von Nachbarschaftsbeziehungen. Die Verhinderung einer Zerstörung des gewachsenen Kiezes wurde in den Selbstdarstellungen ausdrücklich als eine wichtige Motivation für das breite Engagement angeführt. Die Veranstaltungen zeichneten sich durch eine bemerkenswerte Vielfalt aus, kämpferische Demonstrationen wechselten sich mit kleinen Zusammenkünften zum gegenseitigen Kennenlernen ab, und es gab vor allem zahlreiche kulturelle Veranstaltungen mit musikalischen Darbietungen oder öffentlichen Lesungen. Die Kerngruppe traf sich in einem regelmäßigen Turnus und verschickte ihre Mitteilungen an eine Vielzahl von Initiativen und an einzelne Interessierte auch außerhalb des Kiezes und des Bezirks.

Demonstration im Wrangelkiez, der von der engagierten Initiative unter Verwendung eines türkischen Wortes in Bizim Kiez – Unser Kiez – umbenannt wurde, 2018

Ihren schnellen Aufschwung nahm die Initiative Ende Mai/Anfang Juni 2015, als einer türkischen Familie in der Wrangelstraße der Gemüseladen, den sie jahrzehntelang betrieben hatte, von einem Großinvestor gekündigt worden war. Die Protestveranstaltungen fanden jeweils an einem Mittwoch vor dem Laden statt, der jetzt Bizim Bakkal – Unser Laden – genannt wurde. Schon zur zweiten wöchentlichen Versammlung am 3. Juni kamen etwa 150 Menschen zusammen und später wurden es noch wesentlich mehr, als Interessierte aus anderen Kiezen und Bezirken zu den öffentlichen Lesungen, Musikvorträgen und Ansprachen hinzukamen. Den Initiatoren ging es dabei von Anfang an nicht um bloß kurzfristigen Aktivismus, sondern es bildete sich auch eine organisatorische Infrastruktur mit Arbeitsgruppen und einer Vernetzung im Internet heraus. Besonders eindrucksvoll war für Angereiste die Wahrnehmung, dass offenbar sehr viele der in der Wrangelstraße und auch in Nebenstraßen Wohnenden die Aktion unterstützten und nicht nur hier und da einige Engagierte. Überall hingen große Transparente mit der Aufschrift Bizim Kiez aus den Fenstern, war doch der Laden ein sehr vertrauter Ort und für manche ein wichtiger Treffpunkt in dem Wohnumfeld gewesen.

Auch das Medieninteresse war gleich in den Anfangswochen sehr stark. Rundfunk- und Fernsehteams standen mittwochs vor dem Laden sowie auch vor dem gegenüberliegenden Geschäft, das inzwischen mit in die Aktion einbezogen war, und Zeitungen berichteten gelegentlich auch überregional von den in ihrer Art ungewöhnlichen, widerständigen Aktionen. Dabei wurde oft der Name des Investors genannt und dies mag mit dazu beigetragen haben, dass der Protest nach fünf Wochen einen Erfolg zeitigte und die Kündigung zurückgenommen wurde. Die Bizim-Kiez-Initiative beendete ihre Aktivitäten damit jedoch nicht, da es inzwischen auch um einen allgemeinen Widerstand gegen Verdrängungen im Stadtteil ging und weil in dem speziellen Fall dem

Ladeninhaber keine Sicherheit gegen eine mögliche neue Kündigung geboten wurde.

Magnus Hengge, einer der Hauptinitiatoren von Bizim Kiez und oft der Vertreter der Initiative bei Veranstaltungen anderenorts, schrieb darüber in einem Beitrag für die Kiezzeitschrift *Kreuzberger Horn*: „Wer hätte das gedacht? Ein Investor lässt sich vom massiven öffentlichen Druck der schnell gebildeten Nachbarschaftsinitiative ‚Bizim Kiez' so sehr beeindrucken, dass er die Kündigung des alteingesessenen Gemüseladens ‚Bizim Bakkal' nach 5 Wochen Protest und starker Resonanz in den Medien zurücknimmt. Das hört sich nach einem Erfolg an, doch leider bremst es den Plan des Hausbesitzers, das Haus möglichst lukrativ zu verwerten, nur ein bisschen. Familie Cakskan, die den Gemüseladen betreibt, will einen langfristigen Mietvertrag, mit dem sie die Übergabe an die nächste Generation angehen kann. Aber da gibt es kein Entgegenkommen der Hausverwaltung – Langfristigkeit ist nicht erwünscht. Darum gehen wir davon aus: Die Verdrängung ist nur aufgeschoben. Was aber auf jeden Fall als Erfolg gewertet werden kann, ist die Zusammenarbeit der verschiedenen Engagierten im Rahmen von ‚Bizim Kiez'. Angesichts der empörenden Ungerechtigkeit, dass sogenannte Investoren den Mehr-

Die Bizim-Kiez-Aktionen sind meist überaus fantasievoll; hier wurden Kartons als Bausteine eines Gesamtwerks mit auf den Kiez und Kreuzberg bezogenen Losungen beschriftet, Juni 2016

ren vermag. Diese Gruppe hat enorme Kraft und Fähigkeiten entwickelt und wird noch weitere akkumulieren. Wir sind engagierte, hoch politisierte und warmherzige Menschen mit besten Kontakten zu allen aktivierbaren Ebenen und Lagern – von radikal bis bürgerlich, von schlagkräftig bis intellektuell, von mitfühlend bis strategisch, von arm bis wohl situiert, von Straßen-verbunden bis politisch-medial vernetzt. Und einig sind wir uns alle: gegen die Ungerechtigkeit, die wir in unserem Kiez spüren. Zu viele haben schon Verdrängungserfahrung – das muss endlich ein Ende haben."[9]

In den folgenden Jahren baute die Initiative ihre Strukturen weiter aus und engagierte sich auf verschiedenen Ebenen direkt gegen Verdrängungen – generell durch die Organisierung von Veranstaltungen wie auch konkret in Einzelfällen, in denen von Verdrängung Bedrohte beraten werden und, wenn irgend möglich, mit Eigentümergesellschaften verhandelt wird, um ihnen Zugeständnisse abzuringen. Auch auf politischer Ebene ist die Initiative aktiv, um Parteien und Regierende zu Lösungen zu drängen, die den nicht begüterten Schichten in den Kiezen bei ihren Mietproblemen helfen.

Als besonders spektakuläre Veranstaltung unter den Bizim-Kiez-Aktivitäten soll hier noch eine herausgegriffen werden, die im August 2018 vor dem Haus Wrangelstraße 77 unter freiem Himmel stattfand. Es ging um die imaginierte Eröffnung eines Share-Dealer-Salons mit einer einführenden Information zur Funktionsweise des Share-Deal-Systems. Dass die Performance vor diesem Haus stattfand, hatte seinen Grund darin, dass das Haus ab 2016 sukzessive von einem internationalen Investorenverband mit Share-Deal-Anteilen übernommen worden war und Luxusmodernisierungen mit starken Mieterhöhungen und Verdrängungen bevorstanden. Das Beispiel weist auf die fantasievolle Widerständigkeit hin, aber auch auf Bedrohungen der ansässigen Bevölkerung in diesem Teil von Kreuzberg.

wert abschöpfen wollen, den nicht sie selbst, sondern die Anwohner/innen der Kieze über Jahrzehnte geschaffen haben, formierte sich eine breite Gruppe, die alle Menschen der typischen ‚Kreuzberger Mischung' zu integrie-

Verschiedene mietenpolitisch engagierte Initiativen in Kreuzberg

Über der besonderen Herausstellung von Kotti & Co. und Bizim Kiez, die mit ihren Aktionen ein beträchtliches Echo in den Medien fanden, soll hier nicht übersehen werden, dass in den vergangenen Jahren auch etliche andere Initiativen im Kampf gegen den Mietenwahnsinn, wie der Slogan auf Demonstrationen lautete, überaus aktiv waren. Als Beispiel soll hier aus Kreuzberg 61 zunächst die Initiative Wem Gehört Kreuzberg angeführt werden, die bereits auf eine relativ lange Geschichte ihrer mietenpolitischen Aktivitäten zurückblicken kann mit einem zeitweiligen Auf und Ab bis hin zu einer kontinuierlichen stark vernetzten Fortsetzung in kleinerem Zusammenhang. Im *MieterEcho*, der monatlich erscheinenden Mitgliederzeitschrift der Berliner Mietergemeinschaft, wird in einer Ausgabe vom Jahr 2012 in einem zweiseitigen Artikel über die euphorische Anfangsphase von Wem Gehört Kreuzberg berichtet, dann aber auch schon, wie die Zwischenüberschrift „Krise und Neubeginn" unmittelbar erkennen lässt, auf die ersten Einbrüche hingewiesen. „Der Zündfunke", so heißt es in dem Artikel, „ging im Herbst 2010 von engagierten Mitgliedern des Dreigroschenverein e. V. mit Teilnehmer/innen aus verschiedenen Kiezen im Chamissokiez aus. Sie organisierten mit Teilnehmer/innen aus verschiedenen Kiezen am 8. Februar 2011 im Wasserturm in der Fidicinstraße ein ‚Kiezpalaver' unter dem Titel ‚Kreuzberg nur für Reiche?' […] Die Organisator/innen hatten eine kleine Versammlung erwartet. Mit etwa 180 Anwesenden wurden am Veranstaltungsabend jedoch die kühnsten Erwartungen übertroffen."[10]

Zunächst kam es im Anschluss an diese Zusammenkunft unter dem Namen Wem Gehört Kreuzberg zu einem Bündnis von drei Initiativen aus verschiedenen Kiezen – Chamissokiez, Graefekiez, Großbeerenkiez – mit regelmäßigen gemeinsamen Sitzungen als Plenum und einzelnen Sitzungen an den verschiedenen Orten sowie auch mit mehreren themenbezogenen Arbeits-

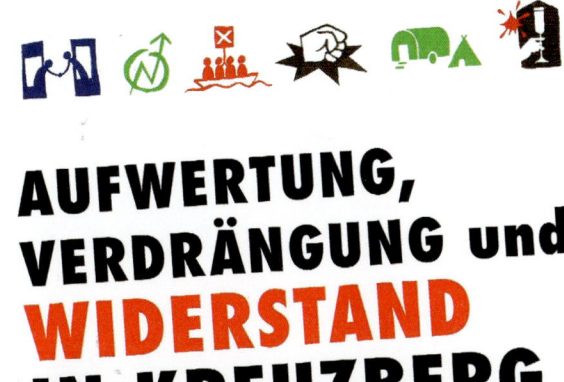

Orte und Konflikte profitorientierter und unkommerzieller Stadtgestaltung in Kreuzberg 36

Flyer mit lokalen Hinweisen für Kreuzberg 36, 2018

gruppen. Von diesem Dreierbündnis ist nach späteren Einbrüchen organisatorisch nichts mehr übrig geblieben und auch einzelne Arbeitsgruppen gibt es längst nicht mehr. Dass solch eine Initiative dennoch über eine lange Zeit hinweg sehr stabil weiterarbeiten kann, ist ungeachtet der dezentralen Ausrichtung oft nicht unabhängig von sehr beharrlichen und auch vernetzungsfreudi-

209

Go-in-Aktionen mit einer Präsentation von Transparenten und Plakaten gab und gibt es immer wieder im Kreuzberger Rathaus bzw. bei Sitzungen der Bezirksverordnetenversammlung, und der Umgang damit ist meist tolerant; in diesem Fall jedoch sahen Bezirksverordnete wie etwa der mietenpolitisch engagierte Fraktionsvorsitzende der Grünen Julian Schwarze sich nicht als die richtigen Adressaten an, da die Befugnisse in den strittigen Fällen nicht in ihrer Hand lagen, 2010

Die Bezirksverwaltung, vertreten etwa durch Baustadtrat Florian Schmidt (Bündnis 90/Die Grünen), hat vor allem nach 2015 durch besondere Maßnahmen gegen den Verdrängungsprozess die öffentliche Aufmerksamkeit auf sich gezogen, 2018

gen Einzelnen, den sogenannten Knoten im Netz, in diesem Fall insbesondere von Stefan „Steff" Thiele und manchmal auch noch anderen. In jüngerer Zeit war die Initiative Wem Gehört Kreuzberg besonders aktiv und einflussreich, als es um Neuanstöße für Hausbesetzungen ging, von denen noch die Rede sein wird.

Das Kiezbündnis am Kreuzberg konzentriert seine – nicht ausschließlich mietenpolitischen – Aktivitäten ganz besonders auf die jährliche Kiezwoche zwischen dem Kreuzberg und dem Landwehrkanal mit dem Hornstraßenfest als Abschluss sowie auf den Kiezratschlag an jedem ersten Donnerstag im Monat, der jeweils sowohl über einen großen E-Mail-Verteiler als auch durch öffentliche Aushänge in den Straßen angekündigt wird. In der in den 1950er- und 1960er-Jahren gebauten Otto-Suhr-Siedlung, mehr zum östlichen Teil von Kreuzberg hin, kann eine recht aktive Initiative in jüngerer Zeit als Erfolg ihres Engagements verbuchen, dass die geplante Sanierung ihrer Wohnungen sozialverträglich abläuft. Dazu hat das Bezirksamt Friedrichshain–Kreuzberg einen Vertrag mit der Deutsche Wohnen SE geschlos-

sen. Die Modernisierungsumlagen werden, so verkündete der Baustadtrat von Friedrichshain–Kreuzberg, Florian Schmidt, im Spätsommer 2018, pauschal auf einen sehr geringen Betrag pro Quadratmeter begrenzt, außerdem können Härtefälle geltend gemacht werden.

Kiezratschlag
Donnerstag, 1. März 2018
19.00 Uhr im YORCK TOWN Yorckstr. 70

Vorgeschlagener Verlauf:
- **Vorstellungsrunde**
- **Sanierungsgebiet Rathausblock / Dragonerareal:** Berichte von Beteiligten an Workshops, AGs; Einschätzung der Kooperationsvereinbarung
- **Möckernkiezprojekt:** Erfahrungen nach dem ersten Einzug dort
- **Kinder im Kiez: Kitas, Kinderläden; Grundschulklassen** Kreative Projekte; Treffpunkte; Raumprobleme; Beteiligung an der Kiezwoche
- **Vorschläge für die Kiezwoche 2018 und das Hornstraßenfest:** Vorlage eines provisorischen Programms für die Aktions- und Kulturwoche vom 31. August (Ausstellungeröffnung im Rathaus) bis zum 8. September (Fest in der Hornstr.)
- **Weiteres auf Wunsch von Anwesenden**

Was tut sich im Yorck-/ Großbeerenkiez? und: Was können wir tun?

Fotos vom Kiezratschlag Anfang Februar 2018 im YORCK TOWN

Um den Widerstand gegen Verdrängungen in Kreuzberg 61 sowie um andere stadtteilbezogene Themen geht es jeweils auf dem monatlich durchgeführten Ratschlag im Yorck-/Großbeerenkiez an wechselnden Orten, wie hier im Familiencafé Yorck Town, Yorckstraße 70

Auf weitere mietenpolitisch engagierte Initiativen kann hier nicht speziell eingegangen werden und auch nicht darauf, dass einzelne Hausgemeinschaften sich zusammentaten und verschiedentlich Erfolge zu verzeichnen hatten, wenn Mieterhöhungen aufgrund des Drucks zurückgenommen wurden oder das bezirkliche Vorkaufsrecht wahrgenommen wurde. Für Letzteres hat sich Baustadtrat Schmidt besonders stark gemacht.

Neuauflage Kreuzberger Hausbesetzungen und Widerstand gegen Start-up-Konzerne sowie das Eindringen von Luxushotels

„Kreuzberg lebt. Es war fast wie früher. Kaum war das Haus in der Großbeerenstraße 17a am Sonnabend besetzt, ließen die Sympathisanten nicht lange auf sich warten." So lautete die Bildunterschrift unter einem Foto, das einem Artikel im *Tagesspiegel* vom 11. September 2018 über eine in den Medien stark beachtete Hausbesetzung beigegeben war. Es ging um die Besetzung von Wohnungen in der ersten Etage eines weitgehend leer stehenden Hauses, das knapp vier Jahre zuvor von der Aachener Siedlungs- und Wohnungsgesellschaft (SWG), die einigen katholischen Bistümern in Nordrhein-Westfalen und Rheinland-Pfalz gehört, erworben worden war. Über den Leerstand war seit längerer Zeit in kiezbezogenen Publikationen kritisch berichtet worden, und das Bezirksamt Friedrichshain-Kreuzberg hatte sich in Form von Anfragen in Ausschüssen, Überprüfung von Leerstandsgenehmigungen oder der Verweigerung von luxuriösen Ausbauten aufgrund von Milieuschutzbestimmungen intensiv mit dem Fall befasst.

In dem gleichen *Tagesspiegel*-Artikel ist von der „neuen Berliner Hausbesetzerszene" die Rede, und von einer längerfristigen Perspektive ist zumindest in diesem einen Fall auch in einem Artikel der Online-Ausgabe der *Berliner Morgenpost* vom 9. September 2018 die Rede, in dem es heißt: „Für die Hausprojektgruppe Großbeerenstraße ist die zwischenzeitliche Duldung nur ein erster Schritt. ‚Wir wollen eine dauerhafte Nutzung', sagte einer der Aktivisten. Geplant sei, in dem Gebäude ein selbstverwaltetes Wohnprojekt umzusetzen."[11]

Die Besetzung des Hauses fand an einem Samstagnachmittag statt, an dem in der Nähe das in der Umgebung populäre Hornstraßenfest seinen Lauf nahm, und es gab dann zweimal Informationen dazu von der Musikbühne herab, einmal als Mitteilung, dass die Besetzung im nahegelegenen Haus soeben erfolgt sei und das zweite Mal die Information über Einigungen für eine Zwischennutzung, die zunächst auf eine knappe Woche begrenzt war, woraufhin das Publikum vor der Bühne applaudierte. Eine Hauptakteurin dabei war Katrin Schmidberger, die wohnungspolitische Sprecherin der Partei Bündnis 90/Die Grünen auf Senatsebene und in Wahlen die erfolgreiche Direktkandidatin in einem Gebiet, zu dem auch der hier betroffene Stadtteil gehört. Sie war zu dem Zeitpunkt zusammen mit Hans-Christian Ströbele und anderen Mitgliedern ihrer Partei, wie Julian Schwarze, dem Fraktionsvorsitzenden von Bündnis 90/Die Grünen im Kreuzberger Bezirksparlament, auf dem nahegelegenen Fest in der Hornstraße anwesend und eilte sogleich zum Ort der Besetzungsaktion, wo inzwischen Polizeiwagen aufgefahren und zahlreiche aktiv Beteiligte sowie im Kiez Ansässige auf der Straße standen. Es war, so wurde

Auch einzelne Hausgemeinschaften sind in Kreuzberg aktiv geworden, haben sich zusammengefunden und zum Teil mit anderen Hausgemeinschaften vernetzt, wenn sie sich durch Immobilienspekulanten gefährdet sahen; hier geht es um ein Haus, das im Sanierungsgebiet Rathausblock in Kreuzberg 61 liegt und kürzlich von einem als profitorientiert bekannten Großinvestor erworben wurde, 2018

nachträglich allgemein bestätigt, ganz besonders Katrin Schmidbergers entschiedenem Einsatz zu verdanken, dass es zu keiner Räumung und keinen Zusammenstößen kam. Sie hatte gleich den Innensenator angerufen und sich bestätigen lassen, dass es ohne Räumungstitel keinen sofortigen Polizeieinsatz geben durfte. Danach hatte sie das Gespräch mit Vertretern der Eigentümergesellschaft in die Wege geleitet.

In weiteren Vermittlungsgesprächen wurde der Zwischennutzungsvertrag zunächst verlängert, gegen Ende des Jahres jedoch wurden die Gespräche seitens der Eigentümergesellschaft abgebrochen. Nutzungen einer der Wohnungen im ersten Stockwerk des Hauses waren bis zu dieser Zeit noch möglich gewesen, so etwa für den Kiezratschlag im Yorck-/Großbeerenkiez, zu dem vom

Kiezbündnis am Kreuzberg monatlich aufgerufen wurde, bis auch das ein Ende hatte. Zahlenmäßig stark begrenzte Gruppen konnten den Raum bis zum April 2019 noch nutzen, stets von einem Wachschutzmann am Hauseingang beobachtet und gezählt, und schließlich kam es zu einer friedlich verlaufenden Räumung mit Polizeieinsatz, als an einem Abend die Anzahl stark überschritten wurde. Weitere Verhandlungsbemühungen erübrigten sich schon deshalb, weil das Haus inzwischen zu einer kompletten Baustelle verwandelt und von Gerüsten umgeben worden war, so dass die bisher von Besetzenden genutzte Wohnung schon aus rein baulichen Gründen nicht mehr betreten werden durfte.

War die stark beachtete Aktion somit nur eine Episode geblieben, so gingen von ihr doch bemerkenswerte Impulse für Zusammenschlüsse, Solidaritätsbekundungen und Planungen für künftige mietenpolitische Proteststrategien aus. In den ersten Monaten der Besetzung vor dem Haus kam es zum Beispiel mehrfach zu größeren öffentlichen Veranstaltungen mit polizeilich geregelten Straßenabsperrungen, auf denen es neben den Reden und Debatten auch musikalische Darbietungen gab, und auch außerhalb dieser größeren Ereignisse wurde das Haus zu einem ständigen Treffpunkt sowohl um den Eingangsbereich herum wie auch in der besetzten Wohnung mit Filmvorführungen, Diskussionen und anderem mehr.

Die Besetzung des weitgehend leerstehenden Hauses Großbeerenstraße 17a an der Ecke Obentrautstraße Anfang September 2018 fand starke öffentliche Beachtung, nachdem es in Berlin lange keine erfolgreichen Hausbesetzungen mehr gegeben hatte

Google Campus, Hotelpläne in SO 36, Cuvry-Brache – Widerstände nicht ohne Wirksamkeit

Die bereits erwähnte Besetzung des Google Campus im ehemaligen Umspannwerk in der Ohlauer Straße verlief ganz anders als die Besetzung in der Großbeerenstraße. Es erfolgte noch in der gleichen Nacht die polizeiliche Räumung. Als jedoch die Gegnerschaft in Kreuzberg 36 dem Konzern offenbar zu unbequem wurde und es bald nach der versuchten Besetzung zu Verhandlungen und zum Rückzug von Google kam, war das ein Triumph für diejenigen, die sich an den Protestaktionen beteiligt hatten, allen voran für die Initiative Google Campus & Co. verhindern. In ihren Flyer-Mitteilungen und im Internet wurde während der Protestzeit mit der Erwartung von massiven Mietsteigerungen und Verdrängungen in einem neuen Google-Umfeld argumentiert, und als Beispiel wurde der Google Campus in London angeführt, wo es innerhalb von nur zwei Jahren zu einer Verdoppelung der Mieten in der Umgebung gekommen war. Proteste gegen das Eindringen großer Unternehmen wie insbesondere auch luxuriöser Hotels führten in jüngerer Zeit zu ausgedehnten Aktivitäten in Kreuzberg 36. „Überall im Kiez sind ekelhafte Kommerz-Projekte geplant oder bereits da", heißt es auf der Webseite der Initiative Kreuzberg 36 und es werden einige konkret genannt: „Am Oranienplatz gibt's ein Luxushotel, dessen Betreiber Polizei-Aktionen gegen soziale Aktivist*innen unterstützt. Der gleiche Besitzer plant schräg gegenüber, in den Räumen der derzeitigen Denkerei, ein weiteres Start-up-Zentrum." Danach werden weitere drohende Verdrängungen und Kiezzerstörungen angeführt wie etwa: „An der Skalitzer Straße Ecke Mariannenstraße soll ein Hotel mit angeschlossener Shopping Mall gebaut werden."[12] Verschiedene der Entwicklungen, vor denen hier gewarnt wird, sind im Gange und offenbar kaum zu stoppen, aber das letztgenannte Vorhaben, gegen das im Laufe des Jahres 2018 und in den ersten Monaten von 2019 mit Plakaten, Flyern und Kundgebungen vor Ort besonders

massiv protestiert wurde, konnte immerhin abgeblockt werden. Die Eigentümergesellschaft machte einen Rückzieher und teilte mit, dass an der vorgesehenen Stelle im Winkel von Skalitzer Straße und Mariannenstraße dann doch kein luxuriöses Hotel, sondern ein Bürohaus gebaut werde.

Ähnlich wie etwa im Fall der Auseinandersetzungen um den Google Campus ist hier anzuführen, dass ungeachtet einer zunächst jeweils stur kompromisslosen Phase der Projektrealisierung nicht jeder Widerstand erfolglos geblieben ist. In den Komplex des Umspannwerks wird jetzt ein Haus für soziales Engagement einziehen, betrieben von der Online-Spendenplattform Betterplace und dem Verein Karuna. Google selbst sprach nicht von einer Niederlage, sondern von einer Planänderung und betonte sein Verständnis.

Auch das Beispiel Cuvry-Brache lässt sich in diesem Zusammenhang anführen, wobei zunächst noch auf eine sehr kreuzbergspezifische Vorgeschichte der Auseinandersetzungen an diesem Ort hinzuweisen ist. Das circa 12 000 Quadratmeter große unbebaute Gelände, auf dem in der Vergangenheit ein Bunker stand und auch Kohlen gelagert wurden, erstreckt sich östlich des Schlesischen Tors und der Oberbaumbrücke von der Schlesischen Straße bis hin zum Spreeufer unter Einschluss des nördlichen Abschnitts der Cuvrystraße. Mit einem Stück alternativer Kreuzberger Geschichte verband sich das Areal bereits seit den 1990er-Jahren, als sich das Jugend- und Kulturprojekt Young African Art Market (YAAM) hier etablierte und auch eine Strandbar einrichtete, dann jedoch aufgeben musste, als es zur Übernahme durch Investoren und zur Planung eines großen Einkaufszentrums sowie – gegen den Willen des Bezirks – zu dessen baurechtlicher Genehmigung auf Senatsebene kam.

Die weitere recht turbulente Geschichte des Areals, die eine Investoreninsolvenz, das zeitweilige Ruhen bisheriger Entwicklungspläne und den Neuerwerb durch

Das von Bazon Brock gegründete Kulturzentrum Denkerei musste 2019 nach mehr als sieben Jahren wegen Kündigung des Mietvertrages aus seinen Räumen in der Oranienstraße ausziehen, 2018

einen privaten Investor einschloss, lässt sich hier nur knapp andeuten. Zu erwähnen ist im Zusammenhang mit kreuzbergtypischen Entwicklungen, dass auch Kunst als Teil von Alternativität und Widerständigkeit für eine Weile in die Auseinandersetzungen mit hineinspielte. In den Jahren 2007/08 hatte der bekannte italienische Streetart-Künstler Blu im Rahmen einer größeren, von einem Berliner Kunstverein organisierten Aktion eine zur Cuvry-Brache hin gewendete Brandmauer, auf der bereits der Slogan „Reclaim Your City" prangte, mit zwei großen, eminent gesellschaftspolitischen Graffitis bemalt. Das eine von ihnen, betitelt *Der Handschellenmann*, zeigte einen kopflosen gefesselten Mann mit goldenen Uhren an seinen Handschellen, der ungeachtet des Gefesseltseins mit dem Richten seiner Krawatte befasst ist. Die beiden Wandgemälde – auf dem anderen

rissen sich auf dem Kopf stehende Gestalten Masken von den Gesichtern – gehörten danach zu den besonders berühmten Graffitis in Berlin und wurden von einer Liste mit über 7 000 Unterschriften unterstützt, die forderte, sie unter Denkmalschutz zu stellen, als die Zukunft der Cuvry-Brache im Zuge von Investorenplänen ungewiss erschien. Es kam jedoch anders. Im Dezember 2014, als nach der Planung des Areals neue Vorhaben seitens privater Investoren im Anzug waren, wurden die Graffitis mit ausdrücklicher Zustimmung des Künstlers schwarz übermalt. Er wollte nach eigener Aussage verhindern, dass seine Werke den neuen profitorientierten Investorenprojekte als Dekoration dienten und deren Imagepflege aufbesserten.

In diesem Jahr 2014 erfuhr die Cuvry-Brache eine besonders starke mediale Beachtung, nachdem sich in den vorangegangenen Jahren recht sensationelle Ereignisse dort abgespielt hatten. Zu deren wichtigen Stadien gehörte im Jahr 2012, wie bereits erwähnt, die kurzfristige Niederlassung des BMW-Guggenheim-Lab auf der Cuvry-Brache, bevor es dann, abgeschreckt von der renitenten Atmosphäre, auf den Pfefferberg im weniger aufmüpfigen Prenzlauer Berg auswich. Die Widerstände auf dem Areal gegen Guggenheim waren mit der Errichtung von Protestzelten in der Tat vehement gewesen. Sie bildeten nach der für manche Kommentatoren geradezu fluchtartigen Abwanderung von BMW-Guggenheim den Grundstock für die Errichtung eines Zelt- und Hüttendorfes von Lebenskünstlern, wie sie in einigen Medien etikettiert wurden, prekär Beschäftigten, Roma-Familien und Illegalisierten verschiedener Nationalität. Die öffentliche Aufmerksamkeit über Kreuzberg hinaus war in diesem Falle wiederum groß, und die Schilderung der Ansiedlung von 100 bis 200 Personen war nachträglich sogar in einer eigens zu dem Thema verfassten Buchpublikation nachzulesen.[13]

Ein Ende fand das provisorische Dorf im September 2014, als es offenbar zu Streitigkeiten unter den dort Wohnenden gekommen war und dann noch ein Feuer ausbrach. Nach der polizeilichen Räumung wurden die Hütten und Zelte abgerissen und das planierte Areal dem Eigentümer, der es 2011 erworben hatte, übergeben. Der brachte in den folgenden Jahren ein Projekt mit einer Mischnutzung von Luxuswohnungen, Shoppingcenter und Büros unter dem Namen Cuvry Campus auf den Weg und agierte dabei zugleich als Bauherr. Es wurde ein Mietvertrag mit dem Internet-Händler Zalando abgeschlossen, der seinen Hauptsitz in neu errichteten Gebäuden an der Mercedes-Benz-Arena in Friedrichshain hat und in der Cuvry-Brache überwiegend Büros einrichten wollte. Die Proteste aus dem Umfeld wie auch aus dem angrenzenden Bizim Kiez liefen weiter und wurden verschiedentlich in öffentlich angekündigten Aktionen umgesetzt, da ein neuer großer Druck auf die Mieten und die Zerstörung von Kiezstrukturen erwartet wurde. Gegenüber dem Internetgiganten Zalando als Hauptmieter bestand dabei ein besonderes Misstrauen. Am 11. September 2018 meldeten die Berliner Medien überraschend, dass Zalando von seinem Rücktrittsrecht Gebrauch gemacht und den Mietvertrag gekündigt habe. Als Begründung wurden bestimmte Verzögerungen im Baufortschritt angeführt und es wurde nachdrücklich betont, dass der Rückzug nichts mit den Protesten aus der Umgebung zu tun habe, was manche Kommentatoren bezweifelten.

Widerstand gegen Gewerbeverdrängungen

Neben den Protesten gegen steigende Wohnungsmieten und der Unterstützung eines Mietendeckels haben in Kreuzberg in jüngerer Zeit widerständige Aktionen gegen Verdrängungen von im Kiez ansässigen Kleingewerbe stark zugenommen. Es wird dabei häufig der berühmte Begriff der Kreuzberger Mischung als erhaltenswertes räumliches Nebeneinander und Miteinander von Wohnen, Arbeiten und Nahversorgung ins Feld geführt. Als Beispiel für die gelegentlich starke Kiezsolidarität mit einzelnen Gewerbeeinrichtungen wurde bereits der Kampf um die Rettung eines Ladens im Bizim Kiez angeführt. Bizim Bakkal – Unser Laden

Aldi-Filiale in der Markthalle Neun, 2019

– war die Losung gewesen. Der generelle Problemhintergrund ist, dass Gewerbemietverträge oft unbefristet sind und innerhalb von wenigen Monaten gekündigt werden können.

Im Kreuzberger Stadtteil SO 36 kam es indessen in letzter Zeit nicht nur zur Unterstützung von einzelnen zur Straße hin gewendeten Gewerbeeinrichtungen, sondern auch von solchen im Markthallenkomplex in der Eisenbahnstraße, der ebenfalls zur vertrauten Nachbarschaft gerechnet wurde. Als dem seit 1977 in der Markthalle Neun ansässigen ALDI-Supermarkt vom Betreiber gekündigt wurde, um einem großen Drogeriebetrieb zu weichen, gab es ab Frühjahr 2019 Protestdemonstrationen gegen den Hinauswurf mit Slogans auf den Transparenten wie „Eine Halle für Alle", weiterhin dann auch runde Tische und andere Aktionen.

Dass es Kundgebungen mit politisch ausgerichteten Parolen in diesem Teil von Kreuzberg ausgerechnet zur

Unterstützung eines bekannten Supermarkts gab, löste bei Außenstehenden zunächst Erstaunen aus, wurde gar zum Gegenstand von Satire und gelangte bis in Oliver Welkes Heute-Show im ZDF mit der Bemerkung, dass es nicht zu fassen sei – „Kreuzberg kämpft für den Erhalt von ALDIs!". Die Proteste ließen aber Verständnis aufkommen, als in den Medien Gespräche mit Demonstrierenden wie auch mit Leuten aus der Nachbarschaft gesendet wurden, die erkennen ließen, dass es um allgemeinere Entwicklungen ging. Das Warenangebot von ALDI galt als das einzige in der Halle übrig gebliebene im niedrigen Preissegment, und den Betreibern wurde der Vorwurf gemacht, dass sie die ärmere Kundschaft durch eine zahlungskräftigere ersetzen wollten. In der monatlich erscheinenden Kreuzberger Zeitschrift *Kiez und Kneipe* hieß es dazu in der Ausgabe vom Mai 2019 auf der Titelseite: „Dabei geht es nicht um die Verdrängung von ALDI an sich, sondern darum, dass die Verdrängung des Discounters als weiteres Zeichen der Gentrifizierung betrachtet wird. Während im Rest der Markthalle vielfach trendige und teure Lebensmittel vertrieben werden, steht ALDI für die Grundversorgung von weniger betuchten Mitbürgern. Hier die hippen Anbieter, da der prollige Discounter. In der Markthalle, so die Einschätzung vieler, prallen Welten aufeinander."[14] Die Proteste und Debatten wurden in den folgenden Monaten des Jahres 2019 fortgesetzt.

Zu den besonders Engagierten in dem Aktionsfeld Gewerbeverdrängung gehört im Stadtteil SO 36 die Initiative Ora Nostra, die sich im Jahre 2017 als Bündnis von Kleingewerbetreibenden, Handwerksbetrieben, Sozial- und Kultureinrichtungen im Oranienstraßenkiez gegründet hat. Anlass war die geplante Entmietung von Gewerbebetrieben in dem Haus Oranienstraße 35 gewesen. Danach wurden die Aktivitäten über das Umfeld der Straße, für die das Ora im Namen steht, sowie auch über speziell Kreuzberg betreffende Probleme hinaus ausgedehnt. So wurden etwa Grundlagen für ein neues Gewerbemietrecht erarbeitet, Gespräche mit der Politik gesucht und sogar eine Bundesratsinitiative für den Gewerbemietschutz mit angestoßen.

Kreuzberger Gedenkkultur mit mietenpolitischen Bezügen in jüngerer Zeit

Der in Kreuzberg besonders intensive Widerstand gegen einen rein profitorientierten Umgang mit Häusern und Räumen im Kiez verbindet sich gegenwärtig mit dem Bemühen, wichtige geschichtsträchtige Gedenkorte der Spekulation zu entziehen, und es sind an solchen Orten auch stark beachtete Erinnerungsveranstaltungen organisiert worden, auf die im Folgenden einzugehen ist. Im Mittelpunkt standen dabei einerseits der Januaraufstand von 1919 mit Erschießungen auf dem Kasernengelände in der Nähe des Halleschen Tors und zum anderen Verfolgungen, Zwangsarbeitsschikanen und Vernichtungen in der Zeit des Nationalsozialismus.

Die Tradition einer besonderen Erinnerungskultur reicht in Kreuzberg weit zurück. Ein markantes Projekt war etwa das 1985 auf den Weg gebrachte Kreuzberger antifaschistische Gedenktafelprogramm, das bereits im Zusammenhang mit der Ehrung der Widerstandkämpferin Ursula Goetze geschildert wurde. Auch die an Deportierte und Ermordete erinnernden Stolpersteine-Aktionen, die auf einer Idee des Künstlers Gunter Demnig basierten und in Köln ihren Ausgang nahmen, sind dieser Tradition zuzurechnen, da Kreuzberg für sie in Berlin der zentrale Entfaltungsort war. Im Mai 1996 beteiligte Gunter Demnig sich an der Ausstellung *Künstler forschen nach Auschwitz* in der Geschäftsstelle der Neuen Gesellschaft für Bildende Kunst und verlegte 51 Stolpersteine in der Kreuzberger Oranienstraße ohne behördliche Genehmigung. Die Bezirksverwaltung, in diesem Fall speziell bestärkt durch die Position des Kunstamtes und dessen Leiter Martin Düspohl, duldete dies und verzichtete, ähnlich wie später im Fall der nicht angemeldeten Gecekondu-Errichtung am Kottbusser Tor, auf die Einhaltung von Bestimmungen. Auf diese Weise wurde die Bedeutung der Stolpersteine als Möglichkeit des Erinnerns im öffentlichen Raum auch über Kreuzberg hinaus in den Blick gerückt.

Plakat zur Gedenkveranstaltung im Club Gretchen zu den blutigen Ereignissen auf dem Dragonerareal am Mehringdamm 101 Jahre zuvor, 2020

Als Anfang 2019 das 100-jährige Gedenken an einschneidende Ereignisse in der Periode nach dem Ende des Ersten Weltkriegs anstand, erhielt das ehemalige Kasernengelände beziehungsweise das sogenannte Dragonerareal am Mehringdamm (der früheren Belle-Alliance-Straße) eine besondere Bedeutung als Veranstaltungsort und stand dabei zugleich für den Widerstand gegen Immobilienspekulationen in jüngerer Zeit, da der Verkauf des Geländes als Bundesliegenschaft an eine meistbietende renditeorientierte Investorengesellschaft dank des jahrelangen Drucks verschiedener lokaler Initiativen rückgängig gemacht und das Areal dem Land Berlin übergeben worden war. Anfang 1919 war das nahegelegene Verlagsgebäude des sozialdemokratischen *Vorwärts* im Zeitungsviertel an der Lindenstraße im Zug des sogenannten Januaraufstandes besetzt und dann von der Artillerie der Regierungstruppen beschossen worden. Eine Abordnung unbewaffneter Parlamentäre ging daraufhin nach draußen zu dem Freikorps-Regiment, um Verhandlungen zu führen; sie wurden von den Soldaten auf das Dragonerareal geführt und dort erschossen. Anschließend wurden mehrere 100 Personen aus dem *Vorwärts*-Gebäude zum Kasernenhof getrieben und von Erschießungskommandos bedroht, bis dann von Regierungsseite die Weisung kam, sie am Leben zu lassen und gefangen zu nehmen.

Zu den Erschossenen gehörte der Redakteur Wolfgang Fernbach, dessen in England lebender Enkel am 13. Januar 2019 im Gretchen Club an einer auf dem Areal durchgeführten Gedenkveranstaltung teilnahm. Die Organisatoren des beeindruckenden Abends mit Lesungen zu den damaligen Ereignissen und musikalischer Begleitung durch Isabel Neuenfeldt und Lennard Körber waren die Initiativen Dragopolis und Geschichtsort Januaraufstand. In der abschließenden Diskussion ging es um den Erkenntniswert für die Gegenwart und die Einrichtung einer Gedenkstätte sowie die Forderung nach einem damit verbundenen Raum als Lernort auf dem Gelände.

Zu einer anderen Erinnerungsveranstaltung kam es im gleichen Monat in Kreuzberg am 26. Januar 2019 auf dem Mittelstreifen der Fontanepromenade vor dem langgestreckten Gebäude mit der Hausnummer 15, der früheren Zentralen Dienststelle für Juden beim

Berliner Arbeitsamt, das gegenwärtig einer Bremer Investorengesellschaft gehört, die es angeblich an Startups vermieten will. Lothar Eberhardt, der als einer der Hauptorganisatoren die Veranstaltung angemeldet hatte, berichtete über zurückliegende Erinnerungs- und Protestaktionen im Zusammenhang mit dem Ort, die mit einem *Offenen Brief zum Baubeginn in der Fontanepromenade 15* von der Initiative Wem Gehört Kreuzberg angestoßen worden waren. In jenem Appell vom November 2016 wird zunächst rückschauend erwähnt, dass das Gebäude seit 2011 leer stand, nachdem sich eine Mormonengemeinde, die es 1950 erworben und für sakrale Zwecke genutzt hatte, zurückzog. Ferner wird berichtet, was eine Historikerin anlässlich der bezirklich veranlassten Aufstellung einer Gedenkstele vor dem Gebäude mitgeteilt hatte. Die frühere Einrichtung sei eine zivile Behörde zur Selektion, Ausbeutung und Vernichtung gewesen. Man habe sich mit der Gestapo darüber abgestimmt, wer wann deportiert wurde. Im Frühjahr 2015, so ist aus dem *Offenen Brief* weiter zu erfahren, stand das Gebäude für knapp 800 000 Euro zum Verkauf und im August 2016 erteilte das Bezirksamt Friedrichshain-Kreuzberg die Baugenehmigung für den Umbau der früheren Sakralräume in Wohn- und Büroräume an die Gesellschaft Fontanepromenade 15 GbR in Bremen. Die Protestierenden bezeichneten es in ihren Ansprachen als einen Skandal, dass ein solcher Geschichtsort der Immobilienspekulation geopfert und nicht als Gedenkort zur jüdischen Zwangsarbeit und zum Holocaust öffentlich genutzt werde. Dieser Protest führte in der Folgezeit zu verschiedenen Aktivitäten mit einem Bezug zu dem Ort wie etwa die Gründung eines speziellen Vereins Gedenkort Fontanepromenade 15 e. V., und auch in einer Veranstaltung am 26. Januar 2019 herrschte ein kritischer Tenor vor.

Gedenkveranstaltung auf der Fontanepromenade am 26. Januar 2019; links im Bild Lothar Eberhardt, der als Hauptinitiator die Veranstaltung angemeldet hatte, während am Mikrofon eine Zeitzeugin spricht

Im Hintergrund das Gebäude Fontanepromenade 15, die frühere zentrale Dienststelle für Juden beim Berliner Arbeitsamt

AUSBLICKE

Wie es weiterhin um Protestkultur und alternative Kreativität in Kreuzberg bestellt ist, muss hier offenbleiben. Zur langen Geschichte einer Kreuzberger Besonderheit, die in diesem Buch verfolgt wurde, gehört auch eine lange Geschichte der Verabschiedungen, der Schwanengesänge, die sich zumindest in den krassen Versionen der Voraussagen nicht bestätigt haben. In der öffentlichen Wahrnehmung ist das Bild einer Kreuzberger Andersartigkeit zwar nicht mehr in dem Maße vorhanden wie etwa in der Hochphase der alternativen Kultur und der Hausbesetzerbewegung in den 1980er-Jahren, aber es ist in gewissen Graden weiterhin präsent und erfährt gelegentlich sogar neue Aufschwünge gerade in jüngerer Zeit. Dennoch sind die Abgesänge weiterhin nicht ohne Grundlage. Selbst eine Initiative wie Bizim Kiez, die durch ihr Engagement besonders bekannt geworden ist, weist in ihren Verlautbarungen darauf hin, dass bedrohliche Gentrifizierungsentwicklungen und damit eine tendenzielle Auflösung gewachsener Kiezstrukturen auch durch energische Widerstandsaktionen momentan nicht grundlegend abzublocken sind ungeachtet gewisser Erfolge. Auf der Website wird konstatiert: „Derzeit führt jedes Immobiliengeschäft und jede Sanierung in unseren Straßen zu Verdrängung und damit zu Zwangsumsiedlungen. Individuelle Lebensentwürfe und die wirtschaftlichen Existenzen von Mieter*innen und Gewerbetreibenden werden zerstört. Leider ist das meist ein leiser Prozess, der von der Gesellschaft unbemerkt hingenommen wird, denn verdrängte Menschen sind schlicht nicht mehr da, um ihre Stimme zu erheben."[1]

Andererseits, so ist gerade im Falle von Bizim Kiez dagegenzusetzen, hat die Widerständigkeit in SO 36 eine deutlich wahrnehmbare Steigerung erfahren. Als die Initiative ihr einjähriges Bestehen feierte und dabei aus Pappkartons ein Hausmodell errichtete, bezog sie in ihrer Losung dazu wortspielerisch beide Seiten der Entwicklung ein: „DA B(R)AUT SICH WAS ZUSAMMEN." Das gemeinsam Gebaute wurde auf den Plakaten als „Gebäude des kreativen Widerstandes gegen Verdrängung" sowie als „Symbol der Beziehungen zwischen uns und dem Kiez" bezeichnet.

Danach hat es zahlreiche ähnliche fantasievolle Veranstaltungen in SO 36 mit großer Beteiligung gegeben. An dem ebenfalls von Bizim Kiez initiierten Laternenumzug gegen Verdrängung im November 2018, der bei einbrechender Dunkelheit am Heinrichplatz startete, zogen über 1 000 Personen mit und dabei auch besonders viele Familien mit Kindern. Es war deutlich wahrnehmbar, dass eine solche Protestaktion in SO 36 nicht nur eine Aktion von besonders engagierten Initiativen war, sondern von einer breiteren Bevölkerung im Kiez mitgetragen wurde. Zu dem Aufruf hatte eine gut organisierte digitale Vernetzung wesentlich beigetragen.

Im westlichen Teil von Kreuzberg ist ebenfalls Besorgnis angesagt. Die Erhebungen, die der Stadtsoziologe Sigmar Gude kürzlich im Sanierungsgebiet Rathausblock zur Sozialstruktur der Bewohnerschaft vor einer Festlegung als Milieuschutzgebiet durchführte, enthält deutliche Warnsignale für die bisher ansässige Bevölkerung, die laut Befragung überwiegend gerne bleiben möchte, eine hohe Wohnzufriedenheit erkennen lässt und sich recht positiv etwa zu bestehenden Nachbarschaftsbeziehungen äußert. Die Neuvermietungspreise sind stark angestiegen, und es gibt einen kontinuierlichen Zuzug von Haushalten, deren Einkommen weit über dem Durchschnittseinkommen der längere Zeit in dem Umfeld von Yorckstraße, Großbeerenstraße, Obentrautstraße und dem nördlichen Abschnitt des Mehringdamms Wohnenden liegt. Hier hat es in jüngerer Zeit ebenfalls zunehmend Protestaktivitäten gegen Verdrängungstendenzen gegeben, so etwa im Rahmen einer Initiativenvernetzung, die wesentlich an der Verhinderung der BIMA-Liegenschaft Dragonerareal innerhalb des Rathausblocks zum Meistbieterpreis beteiligt war und nach Spaltungen der Initiativenvernetzung in einem kleinen Kreis partizipatorisch an der Ausarbeitung eines Modellprojekts unter anderem mit der Neuherstellung billigen Wohnraumes mitwirkt. Ein anderer Teil dieser Initiativen, so insbesondere Wem Gehört Kreuzberg, beteiligt sich an den Beratungen für einen nachbarschaftlichen selbstverwalteten Kiezraum auf dem Dragonerareal oder ruft wie das Kiezbündnis am Kreuzberg auf zu einem von der Kreuzberger Protestkultur geprägten monatlichen Kiezratschlag. Starke Unterstützung kommt dabei von dem genossenschaftlichen Möckernkiez-Projekt und dem damit verbundenen Verein. Im etwas weiter entfernt liegenden Chamissokiez im 61er Teil von Kreuzberg hat es massive Protestaktivitäten gegen die Verdrängung von Gewerbeeinrichtungen gegeben, darunter auch traditionsreichen kulturellen in der ehemaligen Bockbierbrauerei.

Bedroht sind durch steil ansteigende Mieten seit längerer Zeit auch Lokale, die zu den Bastionen des alternativen Kreuzbergs gehörten. Der Sage Club an der Warschauer Brücke lässt sich als Beispiel anführen oder das Weltrestaurant in einer der mehr als 100-jährigen Markthallen an der Eisenbahnstraße, dessen Miete, wie im Juli 2018 in der Presse gemeldet wurde, von 4 800 Euro pro Monat auf 7 000 Euro steigen sollte und damit für den Inhaber nicht mehr tragbar erschien. Dass es auch in diesem gastronomischen Bereich dennoch erstaunliche Kontinuitäten gibt und dass sich manche Kreuzberger

Einrichtungen von damals beachtlich lange halten, wurde der Öffentlichkeit kurz nach diesem Datum vorgeführt, als das berühmte Lokal SO36 in der Oranienstraße Mitte August 2018 sein 40-jähriges Jubiläum feierte. Auf der Bühne spielten die Beatsteaks, die schon in den Anfangszeiten nach der Gründung 1978 dort gespielt hatten, ähnlich wie die Toten Hosen und die Ärzte, als sie noch kaum jemand kannte. Auch ein Gründungsmitglied von Ton Steine Scherben trat an dem Jubiläumsabend ans Mikrofon. Wer wollte angesichts des höchst lebendigen Auftritts dieser Urgesteine behaupten, alles sei vorbei in Kreuzberg?

Starken Abgesangcharakter enthält dagegen die neue *Zwille*-Publikation des Comiczeichners und Autors Gerhard Seyfried mit dem Untertitel: „The Law returns to Kreuzberg!" Damit rückt ein weiteres mit Kreuzberg verbundenes Urgestein in den Blick. In dem Nachwort zu dem Buch, das im Frühjahr 2018 erschien, wird er mit einem Zitat aus der Zeitschrift *Stern* als „Kultfigur der Alternativ- und Hausbesetzerbewegung" bezeichnet und, so heißt es dort weiter, „seine beliebteste Figur ist der Kreuzberger Anarcho Zwille. Parole: ‚Wo ein Zwille ist, ist auch ein Weg.'"[2] Auf dem Titelbild sind hinter der Zwille-Figur mehrstöckige Häuser zu sehen, von denen das eine an der Vorderfront mit der Ankündigung wirbt: „Super-Deluxe-Apartments. Eigentumswohnungen." Links an der Baustelle wird mitgeteilt: „Hier entsteht ein gigantischer Betonklotz!" Und vor dem etwas verfallen aussehenden Altbau in der Mitte hängt ein Transparent mit der Aufschrift: „Letztes besetztes Haus in Xberg." Beachtet werden sollte hier indessen, dass es sich bei dem Werk nicht um eine nüchterne Prognose, sondern um eine Satire handelt mit einigem Spielraum gegenüber der nackten Realität. Eine Rezeption des gesamten Werkes mit seinen Texten und Bildern vermittelt den Eindruck, dass es eher eine Warnung darstellt als eine einseitige düstere Dystopie und nicht ohne Hoffnung ist – vielleicht genau nach dem Motto: „Wo ein Zwille ist, ist auch ein Weg." Die Wandaufschrift vom „letzten besetzten Haus in X-Berg" auf dem Cover erfuhr im Übrigen einige Monate nach dem Erscheinen des Buches eine Widerlegung, als, wie zuvor berichtet, eine Hausbesetzung in der Großbeerenstraße erfolgte und in den Medien als typisches Kreuzberger Ereignis starke Beachtung fand.

Wenn hier abschließend eventuelle Kontinuitäten einer Kreuzberger Aufmüpfigkeit angedeutet werden, dann darf die Kommunalpolitik nicht ausgeklammert werden und insbesondere ist dabei eine typische Dynamik von Spannungen und Gemeinsamkeiten im Verhältnis von Bezirksverwaltung und verwaltungskritischen Gruppen noch einmal in den Blick zu rücken. Synthesen von kontroversen Positionen im Lauf von emanzipatorisch nach vorne drängenden kommunalpolitischen Entwicklungsprozessen haben eine lange Tradition in der Kreuzberger Bezirkspolitik.

Als ein frühes Beispiel dieser Dynamik kann bereits der besonders progressive, selbst aus einer politischen Widerstandsbewegung kommende und vom Naziregime verfolgte Kreuzberger Jugendstadtrat Erwin Beck angeführt werden, der, wie ausführlicher geschildert wurde, in der Nacht des 8. Dezembers 1971 in soeben besetzten Räumen des ehemaligen Bethanien-Krankenhauses die Rolle eines Vermittlers übernahm. Für die Rebellen, zu denen in jener Nacht Rio Reiser und Ton Steine Scherben gehörten, verkörperte Beck, wie zuvor berichtet, die Politik, die Gegenseite. Aber nur seinem Einsatz war es letztlich zu verdanken, dass die Polizei abzog und ein Bleiberecht für die Räume erwirkt wurde.

Baustadtrat Werner Orlowsky, der vor seiner Amtstätigkeit einer der Sprecher der Protestbewegung gegen die Abrisspolitik gewesen war, wurde im Kapitel über die Hausbesetzungen ab 1980 bereits als Beispiel für den Wechsel von verwaltungskritischen Widerstandspositionen zur Übernahme administrativer Verantwortung

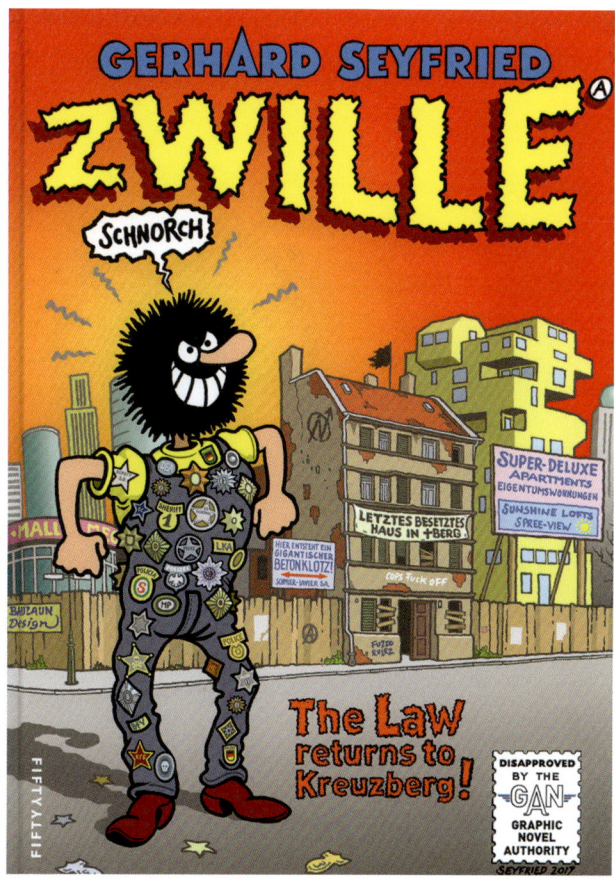

Umschlagvorderseite des 2018 erschienenen Comic-Buches *Zwille. The Law returns to Kreuzberg!* von Gerhard Seyfried

mit einer nicht immer zu verhindernden Anpassung an gesetzlich festgelegte Gegebenheiten angeführt.

Bürgermeister Franz Schulz, der 2013 aus dem Amt schied, äußerte sich zu diesem Widerspruch in dem Interview, aus dem im Zusammenhang mit dem Flüchtlingsthema zitiert wurde und das ihn als einen recht widerständigen basisdemokratisch orientierten Amtsinhaber erscheinen ließ. Wenn er in dem Gespräch von der „Kreuzberger Widerborstigkeit" spricht, kennzeichnet er sie als „ein tiefes Grundmisstrauen gegen das, was von oben kommt. Und das trifft natürlich auch das Bezirksamt und trifft auch immer wieder mich." Auf die Frage, ob er bei manchen Entscheidungen zwischen den Fronten stehe, antwortet er: „Ja, ich bin ja nicht ein Vertreter von einer anarchistischen Gruppe, sondern auch der Chef einer Baugenehmigungsbehörde. Und Baugenehmigungen beruhen zum großen Teil darauf, dass bestehendes Baurecht ausgelegt wird, und in vielen Fällen sind die Ermessensspielräume gering oder sogar Null. Dann muss man sozusagen auch zähneknirschend eine Genehmigung erteilen im Wissen, dass die Bevölkerung darüber *not amused* ist."[3]

Ähnlich kann auch die zuvor geschilderte Vermittlungsrolle der Abgeordneten Katrin Schmidberger bei der Hausbesetzung in der Großbeerenstraße im September 2018 bewertet werden, der sich in weiteren Verhandlungen mit der Besitzerseite und den Besetzern auch Julian Schwarze anschloss, der Fraktionsvorsitzende der Partei Bündnis 90/Die Grünen in der Kreuzberger Bezirksverordnetenversammlung. Weiterhin wäre hier Florian Schmidt anzuführen, der Baustadtrat von Friedrichshain-Kreuzberg, der vor Beginn seiner Amtszeit in der Bezirksverwaltung selbst Angehöriger von regierungs- und verwaltungskritischen Initiativen war und

diese Erfahrung in Debatten und gemeinsamen Aktionen mit ihnen in jüngster Zeit einzubringen weiß. In einem *Tagesspiegel*-Artikel vom 6. September 2018 mit dem Titel „Asterix in Kreuzberg" heißt es über ihn, er sei in „Talkshows inzwischen so heimisch wie in Mieterversammlungen oder Demos gegen die Verdrängung. Zusammen mit der Bezirksbürgermeisterin Monika Herrmann (Grüne) hat er Friedrichshain-Kreuzberg zum Gallischen Dorf umgebaut, das den Ansturm der Römer – neudeutsch Kapitalismus – trotzt."[4]

Sofern es in derartigen angespannten Situationen in Kreuzberg um ein Vermitteln ging wie bereits in dem geschilderten Beispiel von Stadtrat Erwin Beck und den jungen Leuten um Rio Reiser in den frühen 1970er-Jahren, dann bedeutete das nicht notwendig Vereinnahmen, sondern die Widerständigkeit von einer teilweise konträren Position her in die gewünschte Richtung nach vorne zu unterstützen. Man könnte vielleicht, wenn auch nicht ohne einen ironischen Unterton, von einer eigenen Kreuzberger Dialektik sprechen. Aber an ihre Grenzen stoßen solche Vorwärtsbewegungen immer wieder dann, wenn es um Entscheidungen und Entwicklungen geht, die in einem größeren gesellschaftlichen Zusammenhang außerhalb der Kreuzberger Einflussmöglichkeiten liegen.

Trotzig-optimistischer Ausblick, 2019

ANMERKUNGEN

Einleitung

1 Rolf Lindner: Vorwort, in: Barbara Lang: Mythos Kreuzberg. Ethnographie eines Stadtteils (1961–1995), Frankfurt a. M. 1998, S. 9.
2 Julia Lorenz, Das Ende der Toleranz, in: *Zitty* (2014), H. 24, S. 15.
3 Wer regiert Kreuzberg?, in: *Der Tagesspiegel* vom 6. Mai 2012, S. 9.
4 Mieter nehmen's in die Hand, in: *Die Tageszeitung* vom 8./9. Dezember 2012, S. 37.
5 Die Schickeria setzt sich durch, in: *Die Tageszeitung* vom 8./9. Dezember 2012, S. 37.

Zur Vorgeschichte des Bezirks

1 Michael Nungesser: Das Denkmal auf dem Kreuzberg von Friedrich Schinkel, Berlin 1987, S. 29.
2 Gerhard Petrick: Schinkels Denkmal der Befreiungs-Kriege auf dem Kreuzberg, Berlin 1925, S. 78.
3 Martin Düspohl/Kreuzberg Museum (Hg.): Kleine Kreuzberggeschichte, Berlin 2009, S. 11.
4 Werner Hegemann: Das steinerne Berlin. Geschichte der größten Mietkasernenstadt der Welt, Berlin 1930.
5 Vgl. Klaus Strohmeyer: James Hobrecht (1825–1902) und die Modernisierung der Stadt, Potsdam 2000.
6 James Hobrecht: Ueber öffentliche Gesundheitspflege und die Bildung eines Central-Amts für öffentliche Gesundheitspflege im Staate, Stettin 1868, S. 14.
7 Vgl. Hasso Spode: Zur Sozial- und Siedlungsgeschichte Kreuzbergs, in: Helmut Engel/Stefi Jersch-Wenzel/Wilhelm Treue (Hg.): Geschichtslandschaft Berlin. Orte und Ereignisse, Bd. 5: Kreuzberg, Berlin 1994.
8 Karl-Heinz Fiebig (Hg.): Kreuzberger Mischung. Die innerstädtische Verflechtung von Architektur, Kultur und Gewerbe, Berlin 1984.

Frühe Impulse für eine kreuzbergspezifische Widerständigkeit

1 Christian Hanke: Selbstverwaltung und Sozialismus. Carl Herz, ein Sozialdemokrat, Hamburg/Münster 2006, S. 201.
2 Ebd., S. 196.
3 Hans-Rainer Sandvoß: Widerstand in Kreuzberg, Berlin 1996, S. 90.
4 Walter Schönstedt: Kämpfende Jugend. Roman der arbeitenden Jugend, Berlin 1932.
5 Zit. nach Manfred Flügge (Hg.): Gérard Sandoz – ein Leben für die Verständigung. Politischer Journalismus zwischen Berlin und Paris, Marburg 1990, S. 27.
6 Vgl. Olaf Ihlau: Die Roten Kämpfer. Ein Beitrag zur Geschichte der Arbeiterbewegung in der ‚Weimarer Republik‘ und im ‚Dritten Reich‘, Meisenheim a. G. 1969.
7 Sandvoß: Widerstand, S. 90.
8 Kunstamt Kreuzberg (Hg.): Kreuzberger antifaschistisches Gedenktafelprogramm 1985 bis 1990, Berlin 1990, S. 4.
9 Kressmann. Briefe kamen nie an, in: *Der Spiegel*, Nr. 28 (1955), S. 14.
10 Ebd., S. 19.
11 Dieter Hoffmann-Axthelm: Grundzüge des Stadtraums am Anhalter Bahnhof, in: Ulrich Baehr (Hg.): Mythos Berlin – Wahrnehmungsgeschichte einer industriellen Metropole, Berlin 1984, S. 107.

Die kunst- und bohèmeorientierte Kreuzberger Subkultur ab 1959/60

1 Lothar Klünner: Wo sich die Balken bogen. Erinnerungen an die ‚zinke‘, in: Künstlerhaus Bethanien (Hg.): Günter Bruno Fuchs. zinke, Berlin 1959–1962. Anlauf, Fuchs, Schnell, Berlin 1979, S. 20.

2 Schreiben von Günter Bruno Fuchs an den Senator für Volksbildung, Berlin, den 12.04.1962, in: Künstlerhaus Bethanien (Hg.): Günter Bruno Fuchs, S. 178.

3 Robert Wolfgang Schnell: [Ohne Titel], in: ebd., S. 6.

4 Robert Wolfgang Schnell: Die ,zinke', in: ebd., S. 12.

5 Günter Bruno Fuchs: Nach der Haussuchung. Gedichte und Grafiken, Düsseldorf 1978, S. 24.

6 Schnell: Die ,zinke', S. 11.

7 Helmut Kreuzer: Die Boheme. Beiträge zu ihrer Beschreibung, Stuttgart 1968.

8 Vgl. ebd., S. V.

9 Schnell: Die ,zinke; S. 12.

10 Hellmut Kotschenreuther: Kreuzberg – Ein Zustand. Die 60er Jahre, Berlin 1979, S. 22.

11 Vgl. Elisabeth Kleemann: Zwischen symbolischer Rebellion und politischer Revolution. Studien zur deutschen Boheme zwischen Kaiserreich und Weimarer Republik, Frankfurt a. M. 1985.

12 Klünner: Wo sich die Balken bogen, S. 22.

13 Ingeborg Bachmann: Ein Ort für Zufälle, Berlin 1965, S. 39.

14 Vgl. Kurt Mühlenhaupt: Nächte im Leierkasten 1961– 1969, Bd. 7, Bergsdorf 2001, S. 50.

15 Kleemann: Zwischen symbolischer Rebellion.

16 Vgl. Erinnerungen an Rudi Lesser, in: *Kreuzberger Horn* (Frühjahr 2016), Nr. 25, S. 54.

17 … aber dann, aber dann! Ein Interview mit dem *Kreuzberger Nächte*-Schöpfer, in: *Kreuzberger Horn* (Frühling 2014), Nr. 21, S. 23.

18 Zit. nach Hugo Hoffmann: Kreuzberger Malerpoeten, Berlin 1979, S. 5.

19 … aber dann, aber dann!, S. 23.

20 Vgl. dazu die kapitalismuskritischen, raumtheoretischen Ausführungen in den Werken von David Harvey.

Entwicklung des multikulturellen Kreuzbergs

1 Vgl. dazu ausführlich die Ausführungen zu Kotti & Co in diesem Buch.

2 Vgl. Kunstamt Kreuzberg (Hg.): Morgens Deutschland, abends Türkei, Berlin 1981.

3 Vgl. Viktor Augustin/Hartwig Berger: Einwanderung und Alltagskultur. Die Forster Straße in Berlin-Kreuzberg, Berlin 1984.

4 Ebd., S. 39.

5 Ebd., S. 53.

6 Vgl. Jochen Blaschke/Ahmet Ersöz: Herkunft und Geschäftsaufnahme türkischer Kleingewerbetreibender in Berlin, Berlin 1987.

7 Vgl. Canan Atilgan: Türkische Diaspora in Deutschland. Chance oder Risiko für die deutsch-türkischen Beziehungen, Hamburg 2002.

8 Vgl. Barbara Hoffmann/Michael Opperskalski/Erden Solmaz: Graue Wölfe, Koranschulen, Idealistenvereine. Türkische Faschisten in der Bundesrepublik, Köln 1981.

9 Interview in der AL-Zeitung *Kreuzberger Stachel* vom Juli 1991, S. 5.

10 Aras Ören: Was will Niyazi in der Naunynstraße. Ein Poem. Aus dem Türkischen von H. Achmed Schmiede und Johannes Schenk, Berlin 1974, S. 22.

11 Ebd., S. 17.

12 Ebd., S. 20.

13 Ebd., S. 28.

14 Ebd., S. 29.

15 Aras Ören: Die Fremde ist auch ein Haus. Ein Berlin-Poem. Aus dem Türkischen von Gisela Kraft, Berlin 1980, S. 41.

16 Vgl. Felicitas Hillmann/Michael Windzio (Hg.): Migration und städtischer Raum. Chancen und Risiken der Segregation und Integration, Opladen 2008.

17 Lasst euch nicht auseinander dividieren. Interview mit dem bisherigen Bürgermeister Franz Schulz, in: *Kreuzberger Horn* (Sommer 2013), Nr. 20, S. 21 (www.kreuzberger-horn.blogspot.com, abgerufen am 15.08.2019).

18 Werner Schiffauer: Parallelgesellschaften. Wie viel Wertekonsens braucht unsere Gesellschaft? Für eine kluge Politik der Differenz, Bielefeld 2008, S. 135.

19 Lasst euch nicht auseinander dividieren, S. 22.

Verlagerung einer politischen Protestkultur nach Kreuzberg ab 1969/70

1 Rio Reiser: König von Deutschland. Von Ton Steine Scherben in die Hitparaden. Erinnerungen erzählt von ihm selbst und Hannes Eyber, Köln 1994, S. 218.

2 Ebd., S. 222.

3 Bommi Baumann: Wie alles anfing, Frankfurt a. M. 1977, S. 99.

4 Wolfgang Harich: Zur Kritik der revolutionären Ungeduld. Eine Abrechnung mit dem alten und dem neuen
  Anarchismus, Basel 1971, S. 98.
5 Ebd., S. 99.
6 Reiser: König von Deutschland, S. 219.
7 Ebd., S. 220.
8 Ebd.
9 Ebd., S. 240.
10 Zit. nach Spode: Zur Sozial- und Siedlungsgeschichte,
   S. 329.
11 Vgl. ebd.
12 Uwe Wesel: Die verspielte Revolution. 1968 und die
   Folgen, München 2002, S. 76.
13 Baumann: Wie alles anfing, S. 99.
14 Peter Brückner/Alfred Krovoza: Staatsfeinde. Innerstaatliche Feinderklärung in der BRD, Berlin 1972.
15 Vgl. ebd., S. 15.

Aufschwung des alternativen Milieus

1 Theodore Roszak: Gegenkultur. Gedanken über die
  technokratische Gesellschaft und die Opposition der
  Jugend, München 1973.
2 Ebd., S. 288.
3 Dieter Baacke: Untergrund. Einblick und Ausblick, in:
  Merkur, Jg. 24 (1970) H. 266, S. 526 ff.
4 Gerda Kurz: Alternativ leben? Zur Theorie und Praxis
  der Gegenkultur, Berlin 1978.
5 Walter Hollstein: Die Gegengesellschaft. Alternative Lebensformen, Reinbek bei Hamburg 1981.
6 Vgl. Sven Reichardt/Detlef Siegfried (Hg.): Das Alternative Milieu. Antibürgerlicher Lebensstil und linke
  Politik in der Bundesrepublik Deutschland und Europa
  1968–1983, Göttingen 2010.
7 Für nähere Zahlenangaben vgl. ebd.
8 Arbeitsgruppe Westberliner Stattbuch (Hg.): WestBerliner Stattbuch 1. Ein alternativer Wegweiser, Berlin 1978,
  S. 1.
9 Ebd., S. 10.
10 Ebd., S. 13.
11 Ebd., S. 14.
12 Ebd., S. 518.
13 Ebd., S. 190.
14 Ebd., S. 189.
15 Ebd., S. 197
16 1974 Tendenzwende, in: *Der Spiegel*, Jg. 28 (1974), H.
   53, S. 45.
17 Martin Greiffenhagen: Freiheit gegen Gleichheit? Zur
   Tendenzwende in der Bundesrepublik, Hamburg 1975,
   S. 7.
18 Wilfried Barner (Hg.): Geschichte der deutschen Literatur von 1945 bis zur Gegenwart, München 2006.
19 Matthias N. Lorenz: Literatur und Betrieb nach dem
   ‚Tod der Literatur‘. Fiktionales Schreiben in der Bundesrepublik der siebziger Jahre, in: Werner Faulstich
   (Hg.): Die Kultur der siebziger Jahre, München 2004,
   S. 161. Vgl. dazu auch Peter Hoeres: Von der „Tendenzwende“ zur „geistig-moralischen Wende“. Konstruktion
   und Kritik konservativer Signaturen in den 1970er und
   1980er Jahren, in: *Vierteljahreshefte für Zeitgeschichte*, Jg.
   61 (2013), H. 1, S. 93 ff.
20 Lorenz: Literatur und Betrieb, S. 162.
21 Vgl. Stuart Hall: The Great Moving Right Show, in: *Mar-
   xism Today*, Bd. 23 (Januar 1979), H. 1, S. 14 ff.
22 Jörg Bopp: Trauer Power. Zur Jugendrevolte 1981, in:
   Kursbuch 64 (1981), S. 151.
23 Vgl. www.berlin-rebel-high-school.de (abgerufen am
   16.08.2019).

Abrisspolitik und Hausbesetzungen

1 Klaus Duntze: Der Geist, der Städte baut. Planquadrat
  – Wohnbereich – Heimat, Stuttgart 1972, Cover-Rück-
  seite.
2 Alexander Mitscherlich: Die Unwirtlichkeit unserer
  Städte. Anstiftung zum Unfrieden, Frankfurt a. M. 1965.
3 Vgl. unter anderen Uwe Schulz (Hg.): Umwelt aus Beton
  oder Unsere unmenschlichen Städte, Reinbek bei Hamburg 1971.
4 Duntze: Der Geist, der Städte baut, S. 45.
5 Ebd., S. 11.
6 Ebd., S. 197.
7 Ebd., S. 198.
8 Ebd., S. 197.
9 Senat für Bau- und Wohnungswesen u.a. (Hg.): Strategien für Kreuzberg, Berlin 1978.
10 Besetzung!, in: *radikal* (1977), Nr. 21, S. 8.
11 Ebd.

12 *INFO Berliner undogmatischer Gruppen*, Jg. 4 (1977) H. 156, S. 2.

13 Besetzung!, S. 8.

14 Bernd Laurisch: Kein Abriß unter dieser Nummer. 2 Jahre Instandbesetzung in der Cuvrystraße in Berlin-Kreuzberg, Gießen 1981, S. 33.

15 Renate Mulhak: Der Instandsetzungskonflikt in Berlin, in: Peter Grottian/Wilfried Nelles (Hg.): Großstadt und neue soziale Bewegungen, Basel 1983, S. 225.

16 Besetzerrat: Wir sind dem Staat ein Dorn im Auge, Berlin 1980, S. 2.

17 Stefan Aust: Die Sprache der Gewalt – Ein „Steinewerfer" vor Gericht, in: Stefan Aust/Sabine Rosenbladt (Hg.): Hausbesetzer – wofür sie kämpfen, wie sie leben und wie sie leben wollen, Hamburg 1981, S. 12.

18 Anonym bleibender Strafverteidiger: Rechtsfreie Räumen, in: Aust/Rosenbladt (Hg.): Hausbesetzer, S. 130.

19 Mulhak: Der Instandsetzungskonflikt, S. 228.

20 Ebd.

21 Sabine Rosenbladt: Die „Legalos" von Kreuzberg, in: Aust/Rosenbladt (Hg.): Hausbesetzer, S. 40.

22 Kopf hinhalten. Eine Finanzaffäre erschüttert den Berliner Senat. Die 125-Millionen-Bürgschaft für ein marodes Bauunternehmen scheint fällig, in: *Der Spiegel*, Jg. 34 (1980), H. 51, S. 25.

23 IBA – Internationale Bauausstellung Berlin (Hg.): Erneuerungsprozeß in Kreuzberg SO 36. Block 109 und Regenbogenfabrik, Berlin 1982, S. 12.

24 *Frankfurter Rundschau* vom 4. März 1981.

25 Vgl. Bernd Sonnewald/Jürgen Raabe-Zimmermann: Die „Berliner Linie" und die Hausbesetzer-Szene, Berlin 1983.

26 Uwe Wesel: Der friedliche und der unfriedliche Bruch des Friedens, in: *Kursbuch 65* (1981), S. 37.

27 Ebd.

28 Ebd., S. 32.

29 Ebd.

30 Frankfurter Rundschau vom 9. April 2014.

31 Mulhak: Der Instandsetzungskonflikt, S. 230.

32 Zit. nach IBA – Internationale Bauausstellung (Hg.): Dokumentation Kunst & Kulturzentrum Kreuzberg, Berlin 1984, S. 5.

33 Vgl. Andreas Suttner: „Beton brennt". Hausbesetzer und Selbstverwaltung im Berlin, Wien und Zürich der 80er Jahre, Wien/Berlin/Münster 2011.

34 Ebd., S. 13.

35 Ebd.

36 Zit. nach Laurisch: Kein Abriß unter dieser Nummer, S. 7.

37 Ebd., S. 60.

38 Ebd., S. 100.

39 Ebd., S. 180.

40 TUWAT ab 25. August in Berlin, in: *radikal*, Jg. 6 (1981), H. 8, S. 9.

41 Ebd., S. 8.

42 Ebd., S. 9.

43 https://autox.nadir.org/archiv/haus/81-tuwat1.html (abgerufen am: 24.9.2019).

44 „Berlin: Lummer läßt räumen", in: *Der Spiegel* (1981), Nr. 41, S. 26.

45 Vgl. Harald Bodenschatz/Volker Heise/Jochen Korfmacher: Schluss mit der Zerstörung? Stadterneuerung und städtische Opposition in West-Berlin, Amsterdam und London, Gießen 1983, S. 56 und S. 322 ff.

46 Ebd., S. 326.

47 Ebd., S. 323.

48 Suttner: „Beton brennt", S. 186.

49 Vgl. ebd., S. 190.

50 Hartmut Häußermann/Andreas Kapphan: Berlin: von der geteilten zur gespaltenen Stadt? Sozialräumlicher Wandel seit 1990, Opladen 2000, S. 83.

51 Astrid Séville: „There is no Alternative". Politik zwischen Demokratie und Sachzwang, Frankfurt a. M./New York 2017.

Kreuzberger 1.–Mai-Konfrontationen ab 1987

1 Am 1. Mai drei Kundgebungen in Berlin, in: *Der Tagesspiegel* vom 3. Mai 1968.

2 Ebd.

3 Ebd.

4 Vgl. *Agit 883* (1970), H. 57, S. 2.

5 Vgl. 1. Mai – Tag der Gewalt, in: *Berliner Zeitung* vom 2. Mai 2018.

6 Reiser: König von Deutschland, S. 222.

7 Feuriger Festauftakt der „Anti-Berliner", in: *taz* vom 4. Mai 1987, S. 3.

8 Vgl. Weg von der Zaungastrolle, in: *taz* vom 8. Mai 1987, S. 27.

9 Kreuzberg war in Ekstase, in: *taz* vom 8. Mai 1987, S. 3.
10 Feuriger Festauftakt der „Anti-Berliner", S. 3.
11 Friede, Freude Klassenkampf, in: *taz* vom 2. Mai 2018, S. 22.

Veränderungen in der Zeit nach dem Mauerfall – Abgesänge auf den Mythos Kreuzberg und neue Vernetzungen

1 Hegemann, Das steinerne Berlin, S. 208.
2 Alexander Haeder/Ulrich Wüst: Prenzlauer Berg. Besichtigung einer Legende, Berlin 1994, S. 37.
3 Krista Tebbe: Stadt macht Kultur, in: Kunstamt Kreuzberg (Hg.): Kreuzberg – Prenzlauer Berg. Annähernd alles über Kultur, Berlin 1990.Ebd., S. 9.
4 Ebd., S. 10.
5 Thomas Flierl: Strukturwandel mit offenem Ausgang, in: Kunstamt Kreuzberg (Hg.): Kreuzberg – Prenzlauer Berg, S. 60.
6 Ebd., S. 67.
7 Haeder/Wüst: Prenzlauer Berg, S. 9.
8 Vgl. Wir machen das aus Liebe zur Musik. Der Gretchen-Club auf dem ‚Dragonerareal' – ein Interview, in: *Kreuzberger Horn* (Sommer 2015), Nr. 24, S. 20 ff.
9 Stefan Krautschick (Hg.): Mythos Kreuzberg. Reflexionen einer Wirklichkeit, Berlin 1991.
10 Ebd., S. 7.
11 Ebd., S. 5.
12 Monika Herrmann/Bezirksamt Kreuzberg (Hg.): Kreuzberg gestern heute übermorgen. Ein neues Kreuzberg braucht das Land! Keine neuen Mythen! Entdeckt Kreuzberg neu! 15 ausgewählte Essays des Essaywettbewerbs für Journalisten, Berlin 1993.
13 Peter Strieder: Vorwort des Bezirksbürgermeisters, in: ebd., S. 2.
14 Monika Herrmann: Einführung, in: ebd.
15 Lang: Mythos Kreuzberg, S. 3 ff. und 241.
16 Der „Schmuddelbezirk" wird zu einer ersten Adresse, in: *Berliner Zeitung* vom 17./18. August 1991, S. 3.
17 Schlußverkauf in 61, in: *taz* vom 7. November 1992, S. 18.
18 Lang: Mythos Kreuzberg, S. 29.
19 Ebd., S. 237.
20 Ebd.; S. 238.
21 Ebd., S. 240.
22 Frauke Mahrt-Thomsen: Bürgerverein Luisenstadt, in: *Kreuzberger Stachel*, Jg. 12 (1991), H. 88, S. 3.
23 Ebd., S. 4.

Ökologisch ausgerichtete Kreuzberger Aktivitäten und Projekte

1 Norbert Rheinlaender: Kampf ums Paradies am Gleisdreieck – Der andere lange Marsch durch die Institutionen, in: *Kreuzberger Horn* (Frühjahr 2011), Nr. 15, S. 40.
2 Norbert Rheinlaender: Fünf Jahre Erfahrungen mit dem Park am Gleisdreieck – Eine Bilanz, in: *Kreuzberger Horn* (Herbst 2018), Nr. 30, S. 35.
3 Ebd., S. 35 f.
4 Vgl. Nomadisch Grün (Hg.): Prinzessinnengärten. Anders gärtnern in der Stadt, Köln 2012.
5 Ebd., S. 19.

Auswirkungen der Bezirksfusion Friedrichshain-Kreuzberg

1 Robert Schneider: Interview mit einer Informantin. Szenario einer Realsatire, in: Herrmann/Bezirksamt Kreuzberg (Hg.): Kreuzberg gestern heute übermorgen, S. 32 ff.
2 Martin Düspohl/Kreuzbergmuseum (Hg.): Kleine Kreuzberggeschichte, S. 156.
3 Ebd.

Kreuzberger Unterstützung für Geflüchtete

1 Lasst euch nicht auseinander dividieren, S. 14 ff.
2 Ebd., S. 15.
3 Wofür haben wir Angst, in: *Berliner Zeitung* vom 11. Juli 2013, S. 4.
4 Lasst euch nicht auseinander dividieren, S. 15.
5 Die Voraussetzung ist immer, dass wir gemeinsam lösungsorientiert diskutieren. Interview mit der Bürgermeisterin Monika Herrmann, in: *Kreuzberger Horn* (Frühjahr 2016), Nr. 25, S. 35.
6 Ebd.

Widerstände gegen Verdrängung und Immobilienspekulation in Kreuzberg

1 Yorckstraße 59 – Die Geschichte eines Hauses mit konfliktreichen Phasen, in: *Kreuzberger Horn* (Sommer 2015), Nr. 24, S. 36.
2 Vgl. www.newyorck.net (abgerufen am: 21.08.2019).
3 Vgl. www.mietrebellen.de (abgerufen am: 21.08.2019).
4 Ulrike Hamann/Sandy Kaltenborn/Kotti & Co. (Hg.): Und deswegen sind wir hier – Kotti & Co., Leipzig 2015, S. 33.
5 Ebd., S. 205.
6 Ebd., S. 32.
7 Ebd., S. 45.
8 Ebd., S. 67.
9 Magnus Hengge: Bizim-Kiez, in: *Kreuzberger Horn* (Sommer 2015), Nr. 24, S. 41.
10 Jürgen Enkemann: Wem gehört Kreuzberg? Bündnis aus drei Initiativen wehrt sich gegen Verdrängung und steigende Mieten, in: *MieterEcho* (Januar 2012), Nr. 352, S. 45.
11 Vorerst keine Räumung von besetztem Haus in Kreuzberg, in: *Morgenpost* vom 9. September 2018 (https://www.morgenpost.de/berlin/polizeibericht/article215285325/Vorerst-keine-Raeumung-fuer-besetztes-Haus-in-Kreuzberg.html, abgerufen am 29.09.2019).
12 http://kreuzberg36.blogsport.de (abgerufen am 29.09.2019).
13 Vgl. Niko Rollmann: Der lange Kampf. Die „Cuvry"-Siedlung in Berlin, Berlin 2016.
14 psk: Kampf um ALDI. Discounter soll aus der Markthalle 9 raus, in: *Kiez und Kneipe*, Jg. 15 (Mai 2019), S. 1.

Ausblicke

1 Vgl. www.bizim-kiez.de.
2 Gerhard Seyfried: Zwille. The Law returns to Kreuzberg, Frankfurt a. M. 2018, S. 54.
3 Lasst euch nicht auseinander dividieren, S. 16.
4 Asterix in Kreuzberg, in: *Der Tagesspiegel* vom 6. September 2018, S. 5.

PERSONENREGISTER

BILDNACHWEIS

Archiv Jürgen Enkemann: 27, 29, 50, 54 u. r., 84, 88, 160, 164, 167 o., 171 o. r., 187 u., 192, 197, 198 o., 203 o., 209, 211, 220

Archiv Hugo Hoffmann: 31, 32, 33 (Foto: Hilde Zenker), 35, 38, 39, 41, 42 o., 45, 47 l. (Foto: Axel Benzmann), 47 r., 48 o. l., 48 u., 49, 53, 55, 57

Archiv VBB: 36 (Foto: Klaus Mehner), 37, 42 u. (Foto: Ludwig Binder), 43, 44 (Foto: Max Jacoby), 51

Jürgen Enkemann: 22, 25, 26, 54 o., 54 u. l., 56, 58, 59, 70, 74, 75, 76, 77, 86 o. l., 90, 91, 105, 107, 111, 121 l., 133, 150, 167 u., 173, 175, 179, 180, 181, 183, 190, 191, 193, 196, 199, 200, 202, 203 u. l., 203 u. r., 206, 208, 210, 213, 214, 216, 218, 221, 227

FHXB Friedrichshain-Kreuzberg Museum/Archiv Südost Express: 116

FHXB Friedrichshain-Kreuzberg Museum/Ellen Röhner: 187 o.

FHXB Friedrichshain-Kreuzberg Museum/Fotosammlung Jürgen Henschel: 64, 72, 73, 89, 96, 101, 109, 115, 121 r., 123, 130, 143

FHXB Friedrichshain-Kreuzberg Museum/Sammlung Künstlerkreis Kreuzberger Boheme: 34, 48 o. r., 52

FHXB Friedrichshain-Kreuzberg Museum/Sammlung Stadterneuerung und soziale Bewegungen in Kreuzberg, 1970 bis 1990: 98

André Förster: 86 o. r., 86 u. l., 86 u. r., 87, 100, 198 u.

Michael Hughes: 153 o. r., 171 o. l.

Ann-Christine Jansson: 80, 125, 127, 129, 134, 139, 154, 155, 156 o.

Rita Kohmann: 93

Günter Kokott: 157

Jugendzentrum Kreuzberg (Hg.): Kämpfen, leben, lernen – Georg von Rauch Haus, Berlin 1972: 85

Dieter Kramer: 176, 177

Landesarchiv Berlin: 63 (F Rep. 290 (05) Nr. 0169193 / Foto: Horst Siegmann), 174 (F Rep. 290 (02) Nr. 0152357 / Foto: Bert Sass)

Landesdenkmalamt Berlin/Thorsten Dame: 135

Kurt Mühlenhaupt Museum: 45, 46

Toni Nemes: 153 l.

Michael Nungesser: Das Denkmal auf dem Kreuzberg von Karl Friedrich Schinkel, Berlin 1987: 15, 17

Oz Ordu: Umschlagfoto, 204, 205

Verlag Pharus-Plan GmbH: 19

picture alliance/AKG: 68

picture alliance/dpa-Zentralbild: 62 (Foto: Paul Glaser)

picture alliance/Sammlung Richter: 71

Christian Schulz: 124

Gerhard Seyfried: 146 (Rotbuch Verlag, Berlin 1990), 225 (Verlag fifty-fifty, Frankfurt a. M. 2018)

S[amuel] H[einrich] Spiker: Berlin und seine Umgebungen im neunzehnten Jahrhundert, Berlin 1833: 14

Südost Express/Volker Härtig: 119, 120

ullstein bild: 65 (Foto: Klaus Mehner)

UMBRUCH Bildarchiv: 118 (Foto: Michael Kipp)

Metin Yilmaz: 156 u. l., 156 u. r.

DER AUTOR

Dr. Jürgen Enkemann, 1938 geboren, siedelte nach dem Studium der Germanistik, Anglistik und Philosophie in Göttingen 1963 nach Berlin über. Nach der Promotion war er zunächst Assistent am Institut für Englische Sprache und Literatur der Technischen Universität. Nach der Habilitation 1982 und universitären Lehraufträgen unterrichtete er Englisch an Einrichtungen des Zweiten Bildungsweges. Von 1998 bis 2008 lehrte er in den Fächern Anglistik und Cultural Studies an der Universität Potsdam. Er ist Mitgründer und Mitglied zahlreicher kommunalpolitischer Initiativen in Kreuzberg. Seit Jahrzehnten publizistisch tätig, war er u. a. Mitherausgeber der alternativen deutsch-englischen Zeitschrift *Hard Times*, verfasste zahlreiche Aufsätze in Fachzeitschriften zu Themen wie Alternative Theatre und British Cinema und ist seit 1998 Herausgeber der Kiezzeitschrift *Kreuzberger Horn*.

DANK

Zunächst möchte ich denjenigen meinen Dank aussprechen, die eine Publikation des Buches mit einer Crowdfunding-Aktion unterstützt haben. Zu danken ist auch allen, die das Projekt über einen langen Zeitraum hinweg in Gesprächen, schriftlichen Anregungen oder in den für die Zeitschrift *Kreuzberger Horn* durchgeführten Interviews zum Thema einer Kreuzberger Alternativität und Widerständigkeit begleiteten. Zu den Institutionen, die für meine Recherchen hilfreich waren, gehörte insbesondere das FHXB Friedrichshain-Kreuzberg Museum. Für die Bereitstellung von Illustrationen in Form von Fotos und anderen Reproduktionen sind Hugo Hoffmann, Ann-Christine Jansson und Lothar Eberhardt hier zu nennen. Ein besonderes Dankeschön gebührt meinem Sohn Till Enkemann für seine unermüdliche aktive Anteilnahme an dem Vorhaben und besonders für seine technische Hilfe und Ratschläge in Bereichen der digitalen Kommunikation. Dankbar bin ich auch dem Verlag für Berlin-Brandenburg, namentlich Sophie Bentzien, Ralph Gabriel, Dino Heicker und André Förster, für die Betreuung des Buchprojekts bis hin zur Drucklegung.

Der Verlag dankt Ellen Röhner vom FHXB Friedrichshain-Kreuzberg Museum für die Bereitstellung von Bildvorlagen sowie für Auskünfte zu Bildrechten.